영어와 세계

영어와 세계

초판 발행 2019년 3월 5일
개정판1쇄 발행 2022년 8월 30일
개정판2쇄 발행 2023년 2월 28일

지은이 | 최은영 · 이선우
펴낸이 | 이찬규
펴낸곳 | 북코리아
등록번호 | 제03-01240호
주소 | 13209 경기도 성남시 중원구 사기막골로 45번길 14
        우림2차 A동 1007호
전화 | 02-704-7840
팩스 | 02-704-7848
이메일 | ibookorea@naver.com
홈페이지 | www.북코리아.kr

ISBN 978-89-6324-894-3 (93740)
값 19,000원

* 이 저서는 2017년도 강릉원주대학교 전임교원 연구년 지원에 의하여 수행되었음.
* 본서의 무단복제를 금하며, 잘못된 책은 바꾸어 드립니다.

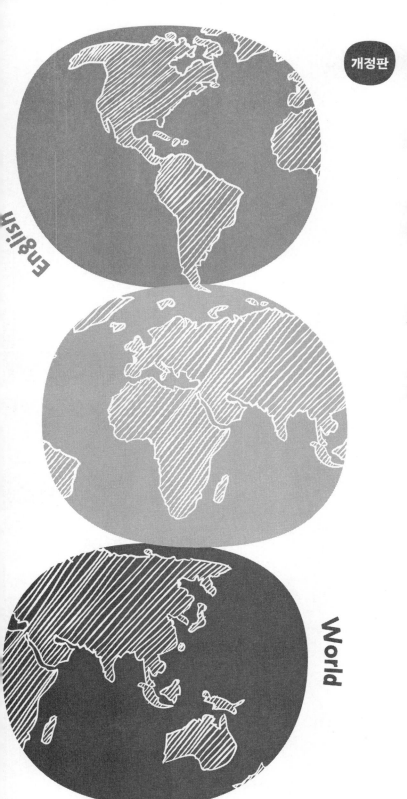

개정판

영어와 세계

English

World

최은영 · 이선우 지음

불컨
리아

개정판을 내면서

『영어와 세계』의 체제에 대해서 많은 의견이 있었다. 『영어와 세계』라는 제목에도 불구하고, 영어에 대한 논의만 있을 뿐 세계에 대한 논의는 없다는 지적이었다. 기존의 책에 새로운 내용을 더하기로 의견을 나누고, 어떤 내용을 더할 것인가에 대해서 다시 고민이 있었다. '세계'를 다룸에 있어서 과연 어떠한 세계를 다루는가에 대한 문제였다. 실제 영어가 사용되는 생활을 다룰 것인지 아니면 영어로 이루어진 예술의 세계를 다룰 것인지에 대한 고민이 있었다.

이때 기존의 책이 나침반의 역할을 했다. 초판본이 의미전달체계의 가장 작은 단위인 음소부터 시작해서 문장에 이르기까지를 면밀하게 분석해서 정리하며 확장해 나가는 형식을 지켰기에, 개정판은 그 흐름을 이어받아 문장들이 모여서 어떠한 의미를 가지는 문학 양식으로 발전하였는가를 기술하기로 하였다. 그리하여 책 전체가 "문자(letter)에서 문학(literature)으로 이어지는 체계"를 가지도록 기획하였다.

또 하나의 난관은 언어로 된 예술 중에 시와 연극과 소설과 뮤지컬을 골라 기술하는 데 있어서 그 절대량이 너무나 방대하다는 점이었다. 어느 장르를 택하더라도 각각 한 권의 책으로도 모자라는 것이 현실이어서 가장 효율적인 서술방식을 택하기 위하여 고심하였다.

그래서 시의 경우에는 그 형식적 요소들을 설명하면서 영시란 무엇인지를 소개하는 형식을 택하였고, 연극의 경우에는 그리스로부터 비극이 시작된 이래 영국 연극의 황금기라고 할 수 있는 엘리자베스 시대의 연극까지의 영국 연극의 발달을 중심으로 20세기에 도달하기까지의 과정을 기술하였다. 소설의 경우에도 17세기 소설의 발생에 대해서 이야기하면서 소설의 기본적인 경향인 리얼리즘의 추구라는 기본 축을 중심으로 설명하였다. 뮤지컬의 경우에는 오페라부터 시작하여 19세기 말 뮤지컬이라는 장르가 만들어지는 과정을 상술하였으며 현대에 이르기까지 주요한 작품들을 간단하게 언급하면서 전반적인 흐름을 소개하는 형식을 택하였다. 이 과정에서 단지 영문학적인 범위를 벗어나는 경우에도 전반적인 이해를 돕기 위해 기술한 내용도 상당 부분 포함되었다.

각 장르의 발생 과정을 중심으로 전반적인 이해를 할 수 있도록 의도하였기 때문에 뮤지컬을 제외하고는 본의 아니게 현대의 작품들과 특히 미국 작품들에 대한 소개가 생략되었다는 아쉬움이 있다. 또한, 초판본의 내용에서 5장과 6장을 생략하기로 하였다. 좋은 내용이지만 『영어와 세계』에서 다루기에는 너무 전문적인 내용이라는 지적을 고려하였다.

원저자인 최은영 교수님과 같은 학교에 근무하면서 학생들에게 더 좋은 정보를 제공하자는 취지에서 이 책의 개정판을 기획하였으나 원래의 책이 워낙 뛰어난 완성도를 가졌던 책이라 덧붙인 부분이 사족이 될까 두렵고 교수님에게 누가 될까 두렵다. 비록 모자란 부분들이 많더라도 학생들에게 더 많은 정보를 전달하기 위한 충정으로 이해해 주면 고맙겠다.

2022년 8월
이선우

머리말

세계에는 수천 개의 언어가 존재한다. 하지만 현재 영어만큼 국제사회에서 중요한 역할을 하며 큰 영향력을 가진 언어는 없다. 이것은 영어가 과거에 산업혁명을 이끌고 대영제국을 건설한 영국과 현재 국제사회의 질서와 첨단과학의 연구를 주도하는 미국이 사용하는 언어이고, 또한 중요한 영연방국가인 캐나다, 오스트레일리아, 뉴질랜드 등의 선진국에서 쓰이는 언어이기 때문이라고 할 수 있다. 더불어 최근 인터넷의 발전과 보급으로 영어가 세계적으로 더 널리 쓰이게 되는 계기가 만들어졌다고도 할 수 있다.

본 저서에서는 이와 같이 세계에서 가장 중요한 언어가 된 영어의 기원과 변화 과정을 살펴보고, 어떤 성장 과정을 거쳐서 현재의 모습을 가지게 되었는가에 대해 알아보고자 한다. 이를 위해 고대와 중세시대를 거쳐 르네상스를 겪고 산업혁명을 진두지휘하며, 두 번의 세계대전을 치른 인류의 세계사적인 흐름과 함께 변화해온 영어에 대해서 살펴볼 것이다. 또한, 인접 학문의 발전이 영어와 영어교육에 끼친 영향에 대해서도 고찰해 봄으로써 언어학의 여러 관점에서 영어의 특성을 조명해보고 현대영어의 특징을 이해하기 위한 목적으로 주요내용을 개괄적으로 다루어 보고자 한다.

영어에 대해 본격적으로 알아보기에 앞서, 영어도 세계에 존재하는 수많은 언어 중의 하나이기 때문에 우선적으로 제1장에서는 어린아이들의 언어 습득 과정과 함께 모든 인간의 언어가 지니는 공통적인 요소들에 대해 개괄한다. 제2장에서는 시대의 변화와 함께 달라지는 언어의 관점에 대해 살펴보고, 제3장에서는 인간의 언어 지식 중에서 개인별로 습득의 차이가 나는 단어들과 새로운 단어들이 만들어지는 단어 형성방법에 대해서도 알아본다. 제4장에서는 언어의 기능이 의사소통에 있음에 주목하면서 화자와 청자 간의 원활한 의사소통 과정에 사용되는 단어와 문장의 의미와 내용에 대해 살펴본다. 개정판 5장에서는 영국의 역사와 영어에 대해 고찰한다. 영어는 결국 영어를 모국어로 사용하는 영국민들의 역사와 함께 변화해온 언어이기 때문에 영국의 역사와 영어는 서로 깊은 관계가 있다. 그들의 역사 속에서 일어난 다양한 사건들이 영어에 어떤 변화와 영향을 끼쳤는지에 대해 알아본다. 그리고 마지막 장에서는 영어 속담과 격언을 통한 영미 문화의 이해라는 주제로 속담과 격언을 통해 영어 화자들이 세상을 보는 지혜를 살펴본다.

본 저서를 집필하는 데 있어 Fromkin & Rodman(1998)의 *An Introduction to Language*, Ladefoged(1982)의 *A Course in Phonetics*, Hook(1981)의 *Two-Word Verbs in English*, 서영교(2010)의 『영어전쟁 & 그 후』, 김순신 역(1984)의 『영어발달사』, 이세진 역(2007)의 『뇌 한 복판으로 떠나는 여행』, 고영희 역(1997)의 『학교와 직장에서 성공하려면 당신의 양쪽 뇌를 사용하라』, 변재옥 엮음(2007)의 『동서속담사전』 등과 같은 저서와 역서들을 주로 참고했다. 본문 중에서 문맥의 흐름상 참고문헌에서 인용한 부분을 직접적으로 언급하지 못한 경우도 있지만 위의 저서들에서 직간접적으로 요약한 내용을 바탕으로 본 저서가 만들어졌음을 밝힌다. 그리고 필자가 참고한 책의 내용에서 언급하고 있는 많은 저자들이나 연구자들의 논문이나 저서들은 필자가 직접 찾아 확인한 것이 아니고 단지 필자가 참고한 책들을 요약하고 정리한 내용 중에 포함되어 있는 것들이었기 때문에 본 저서의 참고문헌에는 넣지 않았다.

영어와 세계

관심이 있는 독자들은 필자가 직접 참고한 서적들의 원전을 통해 참고하기 바란다. 필자의 창의적인 내용이나 주장을 담고 있지 못한 여러 가지로 부족한 책이지만 출판을 허락해 주신 북코리아의 이찬규 사장님께 깊은 감사를 드린다.

2019년 2월
최은영

차례

들어가며: 세계어로서의 영어

오늘날 우리는 영어를 세계어라고 부른다. 우리나라에서 영어교육의 바람이 계속 이어지고 있는 것도 영어가 세계어로 인정받고 있기 때문이라고 할 수 있다. 그러나 우리는 영어가 세계어라고 생각하면서도 그 표현이 과연 타당한 것인지에 대해서는 의문을 가지지 않으며, 영어를 세계어라 하는 이유가 무엇인지도 생각하지 않는다. 이러한 의문 제기가 중요한 이유는 영어를 강조하는 현재의 추세가 앞으로 큰 혼란을 낳을 여지를 남겨두고 있기 때문이다. 어느 하나의 언어가 세계어로 인정받을 때 그 편리함도 있지만 여러 가지 부작용도 생겨나기 마련이다. 예를 들어 곧 우리 한글이 중요하다는 애국적인 주장과 세계어로서의 영어의 편리성에 대한 주장이 맞부딪히는 날이 올지도 모른다. 이때 우리가 합리적인 선택을 하기 위해서는 영어가 세계어라는 사실이 무엇을 의미하는지 정확하게 알 필요가 있을 것이다.

이미 오래전부터 수많은 회사들이, 심지어 무역회사가 아닌 국내회사마저도, 입사 시험에서 한글 능력은 보지 않고 영어 능력만 보고 있다. 대학전형에서도 외국어 경력이 우대받는 경우가 많이 생겨나고 있다. 이런 제도들이 현실의 필요를 반영하고 있는 것인지 아니면 영어를 어려서부터 접할 수 있는 일부 계층에 대한 불평등한 특혜인지에 대해서는 언제든지 논란이 생길 여지가 있다. 여기서 어느 것이 중요하다고 주장하고자 하는 것은 아니다. 한글은 우리글 우리말이기 때문에 꼭 지켜야 할 문화적 자산이며 그 이전에 한글로 이룩된 수많은 문화적 자산은 인류 전체의 자산이라 할 만한 것이다. 반면에 영어는 현실적으로 앞으로 세계 속에서 살아가는 데 꼭 필요한 능력이 될 것이다. 우리가 몇십 년 전에 한글 전용과 한자 혼용 사이에 수많은 소모적인 논쟁을 겪었던 것처럼, 앞으로는 영어교육의 중요성과 국어교육의 중요성의 경중에 대한 수많은 논의가 있을 것으로 보인다. 이 경우에 가장 먼저 수행되어야 할 것이 왜 영어가 세계어이며, 그 유용한 점과 불리한 점이 무엇이며, 그 현상이 지속적으로 강화될 것인가 아니면 약화될 것인지 하는 문제들에 대한 진지한 고찰일 것이다.

세계어의 개념

영어가 세계어라는 것은 사실 현시대에서 모두가 동의하는 상황이다. 사실 우리가 논의할 일은 "영어가 세계어인지 아닌지"가 아니라, "세계어란 무엇인가?" 하는 점일 것이다. 먼저 세계어란 언어학적으로 현재 가장 우수한 언어이거나 혹은 앞으로 가장 우수한 언어가 되어야 한다는 가설이 있을 수 있다. 그러나 언어도 하나의 문화이고 모든 문화는 평등한 가치를 가지고 있다는 문화상대주의적 시각에서 보면 이는 근본부터 잘못된 생각이다. 한때 가장 우수한 언어로 대접받았고 유럽 중심의 시각에서 세계어로 여겨졌던 라틴어의 오늘날의 위치를 보면 어느 한 언어가 다른 언어보다 우수하다는 발상이 얼마나 잘못된 것인지 알 수 있다.

두 번째 사고방식은 세계어란 세계에서 가장 많은 사람이 사용하는 언어라는 사고방식이다. 각종 언어 관련 공식적인 통계 자료를 제공하고 있는 세계적인 언어 정보 제공 사이트인 에스놀로그(Ethnologue, http://www.ethnologue.com)에서 2019년 2월 21일 '세계 모국어의 날

영어와 세계

5천만 명 이상이 제모국어로 사용하는 세계 언어 순위

순위	언어	주요 국가	사용 국가 수	사용자 수 (백만 명)
1	중국어(Chinese)	중국	39	1,311
2	스페인어(Spanish)	스페인	31	460
3	영어(English)	영국	137	379
4	힌디어(Hindi)	인도	4	341
5	아랍어(Arabic)	사우디아라비아	59	319
6	벵골어(Bengali)	방글라데시	4	228
7	포르투갈어(Portuguese)	포르투갈	15	221
8	러시아어(Russian)	러시아연방	19	154
9	일본어(Japanese)	일본	2	128
10	란다어(Lahnda)	파키스탄	6	119
11	마라티어(Marathi)	인도	1	83
12	텔루구어(Telugu)	인도	2	82
13	말레이어(Malay)	말레이시아	20	80
14	터키어(Turkish)	터키	8	79
15	한국어(Korean)	대한민국	6	77.3
16	프랑스어(French)	프랑스	54	77.2
17	독일어(German)	독일	28	76.1
18	베트남어(Vietnamese)	베트남	4	76.0
19	타밀어(Tamil)	인도	7	75
20	우르두어(Urdu)	파키스탄	7	69
21	자바어(Javanese)	인도네시아	3	68
22	이탈리아어(Italian)	이탈리아	14	65
23	페르시아어(Persian)	이란	30	62
24	구자라트어(Gujarati)	인도	7	56
25	보즈푸리어(Bhojpuri)	인도	3	52

출처: 에스놀로그(22판). 2019.2.21. https://www.ethnologue.com/statistics/size

(International Mother Language Day)'을 맞아 '에스놀로그' 2019년 개정판(22판)을 발행하였다. 여기서 보면 전 세계에서 사용 중인 7,111개의 언어 중에서 5,000만 명 이상이 모국어로 사용하는 언어는 모두 25개이다. 그중에 1위는 13억 1,100만 명이 사용하는 중국어이고, 2위는 4억 6,000만 명의 스페인어, 3위는 3억 7,900만 명의 영어이다.[1] 중국어가 압도적으로 많은 수의 사람들이 사용하는 언어임을 알 수 있다. 2, 3, 4위의 언어들을 모두 합쳐도 중국어 사용자 수에 미치지 못한다. 이 기준으로 따르자면 중국어가 세계어가 되어야 하는데 중국어를 세계어라고 생각하는 사람은 없다.

영어는 스페인어에 이어 3위를 하고 있지만 독특한 점이 눈에 보인다. 즉 사용국가 수에 있어서 압도적으로 많은 나라들이 영어를 사용하고 있다는것을 보여준다. 그렇다면 생활어로 사용하는 나라 수가 많으면 세계어가 되는 것일까? 이쪽이 정답에 가까워 보인다. 그 외에도 다른 많은 요소가 작용하지만 가장 중요한 요소는 일단 세계적으로 얼마나 많은 나라에서 의사소통이 가능한가의 여부가 중요하다. 가정이지만 만약 모든 나라가 하나의 언어를 선정하여 사용한다면 바로 그것이 세계어일 것이다.

그러나 실제로는 어느 한 언어가 여러 나라의 생활어로 사용되는 경우는 거의 드물다. 위의 표에서 사용국가 수는 생활어로 사용하는 국가 수가 아니라 제1 외국어로 교육하는 국가까지를 모두 포함한 수이다. 여기서 한 언어가 어떤 사회에서 통용되는 언어라고 했을 때 그 기준을 어떻게 잡느냐 하는 문제가 대두된다. 하나의 언어가 어느 국가에서 특수한 지위로 인정받는 경우는 다음 세 가지를 들 수 있을 것이다. 첫째가 영어를 생활어로 쓰는 경우, 둘째가 생활어는 따로 두고 영어를 공용어로 지정하여 제2의 언어로 대우하는 경우, 그리고 마지막으로 생활어도

---

1 한국어의 사용자 수는 약 7천 7백만 명으로 사용자 수로는 세계 15위이다.

공용어도 아니지만, 외국어로 특별한 대접을 하여 교과과정 중에 외국어로 가르치는 경우를 들 수 있다.

영어 사용국가들

영어를 모국어로 사용하는 국가는 유럽에 영국, 스코틀랜드, 아일랜드, 웨일즈, 북아메리카에 미국과 캐나다, 오세아니아에 오스트레일리아, 뉴질랜드 등이 있다. 제2언어(공용어)로 영어를 사용하는 국가는 아시아에서 인도, 스리랑카, 필리핀, 홍콩, 싱가포르, 말레이시아 등이 있고, 아프리카에서는 서부 아프리카에 시에라리온, 감비아, 가나, 카메룬, 라이베리아, 나이지리아, 동부아프리카에 케냐, 탄자니아, 우간다, 말라위, 잠비아, 짐바브웨, 남부아프리카에 남아프리카 등이 있다. 태평양권에서는 하와이, 파푸아뉴기니, 피지, 카리브해권에서는 가이아나, 버진군도, 자메이카, 바하마군도 등이 영어 사용 국가이다. 그 외에 제1외국어로 영어를 교육하는 나라는 어느 정도의 교육체계를 갖춘 세계의 거의 모든 나라라고 해도 과언이 아닐 것이다. 그러므로 비록 생활어가 아닌 나라에서도 어느 정도는 특별한 지위를 인정받는 언어를 대상으로 한다면 현재로서는 영어가 가장 압도적으로 세계어의 자격을 갖추었다고 말할 수 있다.

물론 우리가 영어를 세계어라고 부르는 이유는 이러한 나라 수만을 가지고 이야기하는 것은 아니다. 영어는 정치, 무역, 통신, 군사, 학문 등 모든 분야에서 세계 공통어가 되어있다. 더구나 지난 수십 년간 세계화 및 정보화 시대를 걸치면서 그 위상은 더욱더 높아가고 있다. 20세기 전반에는 영·미의 방송과 영화산업, 정치 및 경제적 힘, 과학과 통신 및 수송 수단의 발달 등이 영어를 확실한 세계어로 만들어주었다면, 20세기 후반에 나온 인터넷은 영어를 대체불가의 세계어가 되게 하였다고 할 수 있다. 한류의 유튜브 콘텐츠에 달리는 영어 댓글을 보면 세계어로서의 영어의 위상을 실감할 수밖에 없다.

세계어의 역사

많은 나라에서 사용되고, 정치, 경제, 문화 등에서 지배적으로 사용되는 것이 세계어의 조건이기는 하지만, 어느 언어가 세계어가 되는 과정을 보면 그것이 꼭 필수적인 것만은 아니다. 역사는 세계어가 되기 위한 필수조건이 권력자의 언어이어야 함을 보여준다. 역사적으로 한 언어가 세계어가 되기 위해서는 그 언어가 권력을 행사하는 사람들이 말하는 언어여야 했다. 처음으로 그리스어가 세계어의 기능을 했던 것은[2] 그 지역의 다수가 사용했기 때문이 아니었다. 당시에 그리스어는 그 지역 내에서도 소수자들의 언어였다. 또한, 플라톤이나 아리스토텔레스의 학식이 뛰어나서도 아니었다. 실제로 헬라어가 당대의 세계어가 된 것은 동지중해 전역을 정복했던 알렉산더 대왕이 사용했던 언어이기 때문에 가능했다.

  헬라어의 뒤를 이어 라틴어가 오랜 세월 동안 대부분의 유럽, 소아시아 및 북아프리카의 세계어였는데 이는 로마인들의 군사력과 정치력 덕분이라고 할 수 있다. 라틴어는 사실 로마 제국 전체에서 보면 소수자의 언어였지만 그 소수가 절대다수를 지배하고 있었다. 라틴어는 강력한 지도자들과 행정관들과 로마 군대의 언어였으며, 그리고 로마가 그 힘을 잃어버린 후에는 기독교가 그 힘이 되어주었다. 그러므로 중세 봉건제하에 강력한 군주가 없는 사회에서 로마 카톨릭 교회의 종교적 권위가 라

---

  2 영어를 중심으로 하다 보니 세계어의 기준이 유럽 문화권으로 한정되는 경향이 있다. 고대의 지중해권의 중심언어를 세계어라고 부르는 것은 어폐가 있으나 당시의 교통상황 지식의 한계 등을 고려하여 서구의 학자들이 세계어라고 부르는 것을 그대로 차용한다.

영어와 세계

틴어를 세계어로 받쳐주고 있었다.

　로마의 힘이 쇠퇴한 후에는 이슬람제국의 정벌이 있었고 이 시기에는 이슬람어가 과거의 헬라어와 거의 동등한 지위를 누렸다. 라틴어와 이슬람어의 시대가 지나간 후에 프랑스어가 유럽을 중심으로 외교어로 쓰이던 시기가 몇백 년 동안 지속되었다. 이 시기의 프랑스어를 세계어라 부르기에는 과하다는 느낌이 드는 것도 사실이지만 국가 간의 외교 문제에 있어서 제1의 공용어였다는 것은 20세기 초까지도 이어진 현상이었다. 이는 세계어라는 뜻을 가지는 링구아 프랑카(lingua franca)라는 말과도 관련이 있다. 링구아 프랑카는 서로 다른 모어를 사용하는 화자들이 의사소통하기 위해 공통어(共通語)로 사용하는 제3의 언어(때로는 한 집단의 모어)를 말한다. 그 정의상 세계어와 가장 비슷한 개념이라고 할 수 있다.

　링구아 프랑카(lingua franca)는 이탈리아어(또는 라틴어)로 프랑크의 언어라는 의미이다. 물론 이 단어가 생겨난 중세의 링구아 프랑카는 라틴어였다. 이 말은 중세 유럽에서 형성된 어휘인지라 어원이 분명하지는 않다. 가장 유력한 학설에 따르면 링구아 프랑카가 현재의 의미와는 다르게 본디 특정 언어(서로 모어가 다른 지중해 무역 상인들끼리 쓰던 이탈리아어, 프랑스어, 그리스어, 아랍어, 레반트 지역의 언어 등의 혼합어)를 지칭하는 표현이었으며, 유럽인들을 통틀어 프랑크(Frank)라고 칭하던 아랍인들의 표현을 이탈리아어로 번역해 온 것이 자리 잡았다고 한다.

　또 다른 설에서는 '링구아 프랑카'는 원래 '사비르어(Sabir)'를 가리키는 말이었다고 한다. 이를 '지중해 링구아 프랑카(Mediterranean Lingua Franca)' 또는 '좁은 의미의 링구아 프랑카(Lingua franca stricto sensu)'라고도 한다. 사비르어는 동지중해 일대에서 서유럽인들과 다른 지역의 상인들이 교역하면서 로망스어 바탕에 여러 언어가 섞여 발생한 피진 언어로, 11세기부터 20세기 초까지 통용되었다. 중세 당시 동로마

제국과 아랍권에서는 서유럽인들을 '프랑크족'이라고 불렀고, 사비르어 역시 '링구아 프랑카'로 불렸다. 이후 '링구아 프랑카'는 의미가 확장되어 '공통어' 역할을 하는 언어 전반을 가리키는 단어로 쓰이고 있다. 또 다른 설로는 십자군 전쟁 당시에 유럽 여러 나라에서 참전한 군대들 사이에 의사소통이 필요했는데 당시에 가장 군인수가 많았던 프로방스어를 공용어로 했기 때문에 이런 말이 생겨났다고 전하기도 한다.

이와 유사한 말로 피진(pidgin)과 크레올(creole)이 있다. 먼저 피진은 그 정의상 교류 집단의 언어들 중 의사소통자에게 필요한 표현(예: 무역에서 상품명과 수량 명사)만을 간소화하여 문법적 구성 없이 엮은 것으로, 의사소통의 가교 역할이라는 점에서 링구아 프랑카의 구실을 한다고 볼 수 있으나, 애초에 언어라고 보기 어렵다. 또한 이 때문에, 일반적인 링구아 프랑카들과 다르게, 피진을 모어로 사용하는 개인이 없다고 봐도 무방하다.

반면에 크레올(creole)은 두 개 이상의 원어가 결합된 형태의 의사소통 매체이다. 애초부터 문법 구조의 유지한 상태로 합성되는 경우, 피진이 체계화되어 언어로 발전하는 경우가 있지만, 형성 원리가 그중 무엇이든, 결과적으로 크레올은 언어화된 피진이라고 볼 수 있다. 문화 상충의 1차 산물이 피진이라면, 그것이 한 단계 발전하여 체계화된 언어로 자리잡은 것이 크레올인 것이다. 따라서, 크레올은 언어로서, 링구아 프랑카로서의 요건을 모두 만족시킨다. 즉, 링구아 프랑카의 하위 항목 정도로 생각할 수 있다.

프랑스어가 중심이 되던 시기에 영어가 발전한 것은 대개 7년 전쟁 당시라고 볼 수 있다. 전 세계에서 식민지 개척에 열을 올리던 유럽의 열강들은 중부유럽의 프로이센과 오스트리아의 경쟁에서 영국은 프로이센 편을 프랑스는 오스트리아 편을 들었던바, 이 전쟁에서 영국은 프랑스로부터 승리를 거두어 아메리카 대륙의 프랑스 식민지 전체를 양도받게 되었고 인도의 독점적 지배권을 확립했다. 이는 세계의 2/5를 지배하는 해가 지지 않는 나라 대영 제국의 성립을 가능하게 했고, 이후에 영어 사용국가 미국과 캐나다의 출현을 가능하게 했다.

영국과 미국의 주도로 인한 영어의 세계어화는 20세기에 들어와 지구촌화와 더불어 수많은 국제회의들이 생겨남에 따라 가속화되었다. 1945년 이후 세계연합(UN), 세계은행(IMF), 세계보건기구(WHO), 세계무역기구(WTO) 등 수많은 세계기구들은 회의 때마다 필요한 수많은 통역과 번역의 낭비를 경험하였고, 세계어의 필요성을 모든 나라들이 공감하도록 하는 계기가 되었다. 영어는 이러한 시기에 세계에서 가장 강력한 두 나라의 생활어였으며 가장 많은 나라에서 사용 가능한 언어였다.

세계어로서의 영어의 장점과 단점

장점

일반적으로 세계어로서의 영어가 가지는 장점으로 세 가지를 든다.[3] 첫째는 어휘의 전 세계성(Cosmopolitan Vocabulary), 둘째는 굴절의 단순함(Inflectional Simplicity), 셋째는 자연성의 사용(Natural Gender)이다.

영어는 게르만 어족에 속하며, 실제로 독일어 네덜란드어 같은 언어들과 문법적으로 많은 유사성을 갖고 있다. 반면에 어휘의 경우에는 반이상이 로맨스어 계열인 라틴어 및 불어의 차용어이다. 이런 사실은 영어가 게르만어나 로맨스어를 말하는 사람에게 모두 친숙한 언어가 될수 있다는 사실을 말해 준다. 사실 영어와 친족 관계에 있는 언어들을 모두 합하면 전 세계의 절반 이상이 사용하는 셈이 될 것이며, 이들은 영어에 대한 친숙함을 가지고 있기에 쉽게 영어를 배울 수 있을 것이다. 영어는 이러한 동족성뿐만 아니라 세계의 수많은 언어로부터 단어들을 받아

---

3 nacaffy.egloos.com/7506906

들였으며 현재도 받아들이고 있다. 예를 들어 1989년 개정된 『옥스포드 영어 사전』은 공식적으로 세계에서 가장 큰 사전인 20권에 61만 5천 단어를 포함한다. 또한, 영어 사전은 현재도 매해 1만 단어가 넘게 증가하고 있다고 한다. 일상적으로 사용되는 어휘의 경우에는 약 20만 개의 영어 단어가 일반적으로 사용되고 있으며, 이는 프랑스어의 두 배 수준이라고 알려져 있다.

두 번째 장점은 굴절의 간단함이다. 인도유럽어족에 속하는 모든 언어는 명사, 형용사, 동사, 대명사에 성, 수, 격에 따른 복잡한 굴절형을 갖고 있다. 예를 들어보자면, 원래 인도유럽조어(PIE, Proto-Indo-European Language)의 명사, 대명사, 형용사는 주격(Nominative), 호격(Vocative), 대격(Accusative, 직접목적어), 속격(Genitive, 소유격), 여격(Dative, 간접목적어), 탈격(Ablative, 분리), 처소격(Locative, 장소), 도

	gender and number					
	Masculine		Neuter		Feminine	
	Singular	Plural	Singular	Plural	Singular	Plural
case	Strong noun declension					
	engel 'angel'		scip 'ship'		sorg 'sorrow'	
Nominative	engel	engel**as**	scip	scip**u**	sorg	sorg**a**
Accusative	engel	engel**as**	scip	scip**u**	sorg**e**	sorg**a**/sorg**e**
Genitive	engel**es**	engel**a**	scip**es**	scip**a**	sorg**e**	sorg**a**
Dative	engel**e**	engel**um**	scip**e**	scip**um**	sorg**e**	sorg**aum**
case	Weak noun declension					
	nama 'name'		ēage 'eye'		tunge 'tongue'	
Nominative	nama	nam**an**	ēage	ēag**an**	tung**e**	tung**an**
Accusative	nam**an**	nam**an**	ēage	ēag**an**	tung**an**	tung**an**
Genitive	nam**an**	nam**ana**	ēag**an**	ēag**ena**	tung**an**	tung**ena**
Dative	nam**an**	nam**um**	ēag**an**	ēag**um**	tung**an**	tung**um**

영어와 세계

Tense/mood	Pronoun	'put to sleep'	'heal'	'journey'
Infinitives		swebban	hǣlan	sīðian
		tō swebbanne	tō hǣlanne	tō sīðianne
Present indicative	ic	swebbe	hǣle	sīðie
	þū	swefest	hǣlst	sīðast
	hē/hit/hēo	swefeþ	hǣlþ	sīðað
	wē/gē/hīe	swebbaþ	hǣlaþ	sīðiað
Past indicative	ic	swefede	hǣlde	sīðode
	þū	swefedest	hǣldest	sīðodest
	hē/hit/hēo	swefede	hǣlde	sīðode
	wē/gē/hīe	swefedon	hǣldon	sīðodon
Present subjunctive	ic/þū/hē/hit/hēo	swebbe	hǣle	sīðie
	wē/gē/hīe	swebben	hǣlen	sīðien
Past subjunctive	ic/þū/hē/hit/hēo	swefede	hǣlde	sīðode
	wē/gē/hīe	swefeden	hǣlden	sīðoden
Imperative	Singular	swefe	hǣl	sīða
	Plural	swebbaþ	hǣlaþ	sīðiað
Present participle		swefende	hǣlende	sīðiende
Past participle		swefed	hǣled	sīðod

구격(Instrumental, 도구 수단)이라는 8개의 격변화를 가졌다. 여기에 단복수형과 남성, 여성, 중성에 따른 변화도 추가되었다. 그 외에도 인도유럽조어에서 동사나 조동사는 수(number), 인칭(person), 시제(tense), 시상(aspect), 법(mood)에 따라 변화한다. 그런데 영어는 다른 동족어들 보다 이 굴절을 훨씬 더 많이 간략화시켰다. 그 결과 현대의 영어는 명사의 경우 복수 및 속격 형태만 남았고, 형용사와 부사의 경우 비교급, 최상급형만 남았다. 특히 동사의 경우는 3인칭 단수 현재 어미 -(e)s를 제외하고는 성과 인칭에 따른 어미가 거의 사라졌고, 단·복수 구분형도 없어졌

다. 그러므로 인도유럽어족에 속하는 언어를 모국어로 하는 사람들은 상대적으로 영어를 쉽게 느낄 수 있으며 다른 계열의 언어사용자들도 상대적으로 더 쉽게 영어의 문법체계에 익숙해질 수 있다.

세 번째는 영어가 자연성을 따른다는 점이다. 다른 여타 인도 유럽어족들의 언어는 명사들이 그 의미와 별도로 그 성(gender)을 함께 공부해야 한다. 로맨스어의 경우 남성과 여성이란 두 개의 성이 있어 문법적으로 각 단어의 성을 암기하여야 한다. 독일어 경우도 이러한 문법적 성에 의존한다. 이러한 차이는 단순히 하나의 명사를 암기할 때 한 번으로 끝나는 것이 아니다. 이는 대명사의 지시에 영향을 줄 뿐 아니라, 굴절의 형태나 형용사와의 일치를 결정하기 때문에 더욱 복잡해진다. 하지만 영어의 경우 이러한 성의 구분은 중세영어에서 사라지고 명사가 가지고 있는 자연적 의미에 따라 그 성이 결정되게 되었다.

예를 들어 독일어의 문법적 성을 살펴보면 mond(moon)는 남성 sonne(sun)는 여성이며, kind(child)나 mädchen(maiden), weib(wife)는 중성으로 각 단어의 자연적 성과 불일치하는 경우가 종종 생겨난다. 그러나 영어의 경우에는 자연성을 따르는 것으로 통일되어있고 무생물을 남성 여성으로 받는 경우는 문법 규칙이 아니라 수사적 표현일 경우가 많다.

단점

반면에 현대영어는 세계어로서의 단점도 가지고 있다. 그 첫 번째로는 숙어 표현이 지나치게 많다는 점이다. 숙어 표현은 비논리적이고 암기를 요구하는 경우가 많아 쉬운 사용을 힘들게 한다. 두 번째는 발음과 철자의 괴리이다. 무릇 이상적인 언어는 우리글인 한글처럼 동일한 소리는 동일한 철자에 의해서 구현되고, 동일한 철자는 동일한 소리를 나타내는 것이다. 이런 점에 있어서 영어는 최악의 언어에 가깝다.

영어가 세계어이기 때문에 생기는 부작용도 생각해 볼 수 있다. 사실 영어가 아니더라도 어느 언어든 하나의 언어가 세계어가 되면 다음과 같은 부작용이 생겨난다고 할 수 있다. 그 첫째는 세계어를 모국어로 하는 사람들의 언어 우월주의를 들 수 있다. 더불어 나타나는 현상은 이는 이미 많은 영국인과 미국인들에게서 볼 수 있듯이 세계어를 모국어로 하는 사람들은 다른 언어를 배우려는 필요가 줄어들면서 언어 습득에 있어서 게으름과 오만함을 보일 수 있다는 것이다.

두 번째로는 언어와 빈부격차의 관련성이 생긴다는 점이다. 이는 세계어로서의 언어에 익숙한 사람들은 자연스럽게 경제적으로 우월한 지위를 차지할 가능성이 높아진다는 것을 뜻한다. 특히 정보 분야에 있어서 세계어의 자연스러운 사용자는 다른 언어사용자들보다 불공정한 이점을 가진다. 수많은 다양한 학술지들의 공용어가 영어라는 점은 영어 사용자가 연구 활동에 있어서 엄청난 이점을 가지고 있다는 불공평한 사례라고 할 수 있다.

세 번째로 이러한 경향들은 소수언어의 멸종으로 이어질 가능성이 크다는 우려를 낳는다. 모든 언어는 인류의 문화적 유산으로 소중히 여겨져야 한다. 이는 생물학적 종의 다양성이 중요한 이유와 같다. 지금도 전 세계적으로 2주마다 하나씩 언어가 사라지고 있으며 전 세계 7천 개 정도의 살아있는 언어 중 절반 이상이 금세기 내에 소멸될 것으로 추정된다. 일부 논평가들은 너무 지배적인 세계어는 이러한 추세의 주요 원인이 될 수 있다고 지적한다.

제1장 　　　　　　　　　　　　　　　　　　인간의 언어 지식

언어학이 학문의 한 분야로 자리를 잡은 이래 언어학자들의 최대의 관심사는 어린아이들이 어떻게 4세나 5세경이라고 하는 비교적 짧은 시간 안에 언어라고 하는 실로 복잡한 체계를 정상적인 교육을 받지 않고도 습득할 수 있는지를 밝히는 일이었다. 구체적으로 부연 설명을 해보자면, 우리들은 정상적으로 태어난 아이라면 흑인, 백인, 동양인 등 인종의 구별이 없이 불과 4년에서 5년 안에 한 개 혹은 아이들이 처한 사회적인 상황에 따라 두 개 이상의 언어를 큰 노력을 들이지 않고도 아주 자연스럽게 습득하는 것을 보게 된다. 그렇지만 이 아이들이 청소년기나 혹은 성인이 된 후 다른 언어를 외국어로 배우고자 할 때 실로 십여 년의 시간과 노력을 투자해도 배우고자 하는 언어를 모국어로 사용하는 사람만큼 유창하게 그 언어를 구사할 정도로 습득한다는 것은 참으로 어렵다고 하는 사실을 경험적으로 알고 있다.

　어린이들이 언어를 배움에 있어 어른들로부터 어순 배열이나 품사와의 상관관계, 그리고 문장의 종류 등의 특별한 문법적인 가르침을 받지 않는다. 그런데도 아이들은 다섯 살 이전에 이미 한 언어에 존재하는 명사나 동사의 형태를 굴절시키는 방법을 터득하고 명령문, 부정문을 만들거나 의문문을 만들 수도 있고 내포문을 가진 비교적 복잡한 문장도 만들 뿐만 아니라 자신이 한 번도 들어 본 적이 없는 문장도 듣고, 이해한다. 또한, 자신도 이전에 발화해 본 적이 없는 새로운 문장도 어려움이 없이 발화해내는 것을 보게 된다.

아이들의 언어 습득 과정에서 한 가지 분명한 것은 아이들이 자신들이 접하는 언어에 대한 복잡한 문법적인 사항들에 대해 성인들로부터 교육을 받은 적도 없고 이전에 들었던 문장을 암기해 두었다가 필요할 때 꺼내 쓰는 것도 아니라고 하는 사실이다. 실제로 언어학을 공부한 적이 없는 부모나 주변의 성인들은 자신들의 언어에 대한 음성, 형태, 통사적인 지식이 없을 것이다. 또한 이런 아이들의 언어습득 행위는 모든 나라에서, 모든 문화권에서, 그리고 경제적·사회적인 상황과 관계없이 유사한 과정을 거치며 비슷한 시간 내에 일어나는 것을 볼 수 있다.

하지만 아이들이 언어를 습득하는 기간 동안에 접하게 되는 성인들의 발화는 아이들에게는 참으로 난해한 정제되지 않은 불친절한 문장들이다. 즉 어른들은 아이들에게 말할 때 일정 기간 동안은 아이들이 이해할 정도의 단어나 쉬운 문장으로 이야기해 주고 그 다음 단계가 되면 이전 발화보다는 조금 더 난이도가 있는 단어나 문장을 사용한다거나 하는 일은 거의 없다는 사실에 주목해야 한다.

이상에서 살펴본 바와 같이 아이들은 대략 5년 정도의 비교적 짧은 시간 안에 언어를 습득한다는 사실, 그리고 성인이 되면 언어를 배우기가 어려워진다는 것과, 정상적인 인간이라면 교육을 받지 않고도 언어를 습득할 수 있다는 사실, 그 외에도 자신들이 접하는 발화가 전혀 통제되지 않은 것임에도 불구하고 거의 동일한 일정한 기간 안에 습득한다는 사실 등을 설명하기 위하여 언어학자들은 "인간은 누구나 유전적으로 인간의 두뇌 속에 LAD(Language Acquisition Device: 언어습득 장치)를 가지고 태어난다는 것과 태어난 아이들이 언어 환경에 노출되면서부터 이 LAD가 작동하기 시작하여 어린아이가 문법 체계를 스스로 정립하게 해 준 후 사춘기가 되면서부터는 LAD가 더 이상 작동을 하지 않는다."라고 하는 가설을 세웠다.

영어와 세계

LAD가 두뇌 어딘가에 자리를 잡고 있을 것이라는 추정 외에는 LAD의 본질이 무엇인지 그리고 어떤 이유로 사춘기에 접어들 때쯤 되면 LAD가 더 이상 작동을 하지 않는지에 대해서는 아직 명확하게 밝혀진 것이 별로 없다. 그렇지만 LAD 안에서 일어나는 일은 아마도 어린아이들이 언어의 각 부문별로(음운, 형태, 구문, 의미, 화용 등) 일종의 규칙을 형성하는 것일 것이라고 하는 것에는 의심할 여지가 없는 사실이라고 하겠다. 왜냐하면 어린이들은 자신들이 접한 모든 문장들을 두뇌에 저장하고 있다가 필요한 경우에 그것들을 꺼내 사용하는 것으로 볼 수는 없기 때문이다.

아이들은 자신들이 예전에 들어서 기억한 문장과 똑같은 문장을 반복해서 듣는 일은 흔치 않은 일이고 또 이전에 자신들이 한번 발화한 문장을 기억해 두었다가 똑같은 문장을 반복해서 말하는 경우도 흔치 않다. 사실 아이들은 자신들이 전에 한 번도 말해 본 적이 없는 문장을 듣고 이해하는 데 큰 문제가 없을 뿐만 아니라 언제든 새로운 문장을 무한히 만들어내고 발화할 수 있는 능력을 가지고 있다. 따라서 위의 사실을 설명하기 위해서는 결과적으로 어린아이들의 언어 습득 과정은 어린아이들이 창조적으로 언어를 사용할 수 있게 해주는 규칙을 습득해 나가는 과정이라고 보아야 할 것이다.

그렇다면 어린아이가 태어나서 성인이 되기까지 습득해야 하는 언어 지식에는 어떤 것이 포함되어 있을까? 사실 일상 생활에서 대화할 때 얼핏 보기에는 화자나 청자 모두 무의식적으로 말하고 또 듣는 것 같지만 실제로는 본인들도 의식하지 못했던 많은 내재적인 언어 지식이 요구되어진다. 그 내재적인 언어지식들을 살펴보자.

1.1. 음에 대한 지식

아이들은 말을 먼저 배우고 글을 나중에 배우게 된다. 그리고 세계에는 아직도 문자를 가지고 있지 않은 언어도 많이 있기 때문에 아이들은 구어의 매개체인 음에 대한 지식을 가장 먼저 습득하게 될 것이다. 당연히 아이들은 약 6개월이 되어 옹알이를 시작하기 전까지는 우선 주변에서 들려오는 다양한 소리를 듣는 과정을 먼저 거치게 된다. 그동안의 청각 음성학(auditory phonetics)의 연구 결과에 의하면 사람들이 소리를 듣고 이해하는 과정은 다음과 같다고 한다.

1.1.1. 소리의 청각 과정

화자가 조음기관을 이용해 만든 소리는 음파의 형태로 공기 중으로 퍼져 나간다. 그러면 청자는 귀를 통해 음파를 포착해서 자신이 들은 말소리를 분석하여 의미를 파악함으로써 화자가 의도한 발화 내용을 이해하게 되는 의사소통의 과정을 거친다. 즉 음성을 이용하여 언어 행위를 하기 위해서는 화자와 청자가 있고 그 화자와 청자를 연결시켜 주는 공기가 있어야 한다. 사람들은 화자인 동시에 청자이기도 한데 화자에게는 소리를 만드는 조음기관인 혀와 이, 입술 등이 있는 것처럼 청자에게는 공기 중에 음파로 떠도는 말소리를 듣는 귀가 있다.

우리가 흔히 말하는 귀는 크게 외이, 중이와 내이의 세 부분으로 나누어진다. 외이는 귓바퀴와 외이도로 구성되어져 있는데 귓바퀴는 25~53mm의 길이를 가지는 외이도와 연결되어 있으며 외이도와 통하는 입구를 보호하고 소리를 수집하게 된다. 귓바퀴에 의해 수집된 말소리는 외이도를 통해 중이에 도달하게 된다.

중이에는 고막과 추골, 침골, 등골 등과 같은 청각 소골들이 있다. 중이에서 공기 중의 음의 강·약의 변화가 그에 상응하는 기계적인 움직임으로 변환된다. 즉, 음파로 구성되어져 있는 말소리가 고막을 울리면 고

영어와 세계

막이 진동하게 되고 그 진동이 추골, 침골, 등골 등으로 전달되는 과정에서 기계적인 움직임으로 바뀌는 것이다.

등골의 발판은 내이의 한 부분인 달팽이관에 붙어 있는데 달팽이관 안은 액체로 채워져 있다. 등골의 발판이 진동에 의해 흔들리면 달팽이관 속의 액체도 따라 출렁거리게 된다. 달팽이관 속의 액체가 출렁거리는 정도에 따라 달팽이관 속에 있는 머리카락같이 생긴 청각 수신 세포를 자극하게 되고 청각 수신 세포에 전달된 자극은 청각 수신 세포에 연결된 청각 신경 세포에 전달된다.

청각 신경 세포에 전달된 음파에 대한 정보는 청각 신경 세포 안에서 일종의 전기적 신호와 같은 활동 전위체로 변하여 청각 중추 신경이라고 불리는 대뇌의 뇌 피질의 한 부분에 전달된다. 그러면 이 정보를 최종적으로 언어 중추 신경 부위에서 분석함으로써 청자는 비로소 화자가 전달하고자 하는 말을 이해할 수 있게 되는 것이다.

1.1.2. 옹알이 단계

아이들은 위에서 설명한 청각 과정을 통해 자신의 주변에서 발화되는 음을 듣다가 생후 약 6개월이 지나면서부터 화자로서의 첫 단계인 옹알이를 시작한다. 이 시기는 혀, 치아, 입술, 연구개 및 성대의 조작 등을 통하여 다양한 소리를 만들기 시작하는 단계라고 할 수 있다. 자신이 듣는 모국어에 존재하는 음은 물론이고 인간의 발성기관으로 발음 가능한 모든 음의 발음을 시도해 보게 된다.

또한 아이들은 태어나서 자신들이 접하는 언어에 속한 자음과 모음 등과 같은 분절음(segments)을 익히기 전에 음의 높낮이(pitch)나 강세(stress) 등과 같은 초분절 요소(suprasegmentals)에 더 민감하게 반응한다고 한다. 인간의 언어는 음의 높낮이를 어떻게 사용하느냐에 따라 성조 언어(tone language)와 억양 언어(intonation language)로 구별하기도 한다. 이 구분은 단어 내에서의 소리의 높낮이를 가지고 의미를 구별하는 언어를 성조 언어라고 하고 문장 전반에 걸친 음의 고저를 가지고 의미를 구별하는 언어를 억양 언어라고 정의한다. 중국어, 타이어를 비롯한 많은 동남아시아의 언어들 및 아프리카 지역의 수많은 언어들도 성조 언어에 속한다. 반면에 영어나 한국어 등은 억양 언어에 속한다고 볼 수 있다.

영어를 모국어로 습득하는 아이들은 문장을 들을 때에 당연히 문장을 구성하고 있는 단어에 대한 지식이나 구에 대한 지식 등이 없다. 따라서 문장을 들을 때에 어떻게 문장 속에 있는 구성 성분인 단어들의 경계를 파악할 수 있을까 하는 의문이 생긴다. 연구 결과에 의하면 영어는 두 음절로 구성되어 있는 단어의 경우에 대 부분의 단어가 첫 음절에 강세가 오는 강약 형태의 강세를 지니기 때문에 강약, 강약 등으로 나뉘는 부분을 단어의 경계로 인식한다고 한다. 즉 문장 속의 단어를 인식하기 시작하는 첫 시도로 강세라고 하는 초분절음의 요소를 이용한다고 볼 수 있다.

어린아이들은 비교적 어린 나이에도 불구하고 의미를 구별하는 데 사용되는 음운은 물론이고 음성적으로 대조되는 음들의 차이점을 식별해 내는 것 같다. 젖병을 빠는 아이들에게 [pa], [pa], [pa], [pa], [pa]와 같은 음을 반복적으로 들려줄 때는 젖병을 빠는 속도가 느려지다가 영어에서 음운적으로 대조가 되는 [ba]를 들려줄 때는 물론이고 음성적으로 대조가 되는 [pʰa]를 들려주게 되면 젖병을 빠는 속도가 다시 빨라졌다고 한다. 이 실험은 어린아이들이 어렸을 때에는 한 언어에서 음운적으로 대조를 보이는 음은 물론이고 음성적으로 대조를 보이는 음에도 관심을 보일 정도로 인간 언어에 존재하는 모든 음을 식별해 듣는 능력을 가지고 있다는 것을 보여준다.

그러다가 시간이 지남에 따라 자신의 모국어에서 의미를 구별하는 데 쓰이는 음운의 차이만 구별해 낼 수 있게 되어 결국에는 음운의 음성적 실현음인 변이음들은 구별해 듣지 못하게 되는 것이라고 볼 수 있다.

영어와 세계

이것은 한국의 어린아이들은 어렸을 때에는 [pa]와 [ba]의 두 음에 있어서의 유무성의 차이를 구별해 듣다가 나중에 성인이 되어서는 그 차이를 구별해 듣지 못하는 것과 같다고 할 수 있다.

아이들이 자신의 언어에 있는 음을 발음하기 시작할 때에 자신의 언어에서 사용하는 모든 자음과 모음을 구별해서 발음할 수 있는 것은 아니다. 음운에 한해서, 아이들은 처음에는 자신의 언어에 있는 음운들보다 훨씬 적은 수의 음운을 발음하다가 서서히 발음할 수 있는 음운의 목록을 넓혀간다. 그리고 최종적으로 자신의 모국어에서 채택해 사용하고 있는 모든 자음과 모음을 발음하는 단계로까지 발전하게 된다.

어린아이들이 음을 들으면서 구별하기 시작할 때에 자신들의 언어에서 음운적 구별을 보이는 음뿐만이 아니라 음성적 구별을 보이는 음도 구별해 들을 수 있다고 했듯이 음을 발음하기 시작할 때에는 자신의 모국어에서 사용하는 음운뿐만이 아니라 모국어에서는 사용하지 않는 다양한 음들의 발음을 시도한다. 다시 말해 처음에는 자신의 조음기관을 활용해 만들 수 있는 각종 음들을 발음하다가 의미적으로 중요하지 않은 음들의 발음은 억제하여 나중에는 모국어에서 의미를 구별하기 위해 꼭 필요한 음운으로서의 자음과 모음을 구별해서 발음할 수 있게 된다고 정리할 수 있다.

1.1.3. 분절음에 대한 이해

영어를 모국어로 습득하는 과정에 있는 어린 아이들은 영어에 존재하는 모든 자음들 중에서도 다른 언어에도 공통적으로 존재하는 자음을 먼저 습득하고 다른 언어에는 잘 쓰이지 않지만 영어에서 쓰이는 음들은 나중에 익힌다고 한다. 즉 아이들은 많은 언어에 공통적으로 존재하는 [p], [b], [m], [t], [d], [n], [k], [g], [ɦ], [s] 등과 같은 음들을 먼저 습득하고 다른 언어에서 잘 찾아보기 어려운 [θ], [ð], [f], [v], [ʒ], [ʤ]와 같은 음들은 나중에 익힌다고 한다.

자음과 모음의 사전적 정의에서 자음은 폐에서부터 나오는 공기가 성도를 통과하는 동안에 어떤 식으로든지 간에 방해를 받아 만들어지는 음인 반면에 모음은 그와 같은 방해 없이 만들어지는 음이다. 따라서 자음은 기류의 방해가 어디에서 일어나느냐 하는 조음 장소(place of articulation)와 각각의 특정한 장소에서 어떻게 기류를 방해하느냐 하는 조음 방법(manner of articulation)으로 분류한다.

　먼저 아이들이 영어의 자음을 습득하는 순서를 조음 장소의 측면으로 보면 [p], [b], [m], [f], [v] 등과 같은 순음(labials), [k], [g], [ɧ], [w] 등과 같은 연구개음(velars), [t], [d], [n], [s], [z], [l], [r] 등과 같은 치경음(alveolars), 그리고 [ʃ], [ʒ], [ʧ], [ʤ], [j] 등과 같은 구개음(palatals) 순으로 습득하고, 조음 방법의 순서로 보면 [m], [n], [ɧ]과 같은 비강음(nasals)이고, 다음으로는 [w], [j]와 같은 전이음(glides), [p], [b], [t], [d], [k], [g] 등과 같은 폐쇄음(stops), [l], [r] 등과 같은 유음(liquids), [f], [v], [s], [z], [θ], [ð], [ʃ], [ʒ] 등과 같은 마찰음(fricatives) 그리고 마지막으로 [ʧ], [ʤ] 등과 같은 파찰음(affricates)의 순서로 익힌다고 한다.

　또한, 아이들은 자신도 모르게 모국어에 대한 음의 지식을 드러낸다. 즉 자신이 배우는 외국어의 음이 자신의 모국어에 없을 때에는 모국어에서 가장 유사하다고 생각하는 음으로 대체해서 발음하게 되는데 바로 이때 모국어에 있는 음에 대한 지식이 자신도 모르게 드러나게 되는 것이다. 예를 들어 'judge'라는 단어의 첫 음과 끝 음은 모두 유성 경구개 파찰음인 [ʤ]라는 자음이다. 이 음은 한국어에 존재하는 않는 음이다. 따라서 이 단어를 발음하는 한국 학생들은 대부분 자신들에게 가장 유사하다고 하는 한국어의 자음인 무성 경구개 폐쇄음인 [ㅈ]음으로 발음하는 것을 볼 수 있다. 이것이 의미하는 것은 한국어 자음 체계에 [ㅈ]음이 존재한다는 것이다.

　마찬가지로 무성 순치 마찰음 [f]나 유성 순치 마찰음 [v]도 한국어에는 존재하지 않는다. 그래서 이 음들이 들어간 'fin'이나 'victory'와 같은 단어를 발음할 때 영어의 [f]는 한국어에 있는 무성 양순 유기 폐쇄음 인 [ㅍ] 음으로, 영어의 [v]는 한국어의 무성 양순 무기 폐쇄음인 [ㅂ] 음 으로 대체해서 발음하는 것을 볼 수 있다. 이 경우에서도 한국 학생들이 한국어에 대해 알고 있고 자신들에게 가장 익숙한 음으로 대치하는 것을 알 수 있다. 이것도 역시 자신도 모르는 사이에 한국어에 대한 음의 지식 이 발현되고 있다고 할 수 있다.

다시 한번 요약하자면 사람들은 한 언어의 자음과 모음 등과 같은 분절음의 목록에 대한 지식이 있기 때문에 자신들의 언어에 존재하는 모 든 자음과 모음을 청자로서 구별해 들을 수 있고 또 화자로서는 발음할 수도 있게 되는 것이다. 그리고 이와 같은 음들에 대한 지식이 있다고 하 는 사실은 우리가 외국어를 배울 때 습득하고자 하는 외국어의 음들이 모국어에 없는 경우에 다수의 학습자들이 자신들이 이미 알고 있는 모국 어의 음으로 대치하는 것에서 자연스럽게 확인해 볼 수 있다.

1.1.4. 음절에 대한 이해

모든 언어에서 자음과 모음 등을 결합해서 음절이라는 더 큰 단위를 만 들고 음절들이 모여 단어를 구성하게 된다. 보통의 경우에 모음이 음절 의 핵이 되고 모음을 중심으로 음절 앞에 자음들이 오고 또 모음 뒤에 도 자음들이 올 수 있다. 음절 핵인 모음으로만 이루어진 음절도 있지만 대개의 경우 음절 앞에 하나 혹은 그 이상의 오는 자음들이 오고 또 음 절 말에도 하나 혹은 그 이상의 자음들이 오게 된다. 따라서 영어에서는 (C) (C) (C) V (C) (C) (C) (C) 등과 같은 다양한 형태의 음절 구조가 만 들어질 수 있다. 이와 같이 음에 대한 지식에는 어떤 언어의 화자들이든 지 자신들의 언어에서 사용하고 있는 음절의 구조에 대한 지식도 포함하 게 된다.

어떤 언어의 화자이든지 음절 초나 음절 말에 올 수 있는 자음의 수 에는 제한이 있다는 것을 안다. 또 음절 초나 음절 말에 자음군이 올 수 있다 하더라도 어떤 자음들이든지 간에 멋대로 올 수 있는 것이 아니라고 하는 것도 안다.

영어에서는 음절 초에 'spring', 'splendid', 'stroke', 'scratch', 'sclerosis' 등과 같이 자음이 세 개까지 올 수 있고 음절 말에는 'sixths'에서 볼 수 있는 것과 같이 최대 네 개까지 올 수 있다. 그렇지만 음절 초나 음절 말에 자음군이 오더라도 자음들이 어떤 순서로든지 올 수 있는 것이 아니라 특정한 순서를 지키며 온다고 하는 제약이 있을 수 있다. 영어에는 음절 초에 [bm-], [fz-], [vn-], [zbn-] 등과 같은 자음의 연속체가 올 수 없다는 것과 같은 음절 초에 올 수 있는 특정 자음군과 올 수 없는 다양한 자음군에 대한 배열 제약이 존재한다.

그중 몇 가지를 알아보면 영어에서는 한 음절 내에서 폐쇄음인 [b], [g], [k]나 [p]와 같은 자음 뒤에는 또 다른 폐쇄음이 올 수 없다. 따라서 [bg-], [gd-], [kb-], [pg-] 등과 같은 음절 초 자음군은 찾아볼 수가 없다. 그리고 만약에 단어가 유음인 [l]이나 [r]로 시작한다면 뒤이어 바로 자음이 따라올 수가 없고 반드시 모음이 와야 한다. 그러므로 [lm-], [ln-], [lr-]는 물론이고 [rl-], [rj-], [rw-] 등과 같은 자음군으로 시작하는 음절을 찾아볼 수가 없다.

마찬가지로 [ʧ]나 [ʤ]로 시작하는 음절들도 바로 그 뒤에 자음이 올 수 없고 모음이 와야 한다. 영어에서는 [ʧb-], [ʧz-], [ʧn-]나 [ʤd-], [ʤl-], [ʤm-] 등과 같은 음절 초 자음군을 가진 단어들은 존재하지 않는다. 또한, 영어는 음절 초 위치에서 세 개의 자음까지만 허용하고 있다. 만약에 음절 초에 세 개의 자음이 올 경우에는 맨 앞에 오는 자음은 [s]음이어야 하고, 두 번째로 올 수 있는 자음은 [p], [t], [k]라는 무성 폐쇄음 중의 하나이어야 하고, 그리고 마지막 세 번째에 올 수 있는 음은 유음인 [l]이나 [r] 중의 하나이어야 한다는 제약이 있다. 하지만 이 중에서 유일하게 [stl-]이라고 하는 음절 초 자음군을 가진 단어는 존재하지 않는다. 이 자음군은 영어에서 허용하고 있는 음절 초 자음군에 대한 제약을 지키고

영어와 세계

있지만 실제로 이 자음군을 사용하는 단어는 존재하지 않는다. 이와 같이 음운배열상으로는 가능하지만 실제로는 존재하지 않는 경우의 단어를 우연한 공백(accidental gap)이 생겼다고 한다.

만약에 어느 회사에서 새로운 과자나 음료를 개발하여 신제품 이름을 [stlis]나 [stlant]와 같이 붙인다고 하면 영어를 모국어로 하는 화자들은 그 새로운 제품 이름을 들었을 때 새롭다하는 느낌을 가질지언정 특별히 거부감을 느끼거나 아니면 발음하는 데 큰 어려움을 겪거나 하지는 않을 것이다. 그 이유는 앞서 언급했듯이 [stl-]이라고 하는 음절 초 자음군은 영어에서 허용하는 음절 초 자음군에 대한 배열 규칙을 준수하고 있기 때문이라고 할 수 있다.

어떤 자음의 연쇄는 음절 초 위치에서는 허용이 되지 않으나 음절 말에서는 허용이 되는 경우도 종종 있다. 영어에서 [mp-], [lt-]와 같은 자음의 연쇄는 음절 초에서는 허용이 되지 않지만 'camp'와 'belt' 등과 같은 단어의 예에서 볼 수 있듯이 음절 말에서는 허용되는 자음군이다.

반면에 한국어에서는 '이', '기', '일', '길' 등과 같은 단어에서 볼 수 있듯이 기본적인 음절 구조는 V, CV, VC, CVC로서 (C) V (C)의 음절 구조를 지니고 있다. 간혹 '값', '읊다', '닭', '끓다', '끊다' 등과 같은 단어를 떠올리며 음절 말 위치에 자음이 두 개까지 올 수 있지 않느냐 하고 생각할 수 있을 것이다. 하지만 실제 발음에서는 하나가 탈락되지기 때문에 음절 말에서 발음되는 자음의 수는 하나인 것이다.

이와 같이 한국어에서는 음절 초와 음절 말에 각각 하나의 자음밖에 올 수 없다는 제약에 익숙한 한국인들은 어두나 어말에 자음군이 오는 영어의 음절을 발음해야 할 경우에 자신들이 평소에 발음하는 습관 때문에 음절 초나 음절 말의 자음군을 각각 CV 구조로 나누어 발음하게 된다. 예를 들어 음절 초에 'spray' 등과 같이 세 개의 자음이 오는 단어를 발음하게 될 때에는 무의식적으로 '스프레이'와 같이 '으' 모음을 삽입하여 영어에서 하나의 음절을 마치 세 개의 음절인 것처럼 쪼개어 발음하게 된다.

음절 말에 있는 자음군의 발음에서도 같은 현상이 관찰된다. 'camp' 와 같이 음절 말에 두 개의 자음이 오는 단어를 마치 '캠프'와 같이 '으' 모음을 삽입해 발음함으로써 하나의 음절로 이루어진 단어를 마치 두 개 의 음절을 가진 단어처럼 발음하는 경향이 생긴다. 이것은 모두 한국어 의 음절 구조에 대한 지식이 한국어와는 다른 음절 구조를 지닌 영어의 단어를 발음할 때 자연스럽게 투영된 결과라고 할 수 있다.

음절 구조에 대한 지식에는 음절 초와 음절 말에 올 수 있는 자음의 수와 자음의 배열 규칙에 대한 지식뿐만이 아니라 음절과 음절이 연결될 때 앞 음절의 특정 자음과 뒤 음절의 특정 자음의 연결이 허용되는 경우 와 허용되지 않는 경우를 아는 지식도 포함하고 있다고 보아야 할 것이 다. 예를 들어 영어에서는 음절 초에서 [tl-]과 같은 자음의 결합은 허용 하지 않는다. 그렇지만 'atlas', 'catling', 'cutlass', 'fetlock'과 같은 단어의 예에서 볼 수 있듯이 단어의 중간에서 음절 말과 음절 초의 자음의 연쇄 로는 허용이 된다.

한국어의 경우에는 특정 음들의 연쇄가 단어 중간에서 허용되지 않 는데 [...VlnV...]과 [...VnlV...]와 같은 음의 결합이 그런 예들이다. '말 년', '말눈치', '쌀눈', '천리', '분리', '곤란' 등과 같은 단어들의 발음에서 볼 수 있듯이 철자에서는 두 음이 나란히 오지만 실제 발음에서는 모두 [...VllV...]로 발음되는 것을 볼 수 있다.

영어에서는 'alnico', 'only', 'mainly' 등과 같은 단어에서 볼 수 있듯 이 허용되는 자연스러운 음의 연쇄이다. 그렇지만 영어를 배우는 한국 사람들은 이와 같은 단어를 접하게 되면 자신에게 익숙한 [...VllV...]와 같은 음의 연쇄로 바꾸어 발음하는 것을 볼 수 있다. 심지어는 단어와 단 어 사이에 오는 '...all new...'와 같은 음의 연쇄도 [...ll...]로 바꾸어 발음하 는 되는 경우도 종종 관찰된다.

이와 같은 사실도 한국 사람들이 한국어를 습득하는 과정에 가지게

42   영어와 세계

되는 음절과 음절이 연결될 때 허용되거나 허용되지 않는 음의 연결에 대해 알고 있는 지식을 영어를 배울 때 자연스럽게 투영하고 있는 결과이다. 결국 음절과 음절이 연결될 때 어떤 특정한 음의 연쇄가 허용되고 안 되고 하는 것은 각 언어의 특징적인 현상이기 때문에 이와 같은 사항은 언어를 습득하는 어린 아이들이 자연스럽게 습득해야 할 자신의 언어음의 발음에 대한 지식에 해당된다.

또한 한 언어의 음에 대한 지식에는 연속해서 들리는 문장 속의 음들을 분절해 내는 지식도 포함된다. 우리에게 생소한 외국어 문장들이 들릴 때 우리는 어디에서 문장이 시작되고 끝나는지 전혀 알 방법이 없기 때문에 문장을 구성하고 있는 구나 단어들과 같은 문장의 내부 요소들을 구별해 내지 못하게 된다. 하지만 자신의 모국어에 대해서는 화자가 아무리 빨리 발음하더라도 들으면서 문장의 시작과 끝, 그리고 문장의 내적 구성요소들을 분절해 듣는 데에는 아무런 문제가 없다. 예를 들어 한국 사람들은 '나는 저녁을 맛있게 먹었다.'와 같은 문장을 들을 때 누구나 별다른 문제 없이 그 문장이 11개의 음절로 나누어진다는 것을 쉽게 알 수 있다. 그리고 그 문장을 구성하고 있는 단어의 수는 4개라고 하는 것 또한 듣고 구별해 내는 데 아무런 문제가 없다. 따라서 어느 나라 사람이든지 간에 자신들의 언어음에 대한 지식에는 연속되는 음을 분절해서 이해하는 지식도 있다는 것을 알 수 있다.

1.2. 단어에 대한 지식

자음과 모음 등이 모여 음절을 형성하고 음절들이 모여 형태소나 단어가 만들어져 의미를 구성하게 된다. 이것은 특정한 음의 연결체가 서로 다른 의미를 나타내는 것을 아는 지식도 우리들의 언어 지식의 일부라는 것을 의미한다. 그런데 같은 의미를 표현하기 위하여 언어마다 서로 다른 음을 사용하기 때문에 특정 음의 연쇄와 의미와의 관계에는 필연성이 없다는 것을 알 수 있다.

음은 의미를 담기 위한 도구인 것인데 음들 자체로는 아무런 의미를 지니지 않고 있기 때문에 음들 간의 결합으로 만들어지는 단어들의 경우 그 단어를 구성하고 있는 음들로부터 그 의미를 예측할 수 있는 정보를 구할 수가 없다. 따라서 우리는 매 단어들의 발음과 함께 의미를 별도로 익혀야만 한다. 이와 같이 우리들의 언어 지식에는 자신의 모국어에 속한 기본 어휘에 대한 지식이 포함된다. 여기에서 기본 어휘에 대한 지식이라는 표현을 쓴 것은 사람들은 자신들의 모국어로 다른 사람들과의 정상적이고 일상적인 대화에서 불편함을 느끼지 않을 정도의 어휘를 알고 있기 때문이다. 자신의 모국어에 속하는 모든 단어를 알고 있는 사람은 없을 것이고 또 모든 단어를 다 알고 있다고 해도 그 자체만으로는 큰 의미를 지니지 못할 것이다. 왜냐하면 어느 누구도 개별 단어만으로 자신들의 의사를 전달하지 못하기 때문이다.

1.3. 문장 구조에 대한 지식

효율적인 의사소통을 하기 위해서는 모국어 화자들끼리 약속한 구절이나 문장 형성 규칙에 입각해 단어를 적절히 배치하여 구를 만들고 구를 결합해서 더 큰 단위인 문장을 만드는 통사론적인 지식을 사용해야 한다. 하지만 한 언어에서 발화 가능한 문장의 수에는 제한이 없다. 우리들은 매일 과거에 들었던 똑같은 문장을 반복해 듣거나 전에 했던 발화를 똑같이 반복해 말하지 않는다. 매일 듣는 문장들은 새로운 문장들이고 화자들도 항상 새로운 문장을 말하기 마련이다. 그런데도 우리들은 매일 듣게 되는 새로운 발화를 듣고 이해하는 데 아무런 문제가 없다. 이것은 아이들이 성인들의 발화를 과거 언젠가 한 번은 들었기 때문에 그런 문장들을 이해할 수 있다는 모방이론에 대한 반론을 제기할 수 있는 예가 될 것이다.

사람들이 과거에 한 번도 들어보지 못했던 문장을 듣고도 이해할 수 있고 또 자신들이 과거에 한 번도 발화해 보지 않았던 문장도 새롭게 만들어 대화에 사용할 수 있다는 사실에서 인간 언어가 가지는 창의성을 엿볼 수 있다. 이와 같은 인간 언어에서 찾아볼 수 있는 창의성을 설명하기 위해서 언어학자들은 사람들이 몇 개의 제한된 문장 형성 규칙을 이용하여 문장을 만들어낸다고 가정한다. 그러나 비록 몇 개에 불과한 문장 형성 규칙이라 하더라도 그 규칙들은 한 언어에서 허용 가능한 모든 새로운 문장들을 만들어 낼 수 있을 정도로 강력한 것이어야 한다. 그렇지 않으면 어떻게 어린아이들이 5년 정도라고 하는 비교적 짧은 기간에 언어를 습득할 수 있는 것인가에 대해 설명하기가 쉽지 않을 것이다.

단어는 아직 익히지 못한 것들도 많이 있고 또 계속 새롭게 만들어지고 있기 때문에 성인이 되어서도 단어는 계속 익혀야 하지만 문장으로 구성된 다른 사람들의 말을 듣고 이해거나 자신들이 말을 하는 데는 전혀 문제가 없다. 만약에 어린아이들이 모국어를 배울 때에 습득해야 할 문장 형성의 규칙 수가 제한되어 있다고 가정하지 않는다면, 그리고 또 문장 형성의 규칙 수가 사람들이 만들 수 있는 문장의 수만큼 무한하다고 하면, 사람들은 성인이 되어서도 여전히 문장 형성 규칙을 배워나가야 하기 때문에 언어 습득 과정이 끝났다고 할 수 없을 것이다.

물론 언어마다 서로 채택해서 사용하는 음의 체계가 다른 것처럼 문장 형성 규칙도 언어마다 서로 다를 수 있다. 예를 들어 한국어에서는 주어 (S)-목적어 (O)-동사 (V)의 순으로 단어를 배치하여 '철수가 독서를 싫어한다.' 또는 '영희는 영철이를 짝사랑한다.' 등과 같은 S-O-V의 순서를 지키는 문장을 무수히 많이 생성해 낼 수 있다. 하지만 영어에서는 주어-동사-목적어의 순으로 단어를 배열한다. 따라서 'I love you.', 'I want some apples.'와 같은 S-V-O의 순서를 지키는 문장을 무한히 만들어 낼 수 있다.

어느 언어이든지 문장 형성 규칙의 길이와 수는 어느 정도 제한되어 있을 것이다. 그렇지 않으면 제한된 정보를 처리할 수밖에 없는 우리의 두뇌 속에 그 모든 것들을 저장해 놓을 수도 없고 다 기억하기에도 문제가 있을 수밖에 없을 것이기 때문이다.

1.4. 화용적인 지식

문장 형성 규칙에 입각해 올바른 문법적인 문장을 만든 것으로 우리의 언어생활이 끝난 것이 아니다. 만들어진 문장을 언어 화자가 처한 상황 및 환경에 따라 적절히 사용할 수 있는 능력 또한 중요한 언어 지식의 일부가 된다. 예를 들어 한국인들은 누군가가 '언제 한번 같이 식사나 하시지요.'라고 말을 한다면 이것을 의례적인 인사 치례로 받아들이지 곧이곧대로 나와 같이 식사를 하겠다고 하는 것이나 또는 나를 식사에 초대하는 표현은 아니라고 하는 것을 알고 그저 건성으로 '아, 네, 그러시지요.' 하는 정도로 답을 할 것이다. 그런데 외국인들은 이것을 진지하게 받아들여 '언제'가 과연 '언제'를 의미하는 것인지 알기 위해 상당히 궁금해할 것이다.

또 하나의 예로 한국인들이 '요즘 안색이 많이 안 좋으시군요.'와 같은 말을 누군가에게 전한다면 그 말은 상대방에게 그의 안색에 대한 정보를 제공하기 위한 표현이 아니라는것을 안다. 그와 같은 표현을 통해 '요즘 피곤하신 일이 많이 있으신가요?' 또는 '요즘 건강이 많이 안 좋으신가요?' 하는 질문을 하고 있다고 보아야 할 것이다.

이와 유사한 예로 친한 친구가 내 머리를 보고 '그 머리 어디서 했어?'라고 한다면, 내가 머리를 한 미용원에 대한 정보를 물어보는 것일 수도 있지만 그 문장의 발화 억양에 따라서 '머리 정말 멋진데.' 아니면

영어와 세계

'머리 정말 형편없이 깎았네.'와 같은 말을 하고 싶었던 것일 수도 있다.

또한, 같은 식탁에서 식사를 하고 있는 앞사람에게 '간장 좀 주시겠어요?'라는 문장은 실제로 상대방이 간장을 나에게 줄 수 있는지 없는지의 여부를 묻는 질문이 아니라 간장을 자기에게 전달해 달라는 부탁이나 요청의 의미이다. 따라서 일상적인 대화 상황에서는 화자나 청자가 문법적으로 문제가 없는 문장을 말하고 듣는 이상으로 발화 시점이나 상황 및 환경에 맞는 적절한 문장을 발화하거나 이해할 수 있는 지식을 가지고 있어야 의사소통이 완성된다고 할 수 있다.

이상에서 살펴본 바와 같이 우리가 한 언어를 습득해서 알고 있다고 하는 것에는 그 언어의 음과 관련한 다양한 지식뿐만 아니라 기본적인 일상생활을 영위하기 위한 대화를 할 때 의사소통에 불편함을 느끼지 않을 정도의 기본 어휘에 대한 지식, 단어를 결합해 구를 만들고 구를 결합해 무한히 새로운 문장을 생성할 줄 아는 통사적인 지식, 단어의 의미와 문장의 의미를 이해할 수 있는 지식, 그리고 문장을 발화 상황에 따라 적절히 사용하고 또 이해할 수 있는 화용론적인 지식 등을 가지고 있는 것으로 보아야 한다.

1.5. 언어 보편소에 대한 지식

세계의 어떤 언어를 습득하든지 간에 어린이들이 거의 유사한 습득 과정을 거친다는 사실과 아이들이 접하는 어른들의 발화가 서로 다른데도 불구하고, 다시 말해 입력되는 언어 자료가 균질하지 않음에도 거의 같은 기간에 언어를 습득한다고 하는 사실 등을 고려해 볼 때 언어학자들은 아마도 어린아이들은 세계의 언어들이 공유하는 범언어적인 공통 요소 혹은 보편적 문법체계에 대한 지식을 태생적으로 지니고 있을 것 같다는 가정을 하게 되었다. 실제로 현대 언어학자들은 언어들이 표면적으로 보기에는 서로 상이한 것 같지만 근원적으로 따지고 보면 언어들 사이에는 공통적으로 존재하는 보편적인 요소(language universals)들이 있다고 주장한다. 즉 모든 언어가 공유하고 있는 보편적인 요소들이 있기 때문에 아이들이 태어난 국가, 인종, 지리적 · 사회적 · 문화적 · 경제적 상황과 같은 것들과는 무관하게 자신들이 태어나 접하는 언어가 그 어떤 언어이든지 간에 5년 정도라고 하는 일정한 기간 안에 누구나 다 습득할 수가 있는 것이라고 주장한다.

그동안 언어학자들은 인간 언어들에서 공통적으로 찾아볼 수 있는 특징 또는 언어 보편소에 대해 밝혀보려고 노력을 하였다. 우리는 언어를 인간과 분리해서는 생각해 볼 수가 없는 존재이기 때문에 인간이라고 하는 종(human species)에게는 본유적인 것이고 따라서 인간이 존재하는 곳에는 어느 곳이든지 인구수의 많고 적음에 상관없이 언어가 존재한다는 것을 안다.

또한 문화라고 하는 것이 사람들이 살아가는 서로 다른 생활양식에서 발생하는 것이기 때문에 문화 간의 차이는 인정해야 하겠지만 문화 간의 우열을 따지는 것이 어리석은 일인 것처럼 언어학자들은 인간의 언어 간에도 어떤 우열을 정해 고급 언어와 원시 언어처럼 언어를 분류하는 것은 옳은 일이 아니라고 본다. 왜냐하면 언어는 그 본질이 구성원 간의 의사소통을 위한 도구이기 때문에 수백 명의 화자밖에 남지 않은 언어이건 수억의 화자를 가진 언어이건 다 똑같이 완벽하고도 꼭 필요한 중요한 의사소통 체계이기 때문이다. 그리고 지구상의 모든 언어가 현재의 모습을 갖기까지는 과거부터 계속 시간의 흐름에 따라 변화를 거듭한 결과라고 하는 사실을 받아들여야 한다. 즉 모든 언어는 살아있는 유기체와 같아서 시간의 흐름에 따라 발전하기도 하고 경우에 따라서 없어지기도 하는 활기차고 동적인 존재인 것이다. 그런데 18세기 후반의 언어학자들은 언어가 변하는 것을 언어가 타락하는 것으로 간주하여 문법을 정형화 또는 규범화시켜 올바른 문법과 잘못된 문법의 예를 구별하여 잘

영어와 세계

못된 문법을 사용하지 못하도록 하고 올바른 문법의 사용을 장려하는 과정을 통해 언어의 변화를 막고자 하였던 적도 있었다.

인간의 언어에는 의미 단위의 단어들이 많이 있다. 지금도 필요에 따라 새로운 단어가 계속 만들어지고 있기 때문에 이론적으로는 무한수의 단어가 만들어져 사용될 수 있다. 하지만 그 단어들을 구성하고 있는 음들은 자음과 모음들이어서 어떤 언어이든지 많지 않은 자음과 모음을 사용하고 있다는 것을 알 수 있다. 그리고 그와 같은 자음과 모음의 개별 단음들은 아무런 의미도 지니지 못하고 있다는 것을 알 수 있다.

이것은 인간 언어의 특징 중의 하나인 패턴의 이원성(duality of patterning)에 대한 것으로 어떤 언어이든지 몇 개의 유한한 자음 및 모음 등을 사용해서 무한히 많은 의미 단위인 단어들을 만들어 낼 수 있다는 의미이다. 예를 들어 'My son disliked her friends.'를 구성하고 있는 의미 단위는 'my', 'son', 'dis-', 'like', '-d', 'her', 'friend', '-s' 등이다. 이들 각 의미 단위는 그 자체로는 아무 뜻이 없는 자음과 모음의 결합체로서 구성되어 있다. 그러므로 대부분의 경우에 단어를 구성하고 있는 음들의 집합체가 나타내고자 하는 의미는 자의적(arbitrary)일 수밖에 없을 것이다. 예를 들어 국어에서 '고양이'라고 부르는 대상물을 영어에서는 'cat'라고 하는 음의 연쇄를 이용한다. 즉 영어에서는 'cat'라고 하는 것에서 볼 수 있듯이 우리가 '고양이'라는 개념을 표현하기 위해서 꼭 '고양이'이라고 하는 음의 연속체를 사용해야만 하는 어떤 필연적인 이유가 없다. 단지 우연히 한국어 화자들 상호 간에 그와 같이 약속이 되어 사용되어지고 있을 뿐이다.

물론 어떤 단어들의 경우에는 그 단어의 음을 듣고 그 단어의 의미를 바로 유추할 수도 있다. 실예로 자연 속에서 들을 수 있는 음이나 동물들의 울음을 흉내 내는 의성어가 있다. 이렇게 인간 언어에서 단어의 음과 의미와의 관계는 대체로 자의적이라고 할 수 있다.

재미있는 것은 자연의 음을 모방하는 의성어일지라도 각 언어에서 채택하고 있는 음 체계에 따라 자신들이 듣는 자연의 음을 각각 달리 표현하고 또 발음하고 있다는 것이다. 예를 들어 한국어에서는 닭이 우는 소리를 '꼬끼오'라고 표현하고 영어에서는 'cock-a-doodle-doo', 러시아로는 'kukuriku', 독일어는 'kikeriki', 프랑스어로 'cocorico'라고 하는 것에서 알 수 있듯이 각 언어의 모국어 화자들은 자신들의 언어음 중에서 가장 유사하다고 하는 음을 이용하여 닭이 우는 소리를 표현하고 있는 것을 볼 수 있다.

또한 모든 언어에는 유사한 문법 범주(grammatical category)가 존재한다. 즉 모든 인간의 언어에서는 주어나 목적어로는 명사가 쓰이고 어떠한 행위를 표현하기 위해서는 동사를 사용하고 단어와 단어, 구와 구, 그리고 문장과 문장을 연결하기 위한 접속사, 명사를 수식하는 형용사, 형용사나 동사를 수식하는 부사 등과 같은 문법 범주를 찾아볼 수 있다.

이와 같이 모든 인간의 언어에는 기존의 단어들을 활용하여 새로운 단어를 만드는 단어 형성 규칙이나 구를 만드는 구 형성 규칙 또는 문장을 만드는 문장 형성 규칙이 존재한다. 세계에서 사용되는 대부분의 언어는 단어 배열 순서를 기준으로 고려할 때 S-V-O(Subject-Verb-Object) 유형의 주어-동사-목적어 순으로 단어를 배열하는 언어와 S-O-V(Subject-Object-Verb) 유형의 주어-목적어-동사 순으로 단어를 배열하는 언어로 구분된다. 이 기준으로 분류하면 영어는 S-V-O 유형의 언어이고 한국어는 S-O-V 유형의 언어이다. 그리고 세계의 모든 언어의 단어는 [+/-animate], [+/-human], [+/-male], [+/-young], [+/-married] 등과 같은 의미 자질을 가진다. 이 의미 자질이 결합되어 한 단어의 의미를 형성하게 된다.

어떤 언어의 화자든지 무한수의 새로운 문장을 만들어 내고 또 한 번도 들어본 적이 없는 문장들도 듣고 이해할 수 있는 능력이 있다. 그리고 이론적으로 무한히 긴 문장도 만들 수 있는 능력도 있다. 어떤 언어이든지 '영철이는 순희를 좋아한다.', '나는 영철이가 순희를 좋아한다고 생각한다.', '철수는 내가 영철이가 순희를 좋아한다고 생각한다는 것을 알고 있다.' 등과 같이 기존에 존재하는 문장을 내포하는 새로운 긴 문장을 얼마든지 만들 수 있다. 그렇지만 사람들의 기억력에는 한계가 있기 때문에 실제 언어 행위에서는 문장의 길이에 제한이 있을 수밖에 없을 것이다.

세계의 모든 언어에는 과거의 일에 대해 말하는 방법, 일어나지 않은 미래의 일에 대해 표현하는 방법, 어떤 사실이나 행위에 대해 부정할 수 있는 방법, 어떤 사실에 대해 물어보는 의문문을 만드는 방법, 어떤 행동을 하거나 하지 말라는 명령을 하는 방법 등이 존재한다.

이상과 같은 다양한 사항들이 인간 언어들 간에 공통적으로 공유하고 있는 보편적인 사실들이라고 할 수 있다. 이 중에서 세계의 언어들 간에 공통적으로 나타나는 인간의 언어음이 지니는 보편적인 요소에 대해 조금 더 구체적으로 알아보자.

1.6. 언어음의 보편소에 대한 이해

인간 언어의 일차적인 형태는 당연히 구어이다. 수천 종류의 인간 언어 중에서 문자를 가지지 못한 언어는 많이 존재하지만 구어가 아닌 다른 방법으로 일상적인 의사소통을 하는 언어는 없다. 따라서 소리를 이용하는 세계의 언어음에 대한 이해가 매우 중요하다고 할 것이다. 인간의 언어음에서 찾아볼 수 있는 보편적인 요소들에 대해 알아보자.

먼저 세상의 모든 언어에는 자음과 모음이 존재한다. 자음은 폐에서 나오는 공기가 성도를 통과하는 동안에 어떤 식으로든지 간에 방해를 받아 만들어지는 음이고 모음은 기류가 방해를 받지 않고 만들어지는 음이다. 사람들은 화자로서 혀, 입술, 치아, 입천장, 연구개, 성대 등과 같은 다양한 조음기관을 이용하여 여러 가지 서로 다른 소리를 만들어낸다.

하지만 어떤 언어든지 그 모든 음을 다 사용하지는 않고 특정한 종류의 자음과 모음을 사용하게 된다.

아이들이 모국어를 습득하는 과정에서 음을 듣고 이해하는 행위를 할 때 자신들의 언어에서 의미를 구별하기 위해 사용하는 음운뿐만이 아니라 음운의 상황적 실현음이라고 할 수 있는 변이음까지도 모두 구별해 들을 수 있다고 하는 흥미로운 연구 보고가 있다. 그러나 성인들은 정작 자신들의 모국어 음운은 구별할 수 있으나 변이음들은 구분해 듣지 못한다. 반면에 아이들은 나이가 들어감에 따라 점차 변이음들의 음성적 차이를 인식하지 못하고 나중에는 성인과 같이 음운만 구별해 듣게 된다고 한다.

한 가지 더 흥미로운 것은 음의 발음을 익힐 때에 다른 언어에도 공통적으로 나타나는 음들을 먼저 익히고 다른 언어에서 사용하는 빈도가 낮으면서 자신의 모국어 존재하는 음들은 나중에 습득한다고 한다. 즉 영어를 모국어로 습득하는 과정에 있는 아이들은 모든 언어에서 공통적으로 나타나는 양순 폐쇄음 [p]나 치경 마찰음 [s]와 같은 음을 먼저 발음하는 것을 배우고 다른 언어에서 찾아보기 어려운 치간 마찰음 [θ]와 같은 음의 발음은 나중에 습득한다는 사실이다.

1.6.1. 자음의 보편소에 대한 이해

자음은 폐에서 나오는 공기가 성도를 통과하는 동안에 어떤 식으로든지 간에 방해를 받아 만들어지는 음이며 기류의 방해가 어디에서 일어나는 지 그리고 특정 장소에서 어떻게 기류의 방해가 일어나는지에 따라 분류한다. 즉 세계의 모든 언어의 자음은 조음 장소와 조음 방법에 따라 분류할 수 있다.

영어를 예를 들어 조음 장소에 의해 영어의 자음을 분류하면 다음과 같다. 영어에는 윗입술과 아랫입술을 이용해 만들어지는 양순음(bilabial sounds) [p, b, m], 아래 입술과 윗니를 이용해 만드는 순치음(labiodental sounds) [f, v], 혀끝을 윗니와 아랫니 사이에 두고 발음하는 치간음 (interdental sounds) [θ, ð], 설단과 치경 돌기라고 하는 단단한 잇몸 부분 사이에서 만들어지는 다양한 치경음(alveolar sounds) [t, d, n, s, z, l, r], 설단과 치경 돌기부 뒤쪽 사이에서 만들어지는 경구개 치경음(palato-alveolar sounds) [ʃ, ʒ, ʧ, ʤ], 혀의 전설 부위와 입천장의 경구개 부위 사이에서 만들어지는 구개음(palatal sounds) [j], 후설과 연구개 사이에서 만들어지는 연구개음(velar sounds) [k, g, ŋ], 그리고 성문에서 만들어지는 성문음(glottal sounds) [h] 등이 있다.

각각의 조음 장소에는 각 자음의 조음을 완성시켜 줄 기본 방법이 몇 가지 있다. 구강에 들어온 기류를 막을 수도 있고 부분적으로 방해를 할 수도 있다 그리고 공기가 자유롭게 빠져나가게 할 수도 있다.

기류가 입을 통해 빠져나가지 못하도록 두 조음기관을 완전히 막으면서 만들어지는 폐쇄음에는 구강 폐쇄음(oral stops)과 비강 폐쇄음 (nasal stops)이 있다. 영어의 구강 폐쇄음은 [p, b, t, d, k, g] 이고 [m, n, ŋ] 등은 비강 폐쇄음이다.

비강 폐쇄음의 경우, 연구개가 내려가 있어서 비강이 열려 있기 때문에 공기가 비강을 통해 빠져나갈 수가 있지만 구강에서는 두 조음기관이 닫혀 있음으로 해서 폐쇄의 기간 동안에는 기류가 입을 통해 빠져나가지 못하기 때문에 폐쇄음으로 분류한다. [m]의 경우에서는 윗입술과 아랫입술에서 폐쇄가 있고 [n]의 경우에는 설단과 치경 사이에서 폐쇄가 일어나고 [ŋ]의 경우에는 후설과 연구개 사이에서 폐쇄가 일어난다.

반면에 두 조음기관이 아주 가깝게 접근하면 좁아진 조음 기관을 통과하는 기류가 조음 기관의 표면을 스치면서 거친 소리가 만들어진다. 이와 같은 방법으로 만들어진 음들을 마찰음(fricatives)이라고 한다. 영어에는 순치 마찰음 [f, v], 치간 마찰음 [θ, ð], 치경 마찰음 [s, z], 경구개 치경 마찰음 [ʃ, ʒ] 등이 있다.

또한 영어에는 경구개 치경 파찰음(affricates) [ʧ, ʤ]이 존재한다. 파찰음은 음의 발음을 시작할때 폐쇄음을 발음할 때와 같이 관계되는 두 조음 기관을 닫았다가 열 때에는 급속하게 개방하는 것이 아니라 거친 소리가 만들어질 정도의 좁은 틈을 유지함으로써 생성되는 음이다. 그래서 음성학적으로 볼 때 폐쇄음과 마찰음의 두 가지 조음 방법이 혼재되어 있는 음이라고 할 수 있다.

한 조음기관이 다른 조음기관에 접근하되 마찰음과 같이 거친 음색의 기류가 생길 정도로까지는 성도가 좁아지지 않았을 때 만들어지는 접근음(approximants)도 있다. 영어에는 전설과 경구개 사이에서 만들어지는 경구개 접근음(palatal approximant) [y]과 두 입술 사이뿐만이 아니라 후설과 연구개 사이에서 동시에 접근이 생김으로써 만들어지는 양순 연구개 접근음(labiovelar approximant) [w]가 있다. 이 두 음은 일정한 음가를 갖지 않고 어떤 음가를 지향하여 변해가는 과정에서 생기는 음이기 때문에 변화의 양상을 강조하기 위한 경우에는 전이음 또는 활음(glide)이라고 불리기도 한다.

전이음은 혀와 같은 조음기관이 어떤 한 음의 조음점에서 다른 음의 조음점으로 이동하는 과정에 순간적으로 발생하는 부수적인 음이라고 할 수 있다. 즉 혀를 고모음 [i]나 [u]의 위치에서 뒤에 오는 모음의 위치로 신속하게 이동시킬 때 생기는 음이다. 이런 이유로 전이음이 음절 안에 있을 때에는 항상 그 앞이나 뒤에 모음이 있다. 전이음을 활음이라고도 부르는 이유는 전이음을 발음할 때 혀가 앞이나 뒤의 모음의 영향을 받아 미끄러지듯이 움직인다고 해서 붙여진 용어이다. 활음이 반모음(semivowels)이라고도 불리는 이유는 모음과 유사한 음의 성격을 지니고 있지만 모음처럼 음절의 핵이 되지 못하기 때문이다.

또 다른 자음의 조음 방법으로 영어에는 설측음(lateral)인 [l]과 비설측음인 [r]이라는 유음(liquids)이 있다. [l]을 설측음이라고 부르는 이유는 [l]을 발음할 때에는 폐쇄음을 발음할 때와 마찬가지로 설단이 치경 돌기부에 닿아 있어 폐쇄가 일어나지만 혀의 양옆이 입천장에서 떨어져

영어와 세계

있어 공기가 혀의 한쪽 옆이나 양쪽 옆으로 자유롭게 빠져나가기 때문이다.

반면에 비설측음 [r]은 다양한 형태로 발음된다. 먼저 반전(retroflex) 비설측음은 혀끝을 말아 올려 치경 돌기부의 뒤쪽을 향하게 할 때 생성되고 전동음(trill)은 혀끝을 치경 부위의 입천장에 대고 진동시킬 때 생기는 음이다. 이런 전동음은 스페인어에서 찾아볼 수 있다. 전동음이 만들어지는 원리는 한 조음기관이 다른 조음기관에 느슨하게 위치하게 되면 기류가 그 사이를 빠르게 통과하는 동안에 순간적으로 두 조음기관이 붙었다 떨어졌다를 반복하게 되는데 이때 만들어지는 음이 전동음이고 보통 3회 정도의 진동이 있다.

한편 혀끝으로 입천장의 특정 부위에 단 한 번 짧게 치면 단전동음 (tap)이 만들어진다. 스페인어에서는 치경 부위에서 전동음과 단전동음의 두 가지가 다 나타나 두 음이 음운적으로 대립을 보인다. 하지만 미국 영어에서는 'matter', 'buddy', 'funny' 등에서와 같이 [t, d, n]가 모음 사이에 위치하며 뒤의 모음이 강세를 받지 않을 때 나타난다.

단전동음과 매우 유사하게 들리는 음으로 설탄음(flap)이 있다. 이 음은 혀끝을 치경 돌기 뒤쪽으로 말아 올렸다가 원래 위치인 아래 앞니 뒤쪽으로 위치시키는 도중에 자연스럽게 치경 돌기의 뒷부분을 한번 툭 침으로써 만들어진다. 영어에서는 'very', 'marry', 'carry', 'sorry' 등과 같이 [r]이 강모음과 약모음 사이 있을 때 흔히 들을 수 있는 음이다.

유음 [l]과 [r]을 접근음으로 분류한다. [l] 음의 경우 혀 양옆이 치경 돌기부에 닿지 않고 발음되고, 반전 비설측음 [r]의 경우에는 혀끝이 치경 부위에 접근함으로써 생기기 때문에 접근음으로 분류하기도 한다. 또한 성문 마찰음 [h]음도 접근음으로 분류하기도 하는데 그 이유는 기본적으로 [h]는 뒤에 오는 모음의 무성 대응음(voiceless counterpart)으로 간주하기 때문이다. 즉 'ha'[ha]를 발음하는 과정을 보면 사람들은 모든 조음기관을 [a]를 발음할 때와 똑같은 조음 위치를 취한 상태에서 무성음인 [h]를 발음하기 위해 성대를 열어 놓았다가 그 뒤에 오는 유성음인 모음을 발음하기 위해 성대를 닫고 진동시킨다. 그래서 Ladefoged (1982)와 같은 음성학자는 단지 조음 방법이 뒤에 오는 모음의 조음 방법과 똑같고 성문만 열어 놓아 무성음을 만들면 [h]가 발음되기 때문에 영어의 [h] 음은 특별한 조음 장소를 가지지 않는다고 본다.

많은 언어에서 찾아볼 수 있는 자음의 분포와 관련한 언어 보편적인 내용에 대해 알아보면 먼저 어떤 언어이든지 구강음과 비강음의 구별이 없이 연구개 폐쇄음이 존재하면 양순 폐쇄음과 치경 폐쇄음이 존재한다는 것을 알 수 있다. 즉 어떤 언어에 연구개 폐쇄음인 [k, g, ŋ] 등이 존재한다면 치경 폐쇄음인 [t, d, n]와 양순 폐쇄음인 [p, b, m]도 존재한다는 것이다. 이 말은 연구개 폐쇄음이 양순 폐쇄음이나 치경 폐쇄음보다는 더 유표한(marked) 음이기 때문에 더 유표한 음이 존재하면 무표한 (unmarked) 음들은 당연히 존재한다는 것을 의미한다고 볼 수 있다. 어떤 언어이든지 비설측 유음 [r]이 있으면 설측 유음 [l]이 존재하는 것을 볼 수 있다. 이 또한 비설측 유음이 설측 유음보다 더 유표하다는 것을 보여주는 예이다.

어떤 언어이든지 치경 파찰음(alveolar affricates)인 [ʦ]와 [ʣ]가 있으면 경구개 치경 파찰음(palato-alveolar affricates)인 [ʧ]와 [ʤ]가 있는 것을 볼 때 경구개 치경 파찰음 [ʧ]와 [ʤ]가 치경 파찰음 [ʦ]와 [ʣ]보다 더 무표하다는 것을 알 수 있다. 하지만 마찰음의 경우 경구개 치경 마찰음인 [ʃ]나 [ʒ]가 존재한다면 치경 마찰음인 [s]나 [z]도 존재한다는 사실에서 치경 마찰음이 경구개 치경 마찰음보다 더 무표하다는 것을 알 수 있다.

어떤 언어에서 자음이 유성음과 무성음의 대조를 보이면 그 대조 관계는 주로 폐쇄음, 마찰음, 파찰음 등의 저해음(obstruents)에서 나타난다. 대체적으로 유음이나 비음 그리고 활음 등과 같은 공명음(sonorants)들은 유성음으로서 무성음과의 대립을 보이는 경우는 많지 않다.

영어와 세계

1.6.2. 모음의 보편소에 대한 이해

어떤 언어에서든지 자음이 존재하는 것처럼 모음도 존재한다. 그러나 모음은 자음과 달리 성도를 통과하는 동안에 기류가 방해를 받지 않고 발음되는 음이기 때문에 자음을 분류할 때와 같이 조음 장소나 조음 방법과 같은 방식으로 분류할 수 없다. 즉 모음은 조음 기관들이 서로 가까이 붙지 않으므로 그 사이를 통과하는 기류의 이동이 방해를 받지 않게 된다. 그런 이유로 모음은 자음보다 소리의 울림 정도(sonority)가 크고 음절의 정점을 이루어 음절의 핵(nucleus)이 될 뿐만 아니라 음절에서 중요한 역할을 한다.

어떤 언어이든지 간에 단모음이 존재하며 이중모음도 존재한다. 음절 내에서 모음을 발음하는 동안 음질이 일관하여 변하지 않는 모음을 단모음(monophthong)이라고 하고, 하나의 모음으로 이루어진 모음이다. 반면에 모음의 음질에 변화가 있어 음색이 변하는 모음을 이중모음(diphthong)이라고 한다. 이런 이중모음은 한 덩어리로 이어서 발음되고 한 음절을 형성한다. 그리고 이중모음은 단모음과 전이음으로 구성된 모음으로 영어의 'west'나 'yes'처럼 전이음이 모음 앞에 오기도 하고 한국어에서 '의리' 같은 단어에서처럼 모음 뒤에 전이음이 오기도 한다.

모음의 구별은 자음과 달리 조음 장소를 특정하기 어렵다. 따라서 모음은 전통적으로 구강 내에서의 설체의 높낮이, 혀의 전후 위치, 입술의 원순 여부, 혀 근육의 긴장성의 여부에 따라 분류한다.

구강 내에서 혀를 거친 음색의 소리가 만들어지지 않는 범위까지 최대로 올렸을 때 발생되는 모음을 고모음(high vowels), 반대로 최저로 낮추었을 때 만들어지는 모음을 저모음(low vowels)이라고 한다. 중모음(mid vowels)은 높지도 낮지도 않은, 즉 고모음과 저모음이 만들어지는 중간 지점에서 만들어지는 모음이다. 영어의 경우 'meet'의 [i], 'pit'의 [I], 'food'의 [u], 'put'의 [U] 등이 고모음에 해당되고 'mat'의 [æ], 'father'의 [a] 등이 저모음에 해당되고 'play'의 [e], 'pet'의 [ɛ], 'about'의

[ə], 'putt'의 [ʌ], 'boat'의 [o], 'caught'의 [ɔ] 등이 중모음에 해당된다.

또한 모음 조음 시 혀의 가장 높은 곳이 구강의 앞쪽에 있을 때 발음되는 모음을 전설 모음(front vowels), 반대로 혀의 가장 높은 곳이 구강의 뒤쪽에 위치할 때 만들어지는 모음을 후설 모음(back vowels)이라고 한다. 그리고 혀의 가장 높은 점이 앞쪽도 아니고 뒤쪽도 아닌 전설 모음과 후설 모음이 만들어지는 중간 지점에서 조음되는 모음을 중설 모음(central vowels)으로 분류한다. 영어의 경우 [i, I, e, ɛ, æ] 등이 전설 모음에 속하고 [u, U, o, ɔ, a] 등이 후설 모음, 그리고 [ə, ʌ] 등이 중설 모음에 속한다.

모음을 발음할 때 입술을 둥글게 해서 발음하는 원순 모음(rounded vowels), 옆으로 넓혀서 발음하는 모음을 비원순 모음(unrounded vowels)이라고 한다. 영어의 경우 [a]를 제외한 후설 모음 [u, U, o, ɔ]들은 모두 원순 모음들이다.

또한 모음을 긴장 모음(tense vowel)과 이완 모음(lax vowels)으로 분류하기도 한다. 영어에서는 'beet'와 'bit', 'bait'와 'bet', 'boot'와 'put', 'boat'와 'bought' 등과 같은 단어들에서 각 쌍의 모음을 구별하기 위해 앞에 오는 단어들 속의 모음은 긴장 모음이라고 하고 뒤에 오는 단어들 속의 모음은 이완 모음이라고 한다. 각 쌍에서 앞에 있는 단어의 긴장 모음을 발음할 때는 뒤에 있는 단어의 이완 모음을 발음할 때보다 혀 근육이 긴장되고 약간 이중모음화하기도 해서 모음의 길이도 길다. 전설 긴장 모음 뒤에는 짧은 활음 [y]가 생기고 후설 긴장 모음의 경우에는 짧은 활음 [w]가 생긴다. 그리고 긴장 모음이 이완 모음에 비하여 혀 높이가 약간 높으며 전설 모음일 경우 이완 모음보다 조금 더 앞쪽에서 발음되고 후설 모음일 경우에는 이완 모음보다 조금 더 안쪽에서 발음된다.

모든 언어에는 구강 모음(oral vowels)과 비강 모음(nasal vowels)이 존재한다. 언어에 따라 구강 모음과 비강 모음이 음운적인 대립을 보이기도 하고 음성적인 대립을 보이기도 한다. 구강 모음은 구강 자음과 같이 연구개를 올려 인두벽에 닿게 함으로써 공기가 비강으로 올라가는 길을 차단할 때 만들어지는 음이다. 비강 모음은 연구개를 내려 연구개가 인두벽과 떨어지게 되면 공기가 비강으로 올라가는 길이 열리게 되는데 이때 만들어지는 음이 비강 모음이다. 영어에서는 비강 모음은 비강 자음 앞에서만 나타나기 때문에 구강 모음의 변이음이 됨으로써 음운적인 대립이 아니라 음성적인 대립을 보인다.

모든 언어에는 전설 모음만 존재하고 후설 모음이 없는 언어는 존재하지 않을 뿐만 아니라 반대로 후설 모음만 있고 전설 모음이 없는 언어도 존재하지 않는다. 그 이유는 아마도 모음은 서로 조음되는 위치가 멀면 멀수록 더 잘 구별해 들을 수 있기 때문이라고 할 수 있다. 만약 어떤 언어에 전설 모음만 존재하거나 후설 모음만 존재한다고 하면 각 모음들이 서로 유사하기 때문에 화자로서는 각 모음들을 서로 분명하게 나누어 발음하고 또 청자로서는 서로 구별해서 듣기에 많은 어려움이 있을 것이다. 실제로 미국의 중서부 지방 사람들은 'pin'과 'pen'의 모음을 서로 구별해 발음하지 못한다. 그 이유는 전설 모음인 [I]와 [ɛ]가 조음 되는 위치가 비슷하기 때문에 생기는 현상이다. 그리고 한국 사람들의 발음에서도 전설 모음 [에]와 [애]를 잘 구별해 발음하지 못하는 사람들이 많이 있다. 따라서 전설 모음으로만 혹은 후설 모음으로만 발음하는 등 어느 한쪽으로 치우치지 않고 전설과 후설로 양분하여 발음하는 것이 화자에게뿐만이 아니라 청자에게도 도움이 되는 것이다.

마찬가지 이유로 고모음만 존재하고 저모음이 없거나 역으로 저모음만 존재하고 고모음은 없는 언어도 없다. 이 말은 위에서 설명한 것과 같이 모음들이 고모음이나 저모음 위치 중 어느 한쪽 위치에만 존재하게 되면 이 경우에도 역시 모음간의 조음 간격이 좁아 각 모음을 변별적으로 구별해 발음하거나 듣기에 어려움이 따를 수밖에 없을 것이다.

또한 비원순 모음만 존재한다거나 원순 모음만 존재하는 언어도 없다. 많은 언어에서 전설 모음이나 후설 모음 또는 고모음이나 저모음 할 것 없이 비원순 모음이 존재하고 또 그에 상응하는 원순 모음도 있음을 보게 된다.

지금까지 살펴본 바와 같은 인간의 언어 지식에는 음에 대한 지식, 기본 어휘에 대한 지식, 단어를 결합해 문장을 생성해내는 통사적인 지식, 그리고 문장을 상황에 따라 적절히 사용할 수 있는 화용론적인 지식 등이 포함된다. 따라서 이런 모든 분야가 언어학자들의 연구 대상이 되어 그들이 한 언어에 대한 연구를 할 때 바로 그 언어의 모국어 화자들이 자신들의 언어에서 사용하는 음, 단어, 구, 문장, 그리고 그것들의 올바른 의미와 상황적 발화 맥락 등에 대해 알고 있는 바가 무엇인지에 대해 밝히고자 할 것이다.

따라서 언어학에는 언어음을 만드는 방법과 언어 내의 다양한 음운 현상에 대한 지식에 대해 연구하는 음성학(phonetics)과 음운론(phonology), 단어의 내적 구조나 형성 과정 등에 대해 연구하는 형태론(morphology), 문장의 구조나 문장의 생성 규칙 등에 대해 연구하는 통사론(syntax), 그리고 단어나 문장의 의미에 대해 연구하는 의미론(semantics), 그리고 발화 상황에 따라 문장의 의미의 적정성의 여부에 대해 밝히고자 하는 분야인 화용론(pragmatics) 등을 포함하게 될 것이다.

한 언어에 대한 연구는 또한 공시적인 시각에서 연구할 것인가 아니면 통시적인 관점에서 연구를 할 것인가에 따라 달라질 수 있다. 언어의 역사상의 어느 한 특정한 시점에서 위의 다양한 분야에 대해 연구하는 공시적인 언어 연구 외에도 시간의 흐름에 따라 한 언어 안에서의 다양한 변화를 추적해 시대별 언어의 특징이나 변해온 모습 등을 연구할 수도 있다. 이처럼 언어의 변천 과정과 역사를 통시적인 관점에서 연구할 수 있다.

Chomsky는 언어에 대해 화자들이 무의식적으로 알고 있는 언어 지식의 총화를 언어 능력(linguistic competence)이라고 부르며 언어 능력과 이와 같은 언어 능력을 실제 언어 행위에 사용하는 것을 의미하는 언어 수행(linguistic performance)은 구별할 필요가 있다고 주장한다. 왜냐하면 언어 수행 과정에서는 심리적·생리적·상황적 제약을 받을 수 있기 때문이다. 사람들의 언어 능력으로는 무한히 긴 문장을 만들어 낼 수 있지만 사람들이 그 무한히 긴 문장을 듣고 기억하고 또 해석해 낼 수 있는 능력에는 제한이 있을 수밖에 없으므로 실제 언어 행위에서는 발화하는 문장의 길이에 제한이 생길 수밖에 없다. 그리고 경우에 따라서는 발화 당시의 생리적·심리적 혹은 상황적 이유 때문에 종종 부정확하거나 비문법적인 문장까지 말하는 등 발화 도중에 실수나 오류를 범할 수는 있지만 이 언어 수행상에서의 오류가 화자의 언어 능력의 결함이나 오류를 반영한다고 볼 수는 없는 것이다. 결론적으로 언어학자들은 그동안 언어 수행에 있어서의 여러 가지 제약점이나 문제점 등에 관심을 가지기보다는 사람들의 언어 능력에 대해서 밝히고자 하였다.

제2장 언어관의 변화

2.1. 전통주의 언어관

시대에 따라 언어를 보는 관점이나 언어의 효용성에 대한 사람들의 생각이 변해왔다. 언어의 일차적인 효용성은 대화하는 상대방과의 의사소통에 있다는 것이 최근의 입장이라면 고대 이래로 언어 또는 언어 교육에 대한 전통적인 입장은 의사소통을 위한 매개체로써 언어 연구의 대상을 구어가 아닌 문어에 두었다.

따라서 언어 교육에 있어 듣기와 말하기보다는 읽기와 번역 등에 치중하였다고 볼 수 있다. 그 이유는 주로 글로 쓰여 있는 고전들을 읽고 해독함으로써 당대까지 축적된 문명에 대한 이해와 인류의 지적인 축적물들을 습득하고자 하는 데 일차적인 목표를 두고 있었기 때문이다. 따라서 그리스어와 라틴어로 쓰인 문학 작품이나 철학 서적 또는 역사서 등을 읽고 이해하는 등의 지적인 훈련이 중요한 교육 내용이었다.

그에 따라 고전을 읽기 위한 언어 교육에 있어서 그리스어와 라틴어의 문법 규칙을 암기하게 하고 번역 훈련에 치중하는 소위 문법-번역식 교수법이 주를 이루게 되었다. 언어를 논리적으로 분석하는 과정을 통해 또는 언어에 존재하는 다양하고도 복잡한 문법 규칙이나 불규칙 형태에 대한 암기 및 격변화와 동사의 어미 변화표에 대한 암기를 하게 한 후에 그것들을 이용해 번역 연습을 하면 학생들의 지적인 능력을 향상시킬 수 있다고 주장하였다.

발음이나 억양 등 회화에 기본적으로 필요한 음성적인 내용의 교육에는 거의 관심을 가지지 않았고 익힌 언어를 이용해 대화를 하거나 자신의 생각을 구어로 표현할 기회가 거의 주어지지 않았다. 그래서 단어 암기, 문법 사항 암기 및 번역 훈련 등을 단조롭게 계속 반복했고, 그런 이유로 학생들은 언어 교육을 따분하게 여기고 흥미를 잃기가 쉬웠다.

2.2. 규범주의 언어관

전통적인 언어관에 입각한 문어 중심의 언어 교육이 여전히 뿌리를 깊이하고 있던 18세기에는 프랑스 등을 중심으로 유럽 각국에서 자신들의 언어를 올바르게 지키고자 하는 언어 순수화 움직임이 일어났다. 이때의 학자들은 그 당시를 살고 있는 사람들의 언어 지식 및 언어 사용에 대한 객관적 기술에는 관심이 없었고 그보다는 사람들이 올바른 언어 행위를 하기 위해서는 어떠한 규칙을 알아야 하느냐 하는 데 더 관심이 많았다.

그 당시의 학자들은 언어가 계속 나쁜 방향으로 변해왔다고 믿고 언어의 변화를 막고자 많은 문법서들을 편찬했다. 문법서에 모든 교육받은 사람이 말하거나 글을 쓸 때 마땅히 지키고 사용해야 할 올바른 형태의 언어 규범을 제시하였다. 사람들이 그것을 배우고 익혀서 실제의 언어 행위에서 그런 규범을 지킨다면 사람들이 올바른 문법 지식에 무지해서 생기는 언어의 변화를 막을 수 있을 것이고 그렇게 함으로써 언어가 타락하는 것을 방지할 수 있다는 믿음을 가지고 있었다.

영어의 경우에 그 당시에 저술된 대표적이며 영향력이 있었던 문법서로 Robert Lowth(1762)가 지은 *A Short Introduction to English Grammar with Critical Notes*와 Lindley Murray(1795)의 *Grammar of* *the English Language*를 들 수 있다. 이들은 라틴어 문법을 문법의 원전으로 간주하여 그 문법에 따라 다른 언어의 문법도 기술할 수 있다고 생각해 라틴어의 문법을 원전으로 삼아 유사한 형태의 영문법 책을 썼던 것이다.

Fromkin & Rodman(1998)에 의하면 18세기 중엽에는 대부분의 영국 사람들이 'I don't have none.', 'You was wrong about that.', 'Mathilda is fatter than me.' 등과 같은 표현을 쓰고 있었다. 그러나 Lowth는 자신의 문법서에서 이 표현들의 문제점을 지적하며 자신이 생각하는 올바른 형태를 제시하였다.

먼저 당시의 영어 화자들은 이중 부정을 사용해 부정문을 만들었는데 Lowth는 논리학에 따르면 부정의 표현을 두 번 사용하면, 즉 부정의 부정은 긍정이 되기 때문에 대중이 쓰고 있는 'I don't have none.'과 같은 문장을 'I don't have any.'와 같은 문장으로 바꾸어야 한다고 했으며 'You was wrong about that.'과 같은 문장은 라틴 문법에서는 'You'가 이인칭 단수일 경우에도 복수의 'be'동사 형태가 쓰이므로 영어에서도 단수형 'was' 대신에 복수형 'were'를 써야 한다고 주장하였다. 그리고 'Mathilda is fatter than me.'와 같은 문장이 잘못된 문장인 것은 '나'를 주어인 'Mathilda'와 비교하는 것이기 때문에 전치사 'than' 다음에 목적격인 'me'가 아니라 주격인 'I'가 와야 한다고 주장하였다.

이와 같이 18세기의 영문법 학자들은 영어의 변화를 막고자 노력했는데 그 이유는 영어가 성립된 이래로 18세기까지 이어져 오는 동안에 영어가 많이 혼탁해지고 심지어는 타락했다고까지 보았기 때문이었다. 영어가 고대 영어, 중세 영어를 거쳐 오는 동안에 많은 변화를 겪게 되는데 그 이유는 영어를 사용하는 영국인들의 역사와 밀접한 관계를 지니고 있기 때문이다. 간단한 영어의 역사를 통해 18세기에 이르기까지 어떠한 변화가 있었는지 알아보자.

영국에는 원래 켈트인들이 살고 있었는데 로마인들이 침입하여 43

년부터 410년까지 영국을 지배하다가 외민족들의 침략과 자국의 복잡한 국내 사정으로 결국 철수하게 된다. 그 후 켈트인들이 픽트족과 스코트족 등의 침입을 방어하고자 게르만족들에게 도움을 청하게 되어 'Angles', 'Saxons', 'Jutes'족이 영국에 들어와 결국은 이들이 영국에 정착하고 켈트족들을 지배하게 된다. 이때부터 영어의 역사가 시작되는데 결국 영어는 'Angles'족이 쓰는 언어라는 뜻에서 'English'라고 불리기 시작했고 이들이 사는 땅은 'England'라고 불리기 시작됐다.

그 후 597년에 영국이 기독교로 개종하게 됨에 따라 종교 의식 등에 관한 많은 라틴어가 영어에 들어오는 계기가 되었다. 그리고 878년경에는 데인족들의 침략으로 인해 알프레드대왕이 결국 데인족들에게 데인로(Danelaw) 지역을 내주었는데 이 당시에 수많은 스칸디나비아어가 영어에 들어오는 계기가 되었다.

1066년에는 영국왕 에드워드가 죽은 후 해럴드가 즉위하자 프랑스의 노르망디에 살고 있던 노르망디의 공작인 윌리엄공이 영국의 왕위 계승권을 주장하며 영국을 침략해 영국의 왕이 되어 영국을 지배한 이후 1204년에 존 왕이 노르망디를 프랑스 왕에게 빼앗기기까지 영국을 지배하며 영어에 프랑스어가 대규모로 유입되는 계기를 만들었다.

그리고 약 1400년경의 후기 중세영어 시대에 시작하여 1700년까지의 초기 현대영어 시대에 걸친 대 모음 추이(the Great Vowel Shift)라고 하는 영어의 장모음들의 위치 이동으로 인하여 영어에서 철자와 발음과의 불일치가 더욱 두드러지게 되었다. 이 대 모음 추이가 일어난 기간 동안에 영어에서 고모음이면서 장모음인 'mice'[miːs]나 'house'[huːs]의 발음이 각각 [mays]나 [haws]로 변하게 되었고 중모음이면서 장모음인 'feet'[feːt]나 'goose'[goːs]는 각각 [fiːt]나 [guːs]로 변했으며 또 다른 중모음이면서 장모음인 'great'[grɛːt]나 'old'[ɔːld]는 각각 [greːt]나 [oːld]로 변했고 저모음이면서 장모음인 'name'[naːm]은 [neːm]으로 각각 위치 이동을 하게 되어 현재의 발음 모습을 지니게 되었다. 이 대 모음 추이로 인하여 모음의 철자와 현재의 발음이 일치하지 않는 현상이 일어나게 된 것이다.

14세기부터 17세기 사이에 일어난 르네상스 시대라고 하는 문예 부흥의 시기에는 인간의 정신의 본류를 찾기 위해 고전을 연구하는 학자들이 많이 늘어나게 됨에 따라 라틴어와 그리스어에 대한 연구를 하는 학자들과 작가들이 많이 늘어났다. 이 당시에 영어에는 다시 많은 라틴어와 그리스어의 어원을 가진 단어들이 들어왔으며 또 일부 학자들이나 작가들은 심지어는 라틴어의 단어 조어법에 영향을 받아 수많은 신조어들을 만들어냈다. 하지만 이들이 만든 신조어들을 실생활에서는 쓰이지 않고 학자들이 만든 현학적인 어려운 단어라는 의미로 잉크병 단어라고 불릴 정도였다.

이와 같이 Lowth가 규범주의적인 입장에서 영문법 책을 쓸 때쯤에는 영국민의 역사 과정에서 라틴어, 스칸디나비아어, 프랑스어 등 수많은 외래어와 대 모음 추이 결과 생긴 철자와 발음의 불일치, 문예 부흥기에 라틴어와 그리스어 등으로부터 새롭게 들어온 수많은 외래어와 새롭게 만들어진 어려운 수많은 신조어 등의 문제까지 겹쳐 상당히 영어가 혼탁해진 상황이었다는 것을 알 수 있다.

그런데 이 당시 규범주의 문법학자들의 주장이 언어 대중에게 받아들여진 배경에는 대중교육의 시대가 열리고 1760년 이래 산업혁명의 결과 새로운 자본가 그룹이 형성되었기 때문이라고 할 수 있다. 이들 신흥 자본가 계층의 사람들은 자신들의 자녀들이 올바른 언어 교육을 받고 상류층으로 진입하기를 기대했을 것으로 생각된다. 이런 배경으로 규범주의 문법학자들의 주장이 일반 대중에게 널리 퍼져 결국에는 자신들의 언어 습관 중 잘못된 표현이라고 지적된 것들을 과감하게 바꾸어 결국 오늘의 영문법을 가지게 된 것이라고 볼 수 있다.

2.3. 역사 · 비교 언어학

18세기 말부터 시작하여 19세기는 학교에서는 규범주의 문법관에 입각한 문법교육이 활발히 진행되고 있었지만 언어학자들은 유럽을 중심으로 현존하는 인도-유럽어들 간의 유사성과 차이점을 바탕으로 각 언어들 간의 친족관계를 찾고 인도-유럽어의 원형을 복원하기 위한 연구를 활발히 진행하던 시기였다. 사실 언어학자가 아닌 일반인들이라고 하더라도 몇 개국의 언어를 구사하고 또 언어에 관심이 있는 사람이라면 자신이 알고 있는 언어들의 비교를 통해 어떤 언어들은 다른 언어들에 비해 유사한 점이 상당히 많다는 것을 발견하는 경우가 종종 있다.

영어도 예외가 아니어서 영어 화자들도 독일어 계통에 속하는 언어를 배우거나 접할 때 영어가 이들 언어와 상당히 유사하다는 것을 깨닫게 된다. 이것은 영어가 다른 유럽어들과 같은 언어에서 기원해서 시간의 흐름에 따라 변모해 오는 과정을 통해 현재의 모습을 가지게 되었다고 하는 것을 생각하게 한다.

영어가 속한 유럽어들이 고대 인도의 산스크리트어와도 관계가 있다고 하는 사실을 처음 발표한 사람은 윌리엄 존스 경(Sir William Jones)이었다. 그는 1786년 인도 캘커타에서 열린 학회에서 산스크리트어가 유럽의 그리스어나 라틴어와 아주 유사한 점을 많이 가지고 있기 때문에 지금은 존재하지는 않지만 아마도 같은 기원을 가진 한 언어에서 기원한 것일 것이라고 하는 주장을 하였다.

영어의 'three'를 뜻하는 단어가 산스크리트어에서는 'tri', 라틴어에서는 'tres', 그리스어에서는 'treis'라고 한다. 그리고 영어의 'me'와 같은 뜻을 가지는 단어가 산스크리트어에서는 'me', 라틴어에서는 'mē', 그리스어에서는 'me'라고 한다. 영어의 'father'가 산스크리트어에서는 'pitar', 라틴어에서는 'pater', 그리스어에서는 'pater'라고 표현되고 영어의 'mother'는 산스크리트어에서는 'matar', 라틴어에서는 'māter', 그리스어에서는 'meter'라고 표현한다. 이런 사실을 놓고 볼때에 유럽 대륙과 상당히 멀리 떨어져 있음에도 불구하고 인도의 산스크리트어가 라틴어와 그리스어와 상당한 유사성을 지니고 따라서 이들 언어들이 지금은 사라진 아주 오래전의 한 언어에서부터 분기되어 따로 발전해 온 결과라고 하는 존스 경의 주장이 상당히 설득력을 가지고 있음을 보게 된다.

그 후 길게는 약 200년간에 걸쳐 언어학자들은 유럽어와 인도어, 이란어 계통의 언어들을 서로 비교하며 각 언어들 간의 유사성과 차이점에 따라 언어들의 친족 관계를 밝히고자 노력했다. 그 후에는 유사성을 보이는 언어들의 동족어를 바탕으로 음 대응(sound correspondence)을 통해 인도-유럽어의 원형까지 밝혀보기 위해 노력했다. 이 시기는 그야말로 역사 언어학의 시대라고 말할 수 있다.

그리고 당시의 역사 언어학자들은 1857년 다윈의 『종의 기원』의 영향을 크게 받아 생물학의 이론을 본떠 언어도 한 조상에 비롯하여 진화를 거듭하여 현재의 모습을 가지게 되었다고 하는 진화의 법칙을 따른다고 보았다. 다윈의 진화론에 입각한 당시의 생물학자들이 동물들의 진화 계통도를 통해 각 동물들이 과거에 한 조상에서부터 어떤 진화과정을 거쳐 현재의 모습으로 진화해왔는지를 밝히고자 노력한 것처럼 당시의 역사 언어학자들은 유럽의 언어들의 계통도를 만들기 위해 노력하였다.

이들은 유럽에 존재하는 수많은 언어들을 규칙적인 음 대응을 통해 유사성의 정도에 따라 분류하여 언어의 친족관계를 설정하였으며 언어들 간에 유사성이 적더라도 체계적인 차이를 보인다면 그 언어들은 동일한 한 조어(mother language)에서부터 비롯된 것이라고 보아 궁극적으로 인도-유럽어의 조어를 재구성하기까지 이르렀다. 결국 이 당시 역사 언어학자들의 관심사는 세계 언어들 간의 계통적 관계를 규명하기 위하여 세계의 주요 어족을 찾아 그것들을 체계화하여 언어가 진화해 온 과정을 밝히는 원칙과 원리를 찾는 것이었다.

Fromkin & Rodman(1998)에 의하면 이 시기의 연구에서 영어의 역사와 관계하여 한 가지 주목해야 할 사실은 동화작가이자 언어학자였던 야코프 그림(Jacob Grimm)이 1822년에 밝혀낸 사실이다. 그림은 영어가 속하는 게르만어 계통의 언어와 산스크리트어, 라틴어, 그리스어들 간의 규칙적인 음 대응을 통해 게르만어 계통의 언어가 다른 유럽어들 사이에 존재하는 유사성과 함께 차이점도 보이는데 주목해야 할 것은 이 차이점들이 상당히 체계적이라고 하는 것을 밝혔다.

많은 경우에 라틴어의 [p] 음은 영어에서는 [f] 음으로 나타나고, 라틴어의 [t]는 영어에서 [θ]로, 라틴어의 [k]는 영어에서 [h]로 나타나는 것을 볼 수 있는데 이들 음의 차이가 상당히 체계적이라는 것이다. 이와 같은 그림의 관찰은 나중에 그림의 법칙(Grimm's law)의 바탕이 되었다.

그림의 법칙은 인도-유럽어의 자음 중에서 유성 유기 폐쇄음 [bh], [dh], [gh]는 게르만어에서 유성 폐쇄음 [b], [d], [g]로 각각 변했고 인도-유럽어의 유성 폐쇄음 [b], [d], [g]는 게르만어에서 무성 폐쇄음 [p], [t], [k]로 각각 변했고 인도-유럽어의 무성 폐쇄음 [p], [t], [k]는 게르만어에서 무성 마찰음 [f], [θ], [h]로 각각 변했다고 하는 것이다. 이와 같이 언어들 간에 차이가 나타나더라도 그 차이점들이 음 대응을 통해 찾아볼 수 있는 것처럼 체계적이고 규칙적이라고 한다면 그 언어들은 상호 관련된 것이라고 추측할 수 있다.

Fromkin & Rodman(1998)에 의하면 기원을 같이 하는 한 조어로부터 발전해왔을 것으로 믿어지는 파생 언어들을 비교하면 우리들은 그 언어들의 조어를 재구성할 수도 있고 그와 같이 재구성된 조어로부터 그 언어를 사용하던 사람들이 살던 시기나 지역, 생활상 및 문화에 대한 여러 가지 사실을 추론해 볼 수도 있다. 이와 같이 파생 언어들을 비교함으로써 그 조어를 재구성 하는 방법을 비교 연구 방법이라고 한다.

역사 언어학에서의 비교 연구 방법을 통해 언어학자들은 한 조어로부터 분기해 나왔을 것이라고 생각되는 언어들 속에서 규칙적인 음 대응을 찾아내어 각각의 음 대응을 통해 조어의 음과 단어들을 재구성해 낸다. 일단 비교의 대상이 되고 있는 파생 언어들의 조어에 대한 음 체계를 재구성하게 되면 파생 언어들 간에 그 조어로부터 발전해가는 과정 속에서 일어난 다양한 음의 변화를 추적해 볼 수 있다.

이 과정에서 제일 먼저 하는 일은 각 파생 언어들 속에서 기본 어휘에 해당하는 동족어(cognates)들을 수집한 후에 동족어들 간의 각각의 음을 대응시켜 가장 빈번히 대응을 이루는 음을 찾아 조어의 음으로 재구성을 하게 된다. 대부분의 경우에 다수의 파생 언어에서 나타나는 음을 조어의 음으로 재구성을 하게 되지만 항상 그런 것은 아니다. 다음의 가상의 언어를 예로 들어 보기로 한다.

A	B	C	D	
mani	mani	mani	meni	'mother'
paro	paro	paro	felu	'father'
hora	hora	fora	vule	'son'

위와 같은 가상의 네 언어가 있을 때 먼저 모음의 경우를 보면 Language A, B, C에서 [a] 음이 나타나는 위치에서 Language D에서는 [e] 음이 나타나는 것을 알 수 있다. 즉 네 언어 간에 'a/a/a/e'와 같은 규칙적인 음 대응을 보이고 있다는 것을 알 수 있다. 이와같은 경우, 여러 언어에서 공통적으로 가장 빈번히 대응을 이루고 있는 음인 [a]를 조어에서의 모음의 음으로 가정하고 Language D에서는 시간의 흐름에 따라 [a] 음이 [e] 음으로 변했다고 추정해 볼 수 있다. 그리고 모음 [i]의 경우는 네 언어에서 모두 'i/i/i/i'로 나타나고 있으므로 조어에 [i]의 모음이 존재했을 것으로 추정하는 것에는 아무런 문제가 없을 것이다. 그리고 [o]의 경우에는 'o/o/o/u'와 같이 네 언어에서 규칙적인 음 대응을 보이고 있으므로 여기에서도 가장 많이 나타나는 [o] 음을 조어의 음으로 설정하고 Language D에서는 조어의 [o] 음이 [u] 음으로 변했을 것이라고

영어와 세계

추정해 볼 수 있다.

　자음의 경우에는 Language A, B, C에서 [p] 음이 나타나는 위치에서 Language D에서는 [f] 음이 나타나는 것을 알 수 있다. 즉 네 언어 간에 'p/p/p/f'와 같은 규칙적인 음 대응이 있다는 것을 알 수 있다. 자음도 모음의 경우와 마찬가지로 여러 언어에서 공통적으로 가장 빈번히 대응을 이루고 있는 음인 [p]를 조어의 음으로 가정하고 Language D에서는 시간의 흐름에 따라 [p] 음이 [f] 음으로 변했다고 추정하는 것이다. [m]와 [n]의 경우에는 네 언어에서 모두 공통적으로 나타나므로 조어에도 똑같이 존재했을 것으로 추정해 볼 수 있다.

　그렇지만 다수의 음 대응을 보이는 음이라고 하더라도 조어의 음으로 가정하기가 어려울 수도 있는 경우를 생각해 볼 수 있다. 즉 어떤 음 변화가 일어날 가능성이나 혹은 음 변화의 자연성을 보고 경우에 따라서 소수의 대응을 보이는 음을 조어의 음으로 재구성할 수도 있다. 즉 위의 예문에서는 Language A와 B에서 [h] 음이 나타나는 곳에 Language C에서는 [f] 음이 나타나고 Language D에서 [v]음이 나타난다는 것을 알 수 있다. 따라서 이 경우에는 'h/h/f/v'라는 음들이 각 언어에서 대응을 보인다는 것을 알 수 있다. 많이 나타나는 음을 조어의 음으로 설정해야 한다고 하면 [h]를 조어의 음으로 설정해야 할 것이다. 그렇지만 언어 변화에 대한 그 동안의 연구나 현재의 언어에 대한 음성학적인 연구를 통해 특정한 음운 환경에서 [h]가 [f]나 [v]로 변하는 일은 거의 없다는 것을 안다면 [h] 음을 조어의 음으로 재구성하기 보다는 더 일어남직한 가능성이 있는 음 변화를 가정하게 될 것이다. 현실 언어에서 순치 무성 마찰음 [f]가 상황에 따라 무성 성문 마찰음 [h]로 변하거나 아니면 순치 유성 마찰음 [v]로 변하는 음운 변화는 종종 찾아볼 수 있다. 이런 경우에 언어학자들은 조어에 [f] 음을 설정하고 Language A 및 B에서는 [f]가 [h]로 변하는 음운 변화 규칙을 그리고 Language D에서는 [v]로 변한다고 하는 음운 변화 규칙을 설정하게 될 것이다.

이와 같은 방법을 사용하여 역사 언어학자들은 인도-유럽어 조어의 단어들을 재구성하였는데 'cow', 'sheep', 'goat', 'pig', 'dog', 'wolf', 'bear', 'duck', 'bee', 'oak', 'grain', 'beech', 'willow', 'salmon', 'turtle', 'snow', 'daughter-in-law' 등과 같은 단어들을 재구성할 수 있었고 이들 재구성된 단어들을 바탕으로 인도-유럽어를 사용하던 사람들이 살던 시기나, 지역, 생활 방식에 대한 다양한 추측을 해볼 수 있게 되었다.

먼저 금, 은, 철 등과 같은 철기시대 이후의 단어들을 재구성할 수 없었던 것을 기반으로 이들이 살았던 시기를 기원전 4000에서 5000년 전이었을 것으로 추정하고 'wolf', 'bear', 'salmon', 'beech', 'oak', 'snow' 등과 같은 동물이나 식물 등의 이름이 재구성된 것을 바탕으로 이동물들이나 식물들이 많이 분포하는 지역에서 살았을 것으로 추정해 볼 수 있다. 아마도 중앙유럽에서 동유럽의 북부지역을 중심으로 불가 강까지 걸쳐 살았을 것으로 추정한다.

그리고 개별 곡식들의 이름 대신에 'grain'이라고 하는 모든 곡식을 총칭하는 단어만 재구성된 것을 볼때에 이들이 아마도 농사를 지으며 곡식을 주식으로 삼던 사람들은 아니었을 것이라고 추정해 볼 수도 있다. 반면에 많은 가축들의 이름이 존재하는 것으로 보아 아마도 목축이나 사냥을 즐겨했을 것으로도 추정된다.

그리고 'daughter-in-law'라는 단어가 재구성된 것을 보았을 때 이들은 아마도 결혼을 하면 여자가 남자 집에 들어와 살았을 것으로 추정해 보기도 한다. 이와 같이 동족어를 바탕으로 조어를 재구성해서 기록된 역사가 존재하기 전의 사람들의 생활상을 엿볼 수 있게 된 것이 역사 언어학의 연구 결과가 가져온 또 다른 성과물이라고 할 수 있다.

같은 시대에 같은 지역에서 같은 한 언어를 사용하던 사람들이 어떤 이유로 해서 일부의 사람들이 다른 지역으로 이주를 시작해서 나중에는 지리적으로 상당히 떨어진 지역에서 살게 되면서 오랜 세월이 흐르면 나중에는 두 개의 서로 다른 언어로까지 변해갈 수 있지만 두 언어 사이에

영어와 세계

서 동족어를 찾아 조어를 재구성해 보면 그 뿌리를 역추적해 볼 수 있는 것이다. 언어학적 견지에서 어느 시점에 언어들이 분기되었는지를 밝히면 민족들이 분리된 시점을 추정해 볼 수도 있게 되는 등 언어 변화에 대한 사실뿐만이 아니라 다른 학문 분야에 대한 다양한 새로운 통찰력을 제공해 주기도 한다.

19세기의 역사 언어학자들이 다양한 인도-유럽어의 비교를 통해 인도-유럽어족을 밝혀냈는데 중요 언어들의 계보를 알아보면 다음과 같다. 먼저 인도-유럽어족은 게르만어족, 켈트어족, 라틴어족, 슬라브어족, 인도-이란어족, 발틱어족 등과 같은 중요 지파들이 있으며 그리스어, 알바니아어, 아르메니아어, 아나톨리아어, 토카리아어 등은 인도-유럽어의 하위 중요 지파에 속하지 않고 독자적인 지위를 가지고 있다. 그런데 이 중에서 아나톨리아어나 토카리아어는 현재 이들 언어를 모국어로 사용하는 화자들이 존재하지 않는 사어이다.

인도-유럽어의 중요 지파 언어들을 중심으로 조금 더 자세하게 알아보면 먼저 게르만어족은 언어 사용자들의 분포 지역에 따라 크게 북게르만어족과 서 게르만어족으로 나눈다. 북 게르만어족에 속하는 중요한 언어에는 스웨덴어, 노르웨이어, 아이슬란드어, 덴마크어 등이 있고 서 게르만어족에 속하는 중요한 언어에는 독일어, 네덜란드어, 영어 등이 있다.

라틴어족은 로맨스어족이라고도 불리우고 프랑스어, 이탈리아어, 스페인어, 포르투갈어 등이 속해 있다. 켈트어족에는 브리타니어, 아일랜드어, 스코틀랜드 게일어, 웨일스어 등이 있다. 그리고 슬라브어족에는 러시아어, 폴란드어, 체코어, 우크라니아어, 슬로바키아어, 불가리아어, 크로아티아어 등이 속해 있다. 발트어족에는 라트비아어와 리투아니아어가 속해 있다.

인도-이란어족은 다시 인도어족과 이란어족으로 나눌 수 있고 이란어족에는 파슈토어와 쿠르드어가 있으며 인도어족에는 힌디어, 우르두어, 펀자브어, 벵골어 등이 속해 있다.

2.4. 구조주의 언어관

19세기에는 역사 언어학자들이 언어들 간의 동족어를 바탕으로 음 대응을 통해 조어의 음을 재구성하고 또 조어에서 각 하위 언어들로 내려오는 동안에 어떤 음 변화가 있었는지 기술하는 것이 주된 연구 과제였다. 따라서 역사 언어학자들은 언어의 음에 대한 지식이 있어야 했기 때문에 음성학에 대한 지식이 중요한 요소였다. 그렇지만 학교에서는 여전히 문법-번역식 교수법에 입각한 전통적 문법관의 영향 아래에 문어 교육에 집중하고 있었다.

　그런 가운데 세계는 산업혁명의 결과 상품을 대량으로 만들게 됨으로써 다른 나라와의 교역이 활발해져 예전과 달리 외국인들과의 교류가 크게 늘었고 또 사람들의 외국으로의 여행이 더욱 증가함에 따라 외국인과 의사소통을 해야 하는 상황이 많아졌다. 또한 스페인, 영국, 프랑스 등 제국주의 국가들의 전 세계에 걸친 식민지 확장에 따라 새로운 나라를 지배하게 됨으로써 전혀 새로운 언어를 접하게 되는 상황도 생기게 되었다. 20세기에 들어와서는 제1차 세계대전과 제2차 세계대전 등과 같은 두 번에 걸친 세계대전을 경험하게 되었는데 세계대전을 치르는 동안에 연합군이 형성되어 다른 언어를 사용하는 군인들과의 효율적인 의사소통의 중요성이 크게 대두되게 되었다.

　이와 같은 인류가 경험하게 된 다양한 역사적인 상황에 따라 언어를 보는 관점도 변하게 되었는데 기존의 문어를 중심으로 하는 전통적인 언어관에서 탈피하여 외국인과의 의사소통에 필수적인 구어에 대한 연구와 구어에 대한 효율적인 교육 방법을 추구하게 되었다. 이 당시의 언어학자들을 구조주의 언어학자(structural linguists)라고 부른다.

영어와 세계

구조주의 언어학자들은 모르는 언어를 연구하거나 배울 때에 언어의 가장 작은 단위인 자음, 모음 등에 대해 공부하고 나서 다음 단계인 음절을 이해하고 그 다음에는 음절이 모여 만들어지는 더 큰 단위인 단어, 단어들이 모여 만들어지는 보다 더 큰 단위인 구 그리고 마지막으로 문장에 대해서 연구하거나 배우는 순서로 해야 한다는 입장을 가지고 있었다. 전혀 생소한 언어를 기술하거나 배울 때에 무작정 가장 큰 단위인 문장부터 시작해서는 이해할 수가 없기 때문에 가장 작은 단위인 자음, 모음 등과 같은 개별 음에서부터 시작해야만 그 다음 단계를 이해할 수 있고 이렇게 단계를 높여가야 마지막으로는 가장 큰 단위인 문장을 분석하고 이해할 수 있다고 주장했기 때문에 이들을 구조주의자들이라고 부르는 이유이기도 하다.

Language(1933)를 저술한 Bloomfield를 중심으로 하는 미국의 구조주의 언어학자들은 기존의 문어 중심의 교육을 하는 전통 문법 학자들의 언어관을 비판하면서 구어에 대한 연구가 언어학자들의 주요 관심사가 되어야 한다고 주장하였다. 먼저 이들은 문어가 아닌 구어(spoken language)를 언어의 일차적인 형태로 간주했는데 그 이유는 지구상에 존재하는 수천 개의 언어 중에서 문자를 가지고 있지 못한 구어로만 존재하는 언어가 무수히 많으며 아이들이 언어를 습득하는 과정을 볼 때에도 말을 먼저 배우고 읽고 쓰는 것을 나중에 배우기 때문이었다. 그리고 기존의 전통주의 문법으로는 이런 구어에 대해 연구하거나 배울 방법을 찾을 수 없기 때문에 새로운 언어관과 언어 교육에 입각한 새로운 접근 방법이 필요하다는 입장이었다.

그리고 규범문법 학자들은 영문법 책을 쓸 때 라틴어를 언어의 원전이라고 생각하여 라틴 문법서를 모방해 영문법 책을 썼다. 그렇지만 구조주의 언어학자들은 언어들은 서로 다르다고 주장하며 각 언어마다 독자적인 특유한 특성을 지니고 있기 때문에 라틴어의 문법 체계를 따라 영문법을 기술하는 것은 잘못된 접근이며 각각의 언어에 대해서는 독자적이고 개별적인 기술을 해야 한다고 주장했다.

문법 기술의 대상도 규범 문법 학자들이 해왔던 것처럼 언어 대중들이 따라야 할 규범적인 올바른 표현들을 제시하는 것이 아니라 언어학자들이 수집하고 정리한 언어 자료를 바탕으로 언어 대중들이 실제로 말하는 것을 있는 그대로 객관적으로 기술하는 것이어야 한다고 생각했다. 이와 같은 구조주의 언어학 시대에는 규범 문법과는 달리 객관적으로 언어를 살펴보고자 하는 기술 문법(descriptive grammar)이 나오게 되었다.

구조주의 언어관에 입각해서 개별 언어들에 대한 문법을 객관적으로 기술하게 되면 서로 상이한 두 언어를 비교할 수 있는 근거가 생기게 된다. 구조주의 언어학의 이론에서는 각 언어의 문법과 구조가 서로 다르기 때문에 외국어를 배우고자 하는 학습자들이 어려움을 겪을 수밖에 없다고 본다. 이럴 때 학습자의 모국어와 배우고자 하는 외국어를 서로 비교 대조해서 두 언어 간에 유사한 점과 상이한 점을 찾아내면 학습자가 경험할 수 있는 어려움을 사전에 예측하고 대비할 수 있다는 주장을 하였다.

두 언어의 음성 체계와 형태 구조 및 통사 구조를 서로 비교하였을 때 두 언어 간에 유사점이 있는 부분에 대해서는 학습자가 어려움을 겪지 않을 것이고 차이점이 크게 드러나는 부분에 대해서는 많은 어려움을 겪을 것이라고 하는 것을 예측할 수 있을 것이다. 이때 교사는 두 언어가 서로 다른 부분 때문에 학습자가 저지를 수 있는 잘못이나 오류에 대해 충분히 예측하고 대비를 한 상태에서 수업에 임하면 학습의 효과를 극대화시킬 수 있을 것이라고 보았다. 이것이 구조주의 언어학의 이론적인 토대에서 외국어 교육에 있어서의 대조 분석(contrastive analysis) 방법이 탄생된 배경이다.

구조주의 언어학자들은 당시 심리학계의 새로운 주장이었던 행동주의 심리학의 영향을 크게 받았다. 행동주의 심리학은 파블로프(Pavlov)의 고전적 조건화 이론에서 비롯된 것으로 파블로프는 조건 형성 과정을 통해 행동의 수정이 일어날 수 있다고 주장하였다.

보통 우리들이 무엇에 습관이 들어있는 경우에는 무조건적인 자극에 대해 일정한 무조건적인 반응이 나오기 마련이다. 개가 음식이라는 무조건적인 자극에 침이 나오는 것이 무조건적인 반응인 것이다. 이때 한번 종소리를 울리면 이때 울리는 종소리자극은 개가 침을 흘리는 것과는 아무런 관계가 없는 중성 자극이 된다. 하지만 개에게 음식을 줄 때마다(무조건적인 자극) 반복적으로 종소리를 같이 들려주는(중성 자극) 조건이 형성되면 즉 무조건적인 자극과 중성 자극의 연합이 일어나면 나중에는 종소리(중성 자극)만 들려주어도 침을 흘리게 된다. 일단 조건 형성이 된 후의 종소리는 조건 자극이 되는 것이고 조건 형성이 된 후에 침을 흘리는 행위는 조건 반응이 되는 것이다. 이와 같은 것이 가능한 이유는 종소리라고 하는 조건 자극이 주어지면 음식이라고 하는 무조건적인 자극도 함께 주어질 것으로 생각하기 때문이다. 여기서 중요한 개념 하나는 중성 자극이 조건 자극으로 변하기 위해서는 반복적인 행동을 동반해야 한다고 하는 것이다. 이렇게 하나의 습관이 형성되기 위해서는 반복적인 행동이 동반되어야 한다.

한편 미국의 심리학자 스키너(Skinner)는 인간들이 올바른 행동을 습득함에 있어 보상(reinforcement)의 개념이 중요한 역할을 한다고 보았다. 보상에는 긍정적인 보상과 부정적인 보상이 있다. 긍정적인 보상이라고 하는 것은 어떤 바람직한 행동을 하거나 성취를 하였을 때에 주위 사람들이나 선생님으로부터 받는 칭찬, 격려 그리고 상 등과 같은 것일 것이고, 부정적인 보상은 바람직하지 않은 행동을 하거나 잘못을 하였을 때 주어지는 질책, 책망, 벌 등과 같은 것일 것이다. 사람들은 누구나 긍정적인 보상을 받고 싶어 하기 때문에 새롭거나 어려운 상황에 처해도 참고 극복한다고 하는 이론이다.

구조주의 언어학자들은 행동주의 심리학의 영향을 받아 사람들이 언어를 습득해 나가는 과정을 일련의 습관을 형성해 가는 과정으로 간주했다. 행동주의 심리학자들은 어린이들이 어른들로부터 듣는 것을 모방하면서 언어를 습득한다고 보았다. 모방이라는 것은 궁극적으로 닮아야할 대상을 향한 하나의 추구요, 원형에 대한 접근이라고 볼 수 있다. 그러나 한 번의 행동으로 원형을 닮는 것은 어렵기 때문에 반복적인 모방을 통해 습관을 형성해야 어떤 양식(pattern)을 습득할 수 있다고 보았다.

행동주의자들은 인간의 언어도 하나의 행동이라고 규정했기 때문에 인간의 말도 언어적 행동이라고 간주했다. 따라서 인간의 언어 활동도 그들의 가장 기본적인 이론 유형인 자극과 반응이라는 틀로써 설명하고자 하였다. 행동주의 심리학자들은 언어를 하나의 습관으로 보고 습관이 형성되기 직전의 상태, 즉 일정한 자극에 대해 특정한 반응만이 나오게 된 상태를 조건화가 이루어진 상태라고 보았다.

그들은 인간의 언어 습득 과정을 자극과 반응의 관계 속에서 단어나 구 또는 문장 등이 차례로 조건화되어 가는 절차라고 보았다. 즉 행동주의 심리학자들은 언어 습득도 성인들의 언어를 모방하는 과정속에서 외부에 대한 하나의 자극과 반응의 관계를 통해 자발적으로 형성된 습관들의 집합으로 인식한다.

아이들이 '멍멍이'라고 하는 단어를 습득하는 과정을 예로 든다면, 아마도 아이의 엄마가 아이에게 강아지 그림이 그려진 책을 보여 주면서 '멍멍이'라는 단어를 발음해 준다면 아이는 그때 '멍멍이'라는 단어를 처음 듣게 될 것이다. 그런데 며칠 동안에 걸쳐 그와 같은 상황이 반복되고 또 거리에서 실제로 강아지를 볼 때도 엄마가 '저기 멍멍이가 있네.'라고 말하고 또 TV에서도 강아지가 나오는 장면에서 엄마가 '저기 멍멍이가 나왔네.' 하는 식으로 '멍멍이'라는 단어를 실제 실물이나, 사진, 그림, TV 화면 등에서 나올 때마다 말해줌으로써 아이들이 반복해서 듣게 된다면 나중에는 아이들이 강아지의 실물이나 사진 등이 없는 상황에서 누군가가 '멍멍이' 하는 소리를 듣게 될 때, 아이의 뇌 속에서 다른 동물들과는 다른 강아지의 이미지를 떠올릴 수 있게 될 것이다. 그러면 그 아이

영어와 세계

는 이미 '멍멍이'라고 하는 소리에 대해 하나의 습관이 형성되었다고 볼 수 있다. 다른 단어들도 이와 유사한 과정을 거쳐 하나씩 습관화시킴으로써 습득해 나가는 것으로 볼 수 있다고 하는 것이 행동주의 심리학자들의 주장이다.

행동주의 심리학자들은 어린아이들은 의식적이든 무의식적이든 모방 대상자인 성인들의 언어 행위에서 어떠한 유형을 듣고 모방을 해야 할 대상을 인식한 후에 재생하게 된다는 'reception-perception-reproduction'이라는 3단계의 모방 과정을 걸치면서 언어를 습득한다고 보았다. Ervin & Miller(1963)가 그와 같은 어린아이들의 언어 습득에서의 모방 과정을 밝히는 예를 다음과 같이 보여 주었다.

Susan(어린 아이)   : Book read. Book read. Book read.
Investigator   : You want me to read a book? O.K.
Susan   : Read book.

위의 대화 과정을 보면 Susan은 먼저 'Book read.'라는 비문법적인 문장을 발화하였는데 이를 간파한 관찰자가 그것을 자연스럽게 바로 잡아서 'You want me to read a book?'이라고 말하자 Susan은 관찰자의 발화에서 'read a book'이라고 하는 자신이 모방해야 할 대상의 올바른 형태를 인식하고 결국 'Read book.'이라는 올바른 형태를 재생해 내는 것을 볼 수 있다. 그들에 의하면 어린아이들은 성인들의 발화에서 자신들이 따라해야 할 모델을 지각하여 그것을 닮기 위해 모방함으로써 끊임없이 변화하는 언어 습득의 과정을 거친다고 보았다.

행동주의 심리학의 영향을 받은 구조주의 언어학자들은 어린아이들이 모국어 습득 과정에서 성인들의 언어를 모방함으로써 최종적으로 습관 형성에 이른다는 관찰 내용을 외국어 학습 및 교수에도 적용할 수 있다고 보았다. 즉 외국어를 배우는 학생들에게 해당 외국어의 모국어 화자들이 식당에서, 은행에서, 공항에서, 우체국 등 각 상황별로 쓸 법한 적절한 대화들을 학생들이 모방해야 할 대상으로 설정하였다. 그러고 나서는 외국어 학습자들이 그와 같은 유사한 상황에서 적절한 발화가 자동적으로 나올 때까지, 즉 그 발화 상황에 맞는 발화 습관이 자동적으로 형성될 때까지 준비된 문형 연습(pattern drill)이나 대치 연습(substitution drill)을 수차례 반복하여 따라 하게 하였다.

이것은 후에 청각-구두 교수법(aural-oral method)으로 불리게 되었는데 이 방법론을 옹호하는 사람들은 이와 같은 반복 학습을 통해 습관화시킨 표현들은 언제든지 쉽게 실제 발화 상황에서 사용할 수 있다고 생각한다. 즉 특정한 발화 상황에서 어떤 말을 하고자 할 때 반복 학습을 통해 습관화되어진 표현들은 기계적, 자동적으로 나오게 되기 때문에 원어민과 어려움이 없이 원활한 대화를 할 수 있게 된다고 본 것이다.

구조주의 언어학자들은 20세기에 접어들어 여러 이유로 인해 다방면에서 국가 간의 교류가 활성화됨에 따라 서로 다른 언어를 사용하는 사람들 간에 의사소통의 필요성이 대두되어 기존의 문어 중심의 교육으로는 원활한 의사소통이 불가능하다고 생각하여 구어 교육의 중요성을 인식하게 되었다. 이들은 외국어 교육의 순서를 어린아이들이 모국어를 배울 때처럼 듣고 말하는 기능을 먼저 신장하고 그 기초 위에 읽고 쓰기 기능을 확립시켜야 한다고 믿었다. 그리고 가능한 빠른 시간 내에 외국어의 모국어 화자가 말하는 것을 이해하고 또 거의 그에 가까운 발음으로 말하게 하는 것이 중요한 과제로 대두되었다.

구조주의 언어학 이론을 배경으로 한 청각-구두 교수법이 크게 성행할 수 있었던 까닭은 기술의 발전과 함께 새로운 교수 학습을 위한 보조 용구로서 카세트테이프를 틀 수 있는 카세트테이프 플레이어와 학교에서 어학 실습실을 구축할 수 있었기 때문이다. 어학 실습실에서 학생들이 헤드폰을 착용한 상태로 녹음된 카세트테이프에서 나오는 상황별 대화를 듣고 따라 하게 함으로써 많은 학생들이 동시에 학습할 수 있기

영어와 세계

때문에 이 교수법이 효과적인 방법으로 인식되었다. 교실에서는 대화문을 익히고 대화문에 익숙해지게 되면 대화 속의 문장의 구조에 기초를 둔 문형연습(pattern drill)을 주로 했다.

그러나 청각-구두 교수법의 문제점도 지적되었다. 기계적인 습관 형성을 위하여 문형 연습에 치중하게 되다 보면 학생들이 어떤 상황에 대해 충분한 이해를 하기보다는 문형 연습을 통해 각각의 상황에서 기계적이고 즉각적인 반응을 하도록 훈련을 받았다. 따라서 교실에서 연습한 상황과 다른 상황에 부딪치게 되면 반복 훈련한 문형을 제대로 활용하거나 응용하지 못하는 상황이 생길 수도 있고, 또 습관을 들이게 하기 위하여 동일한 내용을 수차례에 걸쳐 반복해서 학습하기 때문에 학습자들이 쉽게 흥미를 잃게 되어 결과적으로 학습 의욕을 상실할 수 있었다. 경우에 따라서는 문법적인 설명이 필요한 시점에서 그때그때 바로 설명을 해주지 않고 문형에 대한 연습이 완전히 끝난 후에서야 해 주기 때문에 학습 효과가 덜 할 수도 있는 등의 단점도 지적되었다.

William Moulton(1961)은 1940년부터 1960년대의 약 20년의 기간동안에 걸쳐 걸친 청각-구두 교수법을 지지하던 학자들의 언어 및 언어 학습에 대한 관점을 '오늘의 표어(slogans of the day)'라는 제목으로 5개의 항목으로 다음과 같이 요약하였다.

1. Language is speech, not writing.
   (언어는 말이지 글로 쓰여 있는 것은 아니다.)
2. A language is a set of habits.
   (언어는 일련의 습관이다.)
3. Teach the language, not about the language.
   (언어 그 자체를 가르치지 언어에 대해서 가르치지 마라.)
4. A language is what its native speakers say, not what someone thinks they ought to say.

(언어는 그 언어를 모국어로 하는 사람들이 말하고 있는 것이지 그들이 마땅히 그렇게 말해야 한다. 라고 누군가가 생각하는 것은 아니다.)

5. Languages are different.

    (언어는 서로 다르다.)

첫 번째 주장을 하게 된 이유는 청각-구두 교수법을 옹호하던 학자들은 음성에 의한 의사 전달이 모든 언어의 시초라고 보아야 한다고 믿었기 때문이다. 음성 언어의 습득에 있어서는 정확한 발음과 억양 습득이 중요하다고 보았다. 즉 이들은 언어의 일차적인 형태는 말로서 사람들은 모국어를 습득하는 과정에서 말을 먼저 배우고 글은 나중에 배우는 것처럼 외국어 교육에 있어서도 듣고 말하기를 먼저 배우고 그 바탕 위에 읽기, 쓰기 순서로 진행되어야 하며 아래 단계에서 위 단계로 연습을 쌓아 가야 한다고 주장했다.

두 번째 주장은 어린아이들이 자신들이 태어난 특정 문화권 속에서 자라는 과정에 그 문화권에서 용인되고 통용되는 사회적 관습을 자연스럽게 습득하듯이 아이들이 속하는 집단의 언어도 자연스럽게 습관화시키며 습득하게 된다는 관찰 때문에 나온 것이다. 그리고 일단 습득된 모국어로 의사소통을 할 때는 모국어의 문장 구조 등에 대한 의식을 거의 하지 않고도 의사 전달을 할 수 있는 것처럼 청각-구두 교수법은 학습자들이 배우고자 하는 외국어의 형태나 문장 구조 등에 대해 의식하지 않고 거의 무의식적·자동적으로 발화하는 가운데 의사전달을 할 수 있도록 해야 한다. 이런 목표를 달성하기 위하여 청각-구두 교수법은 습관 형성을 촉진시키기 위한 모방-기억 연습(mimicry-memorization)과 문형 연습(pattern drilling) 등에 집중한다.

세 번째 주장은 문어에 대한 교육만으로는 의사소통을 못하기 때문에 의사소통을 할 수 있도록 구어 교육에 집중해야 한다는 주장이라고

영어와 세계

할 수 있다. 전통주의 언어관에 입각한 문법-번역식 교수법에서는 외국어를 가르칠 때에 외국어 문장을 번역하기 위해 먼저 문법적 규칙과 예외들에 대하여 교실에서 설명한 후에 각 문장들을 해석하고 나서 쓰기와 관련된 다양한 연습과 훈련을 하였다. 그렇지만 의사소통을 위한 구어가 우선시 되는 청각-구두 교수법에서는 문법이란 의사소통이라는 목표 달성을 위한 하나의 수단에 불과한 것이라고 본다. 형태소나 문장의 구조에 대한 이해 등과 같이 문법에 대한 교육은 언어에 대하여 가르치는 것이기 때문에 학습자에게 우선적으로 가르쳐야 할 필수적인 것이 못된다고 보고 청각-구두 교수법을 적극적으로 채택하여 교육함으로써 학습자들이 실제 상황에서 실질적인 의사소통이 가능하게 만들어 주는 것이 더 중요하다고 보는 것이다.

네 번째는 언어에 대한 올바르고 순수한 형태를 제시하여 언어 대중이 자신들의 문법을 따라야 한다고 주장한 규범주의 언어학자들의 견해에 대한 비판으로서 그들이 올바른 형태라고 규정한 문법 내용들은 자신들의 주관적인 판단에 근거한 사항들이기 때문에 언어에 대한 객관적인 기술이 아니라고 생각하고 언어학자들은 실제 언어 대중들이 사용하고 있는 발화 내용들을 언어 연구의 대상으로 삼아야 한다고 주장한다. 다시 말해 청각-구두 교수법에서 학습자들이 반복 연습을 통하여 습득하여할 학습 내용들은 문법을 가르치기 위하여 학자들이 만들어낸 부자연스러운 문장들이 아니라 그 언어를 사용하는 나라에 가면 반드시 접할 수 있는 실생활에서 실제 사용하는 것들이어야 하고 사용되는 빈도가 많은 문장들을 우선적으로 가르쳐야 한다고 본다.

다섯 번째는 전 시대의 규범주의 언어학자들이 라틴어 문법을 문법의 원전으로 간주하여 라틴어 문법을 모방하여 영문법 책을 저술한 것에 대한 비판이라고 볼 수 있다. 구조주의 언어학자들은 라틴어와 영어는 서로 다르다고 본다. 이들은 모든 언어들이 서로 다르기 때문에 언어들에 대해 기술할 때는 각 언어들의 특징들을 고려하여 별도로 연구하여 기술해야 한다는 것이다.

일단 기술 언어학에서 개발된 방법론에 입각하여 개별 언어에 대한 연구와 기술이 끝나면 두 언어를 객관적으로 비교해 볼 수 있게 된다. 즉 서로 상이한 두 언어의 음성, 음운 체계, 형태 구조 및 통사 구조 등에 대한 비교를 하면 두 언어 간에 유사성과 차이점이 나타나게 된다. 이와 같은 비교로 언어 교사들은 두 언어 사이에 유사성이 있는 부분에 대해서는 학습자가 별다른 어려움을 겪지 않을 것이고 차이점이 있는 부분에 대해서는 많은 어려움을 겪을 것이라고 예측해 볼 수 있다.

학습자가 어려움을 겪을 것이라고 예측한 부분에 대해서, 이점을 인지한 교사들이 수업 전에 이미 이에 대한 충분한 준비를 하고 수업에 임한다면, 수업 중에 학습자들이 저지르는 실수를 최소화할 수 있게 될 것이다. 구조주의 언어학 이론에서 개발된 이와 같은 교수 방법을 대조 분석 방법(contrastive analysis)이라고 한다. 이런 대조 분석을 실시하는 이유는 결국 학생들이 잘못된 표현에 노출되지 않도록 하기 위한 것이다.

구조주의 언어학의 이론에 의하면, 언어 습득은 일련의 습관을 형성하는 과정에서 이루어진다고 한다. 학생들이 잘못된 표현에 지속적으로 노출되어 잘못된 습관이 형성되면 안 되기 때문에 그와 같은 습관이 생기지 않도록 처음부터 잘못된 표현을 사용하지 못하도록 하기 위함이다. 즉 대조 분석 방법을 통해 학습자들이 오류를 저지르기 쉬운 표현들에 대해 미리 인지한 상태에서 수업에 임하면 학습자들의 오류를 최소화할 수 있을 것이라고 본 것이다.

2.5. 생성-변형주의 언어관

언어가 모방과정을 통한 습관 형성 과정에서 습득 된다고 하는 구조주의 언어학자들의 주장은 Chomsky(1957)에 의해 정면으로 비판을 받았다.

Chomsky는 언어는 모방을 통해 습득하는 것이 아니라 어린아이가 자신이 접하는 언어에 대해 스스로 일련의 규칙을 형성하고 그 규칙들을 내재화하는 과정을 통해 습득하는 것으로 보았다. 만약에 구조주의 언어학자들이 주장하듯이 아이들이 부모들의 말을 듣고 따라 하려고 노력하는 모방 과정을 통해 습관을 형성함으로써 언어를 습득하는 것이라면 인간 언어의 가장 중요한 특징인 창의성에 대해 설명할 수 없다는 것이다.

언어를 습득하는 과정에 있는 아이들이 매일 똑같은 말을 듣고 똑같은 말을 반복하는 것은 아니다. 아이들은 어제와는 다른 말들을 듣게 되어도 그것을 이해하는 데 큰 문제가 없고 또 자기 자신들도 이전에 발화해 보지 않았던 문장을 언제든지 새롭게 만들어 낼 수 있는 능력이 있다. 하지만 이와 같은 사실은 모방을 통해 언어를 습득한다는 구조주의 언어학으로 설명하기 쉽지 않을 것이다. 구조주의 이론에 따라 엄밀하게 해석하자면 아이들이 성인들의 말을 듣고 이해할 수 있다는 것은 그와 같은 표현을 과거에 듣고 습관화했기 때문에 가능한 것이고, 어떤 표현을 듣고 이해하기 위해서는 그와 같은 표현을 과거에 반복해서 듣고 습관화시킴으로써 내재화시켰기 때문에 그것을 이해하는 것이 가능하다는 것이다. 그렇다면 반대로 처음 듣는 표현은 아직 그 표현에 대해 습관 형성이 되지 않았고 또한 내재화되지 않았기 때문에 아직 이해할 수 없는 상태이어야 한다는 의미가 된다. 하지만 흥미로운 사실은 아이들은 생전 처음 접하는 표현들도 별 어려움 없이 이해하고 또 새로운 표현들을 말하는 것도 별문제가 없다는것이다. 이런 사실을 설명하기 위해 Chomsky는 언어를 일련의 규칙 체계로 보아야 한다고 주장한다.

아이들은 자신들이 접한 성인들의 발화로부터 추출하여 스스로 체득한 문장 형성 규칙을 활용해 전에 들어 보지 못한 처음 듣는 문장도 이해할 수 있고 새로운 문장도 만들어 발화할 수 있다는 것이 Chomsky가 제안한 생성-변형 문법(generative-transformational grammar)의 핵심 내용이다. 그리고 그는 어린아이들이 누구든지 불과 4년 또는 5년 안에 언어라고 하는 복잡한 체계를 습득한다는 사실을 설명하기 위해서는 어린이들이 스스로 체계화시키고 정립해야 할 규칙의 수는 유한할 것이라고 주장했다. 그렇게 가정해야만 5세 전후라고 하는 비교적 빠른 시간 안에 언어 습득이 완성된다고 하는 사실을 설명할 수 있다고 본 것이다. 아이들이 습득해야 할 문장 생성 규칙들은 그 숫자가 많지 않은 유한한 수의 규칙들이지만 자신들의 모국어에서 찾아볼 수 있는 모든 발화 가능한 문장을 무한히 새롭게 생성해 낼 수 있을 정도로 강력한 힘을 가져야 할 것이다.

생성-변형 문법학자들이 구조주의 언어관을 비판하게 된 배경은 어린아이들이 성인들의 언어를 모방하면서 언어를 습득한다고 하는 구조주의 이론으로는 어린 아이들의 언어 습득 과정에서 나타나는 여러 가지 문제점들을 설명할 수 없기 때문이다. 앞에서 보았던 다음의 예를 다시 살펴보자.

Susan(어린아이)	: Book read. Book read. Book read.
Investigator	: You want me to read a book? O.K.
Susan	: Read book.

이 예는 구조주의 언어학에서 어떤 과정을 거쳐 아이들이 모방을 하느냐는 것을 보여주기 위한 예이었다. 처음에는 'Book read.'와 같은 잘못된 표현을 발화하던 Susan이 관찰자인 성인의 'You want me to read a book?'과 같은 발화에서 자신이 모방해야 할 대상을 지각하고 결국 'Read book.'으로 올바른 표현을 발화하게 되었다고 하면서 구조주의 언어학 이론을 뒷받침하는 예로 사용되었다.

그렇지만 생성-변형 문법학자들은 Susan이 어떻게 해서 'Book read.'와 같은 표현을 발화할 수 있었겠느냐 하는 질문을 던지게 될 것이다. 영어를 모국어로 하는 화자들은 어느 누구도 'Book read.'와 같은 표현을 사용하지는 않았을 것이기 때문에 이런 문장을 들을 기회도 없었을 것이다. 결국 이 예는 구조주의 언어학에 있어서의 모방 이론에 대한 문제점을 보여 주는 예가 되고 있는 것이다.

실제로 어린아이들이 언어를 습득하는 과정에서 발음에서의 오류는 물론이고 성인들의 발화에서는 찾아볼 수 없는 수많은 오류들이 관찰된다. 아이들이 저지르는 오류 중에는 과잉일반화(overgeneralization) 오류가 포함되기도 하는데 과잉일반화 오류라고 하는 것은 규칙을 적용해서는 안 되는 상황인데도 불구하고 자신이 형성한 규칙을 과도하게 적용하는 것을 의미한다.

예를 들면 아이들은 복수 명사를 만들 때 불규칙 복수형이 존재한다는 것을 아직 인식하지 못한 경우에 'man'의 복수형을 'mans'로, 'sheep'의 복수형을 'sheeps'로, 'foot'의 복수형을 'foots'로, 'child'의 복수형을 'childs'와 같이 규칙적인 형태로 일관되게 명사의 단수형 다음에 복수형 태소 '-s'를 붙이고 있는 것을 볼 수 있다. 그리고 동사의 과거형을 만들 때에도 같은 종류의 실수가 관찰되는데 동사 'eat'의 과거형을 'eated'로, 'fall'의 과거형을 'falled'로, 'feel'의 과거형을 'feeled'로, begin의 과거형을 'begined'로, 'come'의 과거형을 'comed'와 같이 동사의 원형에 '-d'나 '-ed'를 붙여 과거형을 만드는 것이 관찰된다.

아이들이 나중에 명사의 복수형에는 불규칙 형태가 존재하고 동사의 과거형에도 불규칙 형태가 존재한다는 것을 인식하여 올바른 형태로 자신들이 스스로 교정할 때까지 이런 규칙을 적용시킨다. 이와 같이 아이들의 언어 습득 과정에서 찾아볼 수 있는 규칙을 과도하게 적용시켜 일어나는 과잉 일반화의 오류도 역설적으로 아이들이 규칙을 습득하고 나름대로 그 규칙을 적용시킨 결과라는 것을 보여 준다. 아이들이 성인들의 언어를 모방한다고 하면 설명할 수 없는 현상이다. 왜냐하면 성인들은 아무도 그와 같은 명사의 복수형이나 동사의 과거형을 사용하는 성인들이 없을 것이기 때문이다.

어떤 경우에는 성인들이 아이들의 발화를 교정해 주려고 해도 자신들이 받아들일 준비가 되어 있지 않은 표현을 담고 있는 문장은 좀처럼 교정하지 못한다는 것도 아이들이 모방을 통해 언어를 습득하지 않는다는 것을 보여주는 또 다른 예이다. 예를 들어 '엄마가 책을 읽고 있어요.'라는 문장은 현재 진행을 사용하여 'Mom is reading a book.'과 같이 표현하여야 하는데 아이가 'Mom reads a book.'과 같이 말을 하는 것을 보고 아이에게 진행형을 가르쳐주기 위해 몇 차례에 걸쳐 따라서 해보라고 해도 여전히 아이는 'Mom reads a book.'을 반복하는 경우가 있다.

모방의 이론으로는 아이들이 이 상황에서 왜 현재 진행형을 따라 하지 못하는지에 대해 설명하기가 쉽지 않을 것이다. 왜냐하면 아이들이 따라 해야 할 즉 모방해야 할 내용이 복잡하거나 많은 것이 아니라 'reads' 부분을 'is reading'으로 바꿔 따라 하기만 하면 되기 때문이다.

그렇지만 규칙에 입각해 언어를 습득한다고 하는 생성-변형 문법의 이론 체계로는 쉽게 설명할 수 있다. 아이들이 표현의 쉽고 어려움을 떠나 현재 진행형이라고 하는 개념이 규칙으로 정립이 되지 않은 상태에서는 자신들의 발화를 왜 바꾸어야 하는지 수긍하기 어려울 것이기 때문에 자신들의 발화를 계속 고집하는 것이라고 하는 것이다.

유사한 예를 얼마든지 찾아볼 수 있다. 'When can I go?'라고 해야 하는 의문문의 문장을 'When I can go?'와 같이 말하는 아이에게도 'When can I go?'와 같이 따라해 보라고 몇 차례 시켜도 결국 아이는 여전히 'When I can go?'와 같이 말한다. 이 경우도 모방의 이론으로 설명하기가 쉽지 않을 것 같다. 왜냐하면 문장 속에서 사용되는 단어도 똑같기 때문에 단지 아이들이 모방해야 할 것은 'I can' 부분을 'can I'로 바꾸면 되는 일인데도 따라 하지 못하고 여전히 'When I can go?'를 고집하고 있는 것이다. 이것 또한 생성 문법 이론에서는 아이들이 쉽고 어렵고를 떠나 이 단계에 있는 아이들은 'When', 'Who', 'Where', 'Why', 'How' 등과 같은 의문사를 포함하는 문장은 그 의문사만 지니면 의문문

영어와 세계

이 되는 것으로 인식하고 주어와 조동사의 위치를 도치시켜야 한다는 규칙을 아직까지 내재화하지 못했기 때문에 발생하는 오류로 설명한다.

영어를 모국어로 습득하는 과정에 있는 아이들이 올바른 의문문을 발화할 수 있을 때까지 몇 가지 단계를 거친다고 알려졌다. 처음에는 'He went home?', 'I can sleep?', 'Dad watched TV?' 등과 같이 평서문에 올림조의 억양을 사용해서 의문문을 만든다. 다음 단계로 'When', 'Who', 'Where', 'Why', 'How' 등과 같은 의문사를 사용하여 의문문을 만든다. 재미있는 것은 이때에도 아이들은 여전히 잘못된 의문문을 만드는 것을 볼 수 있다. 'When he went home?', 'Where I can sleep?', 'Why dad watched TV?' 등과 같이 의문사를 문장 앞에다 위치시키는 단계가 나타난다고 한다. 조동사를 주어와 도치시켜야 한다거나 'do'동사를 사용해 의문문을 만들어야 한다거나 하는 것을 아직 규칙화하지 못한 단계이다.

마지막 단계에서는 성인들의 의문문과 같이 'When did he go home?', 'Where can I sleep?', 'Why did dad watch TV?' 등과 같은 올바른 의문문을 만들어 낸다고 한다. 그런데 여기에서 'When', 'Who', 'Where', 'Why', 'How' 등과 같은 의문사를 사용하여 의문문을 만드는 두 번째 단계에서 나타나는 오류가 시사해 주는 것은 아이들이 성인의 문법으로 보기에는 비문법적인 잘못된 표현을 만들었지만 아이들의 문법 체계로 보면 지극히 규칙적으로 의문사를 사용해 의문문을 만들고 있다는 것을 볼 수 있다는 것이다. 즉 아이들이 일관되게 'When', 'Who', 'Where', 'Why', 'How' 등과 같은 의문사를 문장 앞에 위치시키고 있다는 것을 볼 때, 아이들은 '의문사를 문장 앞에 두어라.'라고 하는 규칙을 일관되게 적용시키고 있는 것을 알 수 있다.

여기에서 아이들의 오류가 체계적이고 규칙적이라는 것에 주목해야 한다. 비록 성인 언어의 규칙체계를 완전히 습득하지 못해 잘못된 표현들을 만들고는 있지만 이 잘못된 표현들도 체계적이라고 하는 것은 아이들이 나름대로 그때까지 자신들이 습득한 내재화된 규칙을 적용하여 언어를 습득하고 있다는 것을 보여 주는 예인 것이다. 결국 체계적인 오류를 통해 아이들의 언어 발달 단계상 지금까지 그들이 확립한 문법 체계를 엿볼 수 있다는 것이다. 이와 같은 예들을 통해 볼 때 어린이들은 자기가 성인들의 언어와 접촉하여 받은 다양한 언어 입력들로부터 가장 간단하면서도 일반적인 규칙을 형성해 가는 것으로 보이며 자기 나름대로의 문법을 설정하여 모든 가능한 곳에서는 그 규칙을 일관되게 적용시키고 있는 것으로 볼 수 있다.

Berko-Gleason(1958)은 취학 전 아동과 초등학교 1, 2, 3학년 학생들을 대상으로 재미있는 실험을 실시한 바 있다. 어린이들이 과연 처음 접하는 단어에 대한 올바른 영어의 복수형을 만들 수 있고 또 발음을 제대로 할 수 있는지의 여부를 알아보기 위한 실험이었다.

실험 방법은 어린이들에게 현실에 존재하지 않는 이상한 모양을 한 새와 같은 동물의 그림을 보여 주며 "This is a wug."라고 했다. 그리고 나서 다음 차례로 먼저 보여 준 것과 같은 동물이 두 마리가 있는 그림을 보여 주며 "Now here is another one. There are two of them. There are two _____?"라고 물었다. 어린이들에게 'two' 뒤에 오는 표현을 해보도록 시킨 것이다. 그랬더니 어린이들은 'two wugs'[tu wʌgz]라고 제대로 된 복수형을 만들고 발음까지도 정확하게 하는 것을 관찰할 수 있었다. 또 하나의 가상 동물인 'bik'에 대해서도 똑같은 과정을 통해 확인을 해본 결과 어린이들이 모두 'two biks'[tu biks]라고 이번에도 역시 올바른 복수형과 발음을 발화할 수 있었다고 한다.

이 실험을 통해 Berko-Gleason은 어린이들이 전에 한 번도 들어보지도 못했으며 실험 시점에 처음 들었던 단어들이지만 자신들이 습득하고 있던 복수형을 만드는 규칙을 적용해 올바른 복수형을 만드는 것을 발견할 수 있었던 것이다. 그리고 그 단어들의 복수형태소의 발음도 어린이들은 유성 연구개 폐쇄음 [g]로 끝나는 'wugs'의 경우에는 [wʌgz]로 무성 연구개 폐쇄음 [k]로 끝나는 'biks'의 경우에는 [biks]로 정확하게 발

영어와 세계

음하는 것을 관찰할 수 있었다.

이 실험 결과는 구조주의 언어 이론으로는 설명하기가 곤혹스러운 내용일 것이다. 왜냐하면 구조주의 언어학자들은 어린이들이 실험 전에는 'wug'나 'bik'를 본 적이 없고 또 성인들로부터도 그런 단어를 말하는 것을 들어본 적이 없었는데도 불구하고 어떻게 유성 연구개 폐쇄음으로 끝나는 동물 이름 [wʌg]에는 [-z]를, 무성 연구개 폐쇄음으로 끝나는 동물 이름 [biks]에는 [-s]를 붙일 수 있었느냐 하는 것에 대해 설명하기가 쉽지 않을 것이기 때문이다. 이것은 새로운 단어를 처음 접하더라도 어린이들이 이미 습득한 영어의 복수형태소의 사용과 발음에 대한 규칙을 적용하고 있다는 것을 의미하는 것이지 성인들이 발화했던 단어를 단순히 모방하는 것은 아니라고 하는 것을 보여준 실험이었다고 할 수 있다.

생성-변형 문법에서 주장하는 것처럼 어린이들이 태어나 성인들의 언어에 노출이 되면서부터 스스로 문법체계를 구축해나고 규칙을 내재화하면서 언어를 습득한다고 하면 과연 어린이들이 습득해야 할 문장 형성 규칙은 어떤 모습일 것인가에 대한 의문이 생긴다. 그리고 어린이의 언어습득이 비교적 짧은 시간 안에 이루어진다고 하는 사실을 설명하기 위해서는 어린이들이 습득해야 할 문장 형성 규칙의 숫자는 제한되어 있을 것이라고 보아야 할 것이다. 그렇지만 몇 개의 제한된 숫자의 문장 형성 규칙은 무한히 새로운 문장을 생성해 낼 수 있을 정도로 강력해야 할 것이다.

이에 대해 Chomsky(1957)는 인간의 언어지식에 문장을 생성해 내기 위한 일련의 구절 구조 규칙(phrase structure rules)과 어휘부(lexicon) 및 어휘 삽입 규칙(lexical insertion rule)이 있다는 것을 가정한다면 위의 것에 대한 해답은 물론 인간의 언어가 지니는 창의성에 대한 설명도 가능하다고 주장하였다.

'This man will meet that woman very early in the morning.'이라는 문장이 어떻게 만들어질 수 있는지에 대한 예를 통해서 구체적으로 알아

보자. 먼저 위 문장을 구성하고 있는 각 단어들은 다음과 같은 통사적 범주(syntactic category)가 주어진 상태로 어휘부에 존재한다고 가정한다.

this	Det(erminer)	: 한정사
man	N(oun)	: 명사
will	Aux(iliary)	: 조동사
meet	V(erb)	: 동사
that	Det(erminer)	: 한정사
woman	N(oun)	: 명사
very	Deg(ree Adverb)	: 정도부사
early	Adv(erb)	: 부사
in	Prep(osition)	: 전치사
the	Det(erminer)	: 한정사
morning	N(oun)	: 명사

물론 어휘부에 등재되어 있는 어휘들은 통사 범주 이외에도 발음에 대한 정보 및 의미도 포함되어 있다. 문장 속에 있는 각 단어들에게 부여된 통사 범주를 어휘 범주(lexical category)라고 부르고 이들 어휘 범주들이 모여 만드는 더 큰 단위의 통사 범주를 구 범주(phrasal category)라고 한다.

즉 'this man', 'that woman', 'the morning'과 같은 문장 속의 구성 성분은 명사를 머리어(head)로 하는 명사구(noun phrase: NP)라고 부르고 'very early'와 같은 문장 속의 구성 성분은 부사를 머리어로 하는 부사구(adverbial phrase: AdvP)라고 부르고 'in the morning'은 전치사를 머리어로 하는 전치사구(prepositional phrase: PP)라고 부르고 'meet that woman very early in the morning'을 하나의 문장 구성 성분으로 간주하면 이것은 동사를 머리어로 하는 동사구(verb phrase: VP)가 되고 마지

영어와 세계

막으로 전체 단어들의 연속체인 'This man will meet that woman very early in the morning.'은 문장(sentence: S)이라고 하는 가장 상위에 있는 구성 성분에 속한다. 이와 같이 하나 이상의 어휘 범주들이 합쳐져 구성된 통사 범주들, 즉 NP, AdvP, PP, VP, S 등이 구 범주(phrasal category)가 된다.

생성-변형 문법에서는 모국어 습득 과정에서 드러났던 것처럼 아이들은 통제되지 않은 복잡한 성인들의 발화에서 자신들의 언어에 대한 문법의 규칙 체계를 성인들의 도움이 없이도 혼자서 스스로 찾아내고 그것을 내재화시켜 언어를 습득하였듯이 외국어 학습에서도 교사들의 개입을 최소화하여 교사들이 제시한 언어 자료들로부터 배우고자 하는 외국어에 대한 문법 체계를 스스로 찾아낼 수 있도록 하는 소위 자기 발견적 교수법 등이 제안되었다.

그리고 학습자들이 외국어를 배울 때 흔히 저지르는 실수나 오류 등에 대한 태도도 구조주의 이론과 생성-변형 문법 이론 사이에 정반대의 입장을 보이고 있다. 구조주의 입장에서는 학습자들이 저지르는 실수나 오류에 대해 상당히 비판적인 태도를 보이고 학습 현장에서 학생들이 저지르는 오류를 교사들이 즉각적으로 개입해서 올바른 형태를 사용하도록 교정해주는 입장을 취한다. 왜냐하면 학습자들의 실수나 오류를 묵인하고 방치하면 학습자들이 그와 같은 잘못된 표현에 대해 습관이 들 수 있기 때문에 학습자들이 잘못하는 순간 교사가 학생들의 실수를 지적하고 교정해 줌으로써 그와 같은 잘못된 표현에 습관이 들지 않게 하고자 하는 것이었다.

반면에 생성-변형 문법에서는 이러한 학습자들의 오류에 대해 상당히 관대하고 심지어는 학습자들의 오류들로부터 교사가 교수 방향을 새롭게 설정할 수 있는 등 학습자들의 오류로부터 배울 점이 많이 있다고 보았다. 왜냐하면 생성-변형 문법에서는 언어 습득을 그 언어에 대한 문법을 구축하고 규칙 체계를 확립하는 과정으로 보았기 때문에 학습하고 있는 언어에 대한 문법 체계가 아직까지 완성되지 않은 단계에 있는 학습자들은 당연히 다양한 실수를 저지르기 마련인데 이런 실수들은 결국 학습자들이 현재 어떤 문법 체계를 확립하였고 또는 어떤 문법 체계를 이해하고 있지 못한지에 대해 알 수 있기 때문에 교사들은 이런 학습자들의 오류를 잘 관찰하여 분석하면 학습자가 직면하고 있는 다양한 어려움 점에 대해 잘 파악할 수 있기 때문이다.

여기에서는 교사들이 학습자들이 저지르는 오류가 일관성이 있는지 없는지를 잘 살피는 것이 상당히 중요하다. 학습자들이 오류를 저지르고는 있지만 그 오류들이 체계적이고 일관성이 있다고 하면 학습자들이 잘못하고 있는 내용을 바꾸기는 그다지 어렵지 않을 것이기 때문이다. 즉 어떤 문법 규칙에 대한 오류가 체계적이라고 하는 것은 그 문법 사항에 대해 잘못된 규칙이 형성되어 있다고 하는 것이기 때문에 잘못 형성된 규칙을 바로 잡는다면 동일한 문법 규칙으로 만들어지는 모든 문장들도 자동적으로 교정이 되어 올바른 형태를 발화할 수 있게 되기 때문이다.

하지만 학습자들의 오류가 일관성이 없다면 이것은 학습자가 그 문법 사항에 대해 아직까지 규칙화하지 못했다는 것을 보여주는 것이라고 할 수 있다. 따라서 이 경우에 교사들은 일단 학습자들이 먼저 그 문법 사항에 대해 나름대로의 규칙을 정립하도록 도와주는 역할을 수행하게 될 것이다. 이와 같이 구조주의 이론에서는 학습 현장에서 학습자들의 오류를 막고 최소화시키자고 하는 입장이었다고 하면 생성-변형 문법에서는 학습자들의 오류에 대해 관대한 입장을 취하며 오류의 분석을 통해 학습자가 현재까지 내재화한 문법 규칙에 대해 추론해 볼 수 있다는 입장이다.

제3장　　　　　영어의 단어에 대한 이해

우리가 흔히 단어라는 용어를 사용하고 있지만 실상은 가장 기본적인 문법 형태를 나타내는 전문적인 용어는 형태소(morpheme)이다. 형태소는 음과 의미의 자의적 결합으로 더 이상 쪼개질 수 없는 문법 단위라고 정의될 수 있다. 즉 형태소란 의미의 기본 단위이기 때문에 더 이상 단순한 작은 요소로 분해할 수 없는 것이다. 통상적으로 한 단어는 '아버지', '작은+아버지', '작은+아버지+들' 같은 예에서처럼 한 개 또는 그 이상의 형태소로 구성된다.

3.1. 형태소의 분류

3.1.1. 자유 형태소와 의존 형태소

어떤 언어든지 형태소는 'woman', 'happy', 'sing' 등과 같이 독립해서 단독으로 쓰일 수 있는 자유 형태소(free morpheme)와 자체로는 단어가 될 수 없기 때문에 다른 형태소의 앞이나 뒤에 붙어 나타나는 의존 형태소(bound morpheme)가 있다. 의존 형태소는 또한 'dislike'의 'dis-'같이 다른 형태소 앞에서 나타나는 접두사(prefixes)나 'teacher'의 '-er'과 같이 다른 형태소의 뒤에 붙는 접미사(suffixes)가 있다.

어떤 형태소들은 동일하게 발음을 하지만 의미가 다른 형태소들도 있다. 형태소 '-er'은 'singer', 'designer', 'driver', 'runner'와 같은 단어에서는 '~하는 사람'을 의미하지만 'fatter', 'thinner', 'shorter', 'prettier' 등과 같은 단어에서는 'more'를 뜻하는 비교의 의미를 지니는 형태소이다. 그렇지만 'matter', 'butcher', 'water', 'deer' 등과 같은 단어들에서는 '-er'은 형태소가 아니다.

3.1.2. 파생 형태소와 굴절 형태소

어떤 형태소들은 다른 형태소(또는 단어)와 결합될 때 결합하여 만들어지는 단어의 문법 범주를 바꾸어주는 경우가 있다. 이런 경우에 새로운 단어가 파생되기 때문에 이와 같은 형태소를 파생 형태소(derivational morphemes)라고 부른다. 'boy+ish'는 명사에 '-ish'와 같은 파생 접미사가 붙어 형용사가 된 경우이고 'teach+er'는 동사에서 명사가 된 경우이며 'exact+ly'는 형용사에서 부사가 만들어진 경우이다. 그리고 'moral+ize'는 명사에서 동사가 된 경우이다.

그렇지만 파생 형태소라고 해서 항상 품사의 변화를 가져오지는 않는다. 'ex+husband'나 'novel+ist'와 같은 단어에서는 파생 접두사 'ex-'나 파생 접미사 '-ist'가 붙어 새로운 단어를 만들지만 품사는 변화시키지 않는 경우의 예가 된다.

파생 형태소와 성격이 다른 형태소로서 굴절 형태소(inflectional morpheme)가 있다. 굴절 형태소는 시제, 수, 성, 격 등을 나타내기 위해 사용되는 형태소로서 그 형태소가 붙게 되는 단어나 형태소의 문법적인 범주를 변경시키지 않는 것이 특징이며 'I sing a song.', 'Mary sings a song.', 'Mary sang a song.', 'Mary is singing a song.' 등과 같은 예에서 볼 수 있듯이 항상 완전한 단어에 붙는다.

굴절 형태소의 경우에는 개별 형태소의 의미를 알고 있으면 그것이 붙어 새롭게 만들어지는 단어의 뜻을 파악하기는 어렵지 않다. 즉

'pianist'라고 하는 형태소의 의미를 알고 있다면 복수형을 만드는 굴절 형태소 '-s'가 붙어 만들어지는 'pianists'의 의미를 알아내는 데 전혀 문제가 없고 'work'라고 하는 동사의 의미를 알고 있으면 'worked', 'works', 'working'의 의미를 쉽게 파악할 수 있다.

그러나 파생 형태소의 경우에는 파생 형태소가 붙는 단어의 문법적인 범주를 다른 문법적 범주로 바꾸기도 하고 그 뜻을 예측하지 못하는 경우도 생기기 때문에 사전(dictionary)에 바뀐 문법적 범주와 새롭게 만들어진 의미도 실어야 한다. 'work'라고 하는 동사에 파생 접미사 '-er'이 붙으면 'worker'라고 하는 명사가 만들어지고 의미도 '일하다'에서 '일꾼'으로 변하기 때문에 사전에는 'work' 따로 'worker' 따로 등재되어 있는 것이다. 영어에서 굴절 형태소에 관한 재미있는 현상은 굴절 형태소가 보통 파생 형태소를 에워싼다는 점이다. 그래서 파생 형태소를 지니는 'un+like+ly+hood' 같은 단어에 굴절 형태소인 복수 어미를 붙여 'un+like+ly+hood-s'는 만들 수 있으나 중간에 복수 형태소를 넣고 그 뒤에 파생 형태소들을 덧붙여 '*unlikesly-hood'와 같은 단어는 만들 수 없다.

3.1.3. 개방류와 폐쇄류의 단어

대부분의 언어에서 명사, 동사, 형용사 및 부사 등의 문법 범주에 속하는 단어들이 절대적으로 많은 수의 어휘를 형성하고 있는데 이들 단어들은 그 언어 속에 얼마든지 새로운 단어가 만들어질 수 있다. 그런 점에서 보면 이들 단어들은 개방적이라고 할 수 있다. 반면에 접속사나 전치사, 대명사 등의 문법 범주에 속하는 단어들은 그 수가 제한되어 있고 새로운 개념이나 용법을 가진 단어가 생겨나는 경우는 거의 없다. 이와 같은 의미에서 본다면 이 단어들은 폐쇄적인 집단의 단어라고 할 수 있다.

3.1.4. 파생 형태소의 생산성

어떤 형태론적 규칙은 자유 형태소 및 의존 형태소 목록에서 새 단어를 만드는 데 비교적 자유롭게 사용된다는 점에서 매우 생산적인 것이 있는 반면에 그렇지 못한 경우가 있을 수 있다. 예를 들어 접미사 '-able'은 동사와 결합해 그 동사가 가지는 의미에 '할 수 있는'이라는 의미를 지닌 형용사를 파생시키는 형태소인데 이 규칙은 'accept＋able', 'eat＋able', 'laugh＋able', 'blam(e)＋able', 'prefer＋able' 등과 같은 예에서 볼 수 있듯이 비교적 생산적이라고 할 수 있다.

그리고 접두사 'un-'은 'un＋happy', 'un＋cowardly', 'un＋known', 'un＋easy', 'un＋like', 'un＋prepared', 'un＋healthy' 등과 같은 단어에서 볼 수 있듯이 형용사에 붙어 비교적 생산적으로 부정의 의미를 지니는 형용사를 만드는데 *'un＋sad', *'un＋brave', *'un＋difficult' 같은 단어들은 만들어지지 않았다. 기존의 형태적인 규칙을 따르면 만들어질 수도 있었던 단어들인데 존재하지 않는다는 의미에서 우연한 틈(accidental gap)이 존재할 수도 있다.

3.1.5. 형태소의 발음

하나의 의미를 지니는 형태소가 몇 가지 다른 발음 형태를 가질 수도 있는데 이들 발음은 그 언어에서의 특유한 형태 음운 규칙에 의해 결정된다. 영어의 예를 들면 복수 형태소의 발음은 복수 형태소가 붙는 명사의 끝 자음의 발음에 따라 세 가지의 서로 다른 발음으로 실현된다.

영어에서는 명사들이 [s, z, ʃ, ʒ, ʧ, ʤ] 등과 같은 치찰음이 아닌 유성 자음으로 끝나면 복수 형태소의 발음이 유성음인 [z]음으로 나타난다. 그리고 치찰음이 아닌 무성 자음으로 끝날 때에는 복수 형태소의 발음이 무성음인 [s]로 나타난다. 마지막으로 앞에 있는 명사가 유무성의 구별이 없이 치찰음으로 끝날 경우에는 [əz]를 붙여 복수형을 만든다.

그런데 이와 같이 복수 형태소의 발음을 결정해 주는 규칙은 순수한

영어와 세계

음운 규칙과는 그 성질이 다르다는 것을 알 수 있는데 그 이유는 다른 음운 규칙들은 단지 그 규칙의 적용을 위한 음성/음운적인 환경만 충족된다면 자동적으로 적용되는 데 반하여 복수 형태소의 발음을 결정해 주는 규칙은 단지 굴절 복수 형태소에만 적용되기 때문이다. 이와 같이 복수 형태소의 발음을 결정하기 위해서는 굴절 복수 형태소에만 적용된다고 하는 정보와 위에서 언급한 앞에 있는 명사의 끝에 나오는 음들에 대한 정보도 필요하다. 이와 같이 형태적인 정보와 음성적인 정보가 동시에 요구된다고 하는 측면에서 형태 음운 규칙이라고 부른다.

복수 형태소와 같이 하나의 형태소가 가지게 되는 몇 가지 다른 발음 형태를 이형태(allomorphs)라고 부른다. 따라서 [z], [s] 및 [əz]는 복수 형태소의 이형태이며 이들 발음은 형태 음운 규칙에 의해 결정된다. 그렇지만 영어에서 모든 명사가 위와 같이 세 가지의 발음 형태를 취하는 것만은 아니다.

예를 들면 소위 말하는 불규칙적인 명사의 복수 형태소들이 존재한다. 'foot'의 복수는 'feet', 'man'의 복수는 'men', 'mouse'의 복수는 'mice', 'datum'의 복수는 'data', 'fungus'의 복수는 'fungi', 'criterion'의 복수는 'criteria', 'medium'의 복수는 'media', 'child'의 복수는 'children'이며 'ox'의 복수는 'oxen', 'sheep'는 음운론적으로 바뀌지 않는 'sheep', 'swine', 'trout', 'tuna'의 복수도 'swine', 'trout', 'tuna'처럼 단수와 같은 형태로 그대로 나타난다.

일반 규칙의 적용을 받지 않기 때문에 복수형의 모습을 예측할 수 없는 것들이 있는데 이러한 형태를 보충형(suppletive form)이라고 한다. 이런 보충형들은 그 수가 제한되어 있고 예측 불가능성 때문에 단수는 물론이고 복수형도 사전에 등재되기 마련이다. 그런데 이러한 보충형들은 어휘 항목 중에 소수에 불과하며 대부분의 형태소는 일반 규칙을 따른다.

영어에서 명사의 복수형을 만들기 위한 형태 음운 규칙과 유사한 규칙이 영어의 동사에서 과거 시제를 만들 때도 나타난다는 것을 볼 수 있다. 영어의 과거 시제 형태소는 음운적 차원에서는 /d/라고 표시할 수 있는데 이 과거 시제 형태소는 과거 시제를 지니는 동사들의 실제 발음에서는 [d], [t], 혹은 [əd]로 나타나는데 이것은 과거 시제를 나타내는 형태소가 붙게 되는 동사의 종성 자음에 따라 결정된다. 즉 영어의 동사에서 나타나는 과거 시제를 결정하기 위한 규칙은 명사의 복수형을 결정하는 규칙과 마찬가지로 형태적인 지식과 음운론적인 지식을 포함하는 것이어야 한다.

영어는 다음과 같은 규칙적인 과거 시제 형성 규칙을 가지고 있다. 먼저 'grabbed', 'begged', 'buzzed', 'judged', 'cried', 'aimed', 'cleaned', 'banged' 등과 같은 예에서 볼 수 있듯이 동사가 유성음으로 끝나는 경우에 나타나는 과거 시제의 발음은 [d]라는 것을 알 수 있다. 이 [d]를 과거 시제를 나타내는 기본 형태소의 발음이라고 가정한다면 'butted', 'coated', 'dotted', 'attended', 'aided', 'ended' 등과 같은 동사들의 과거 시제들의 발음을 설명하기 위해서는 동사가 유무성의 여부와는 상관없이 치경 파열음 [t]나 [d]로 끝날 경우에는 과거 시제 형태소 앞에 [ə]를 삽입한다고 보면 된다. 반면에 과거 시제 형태소 /d/의 발음은 'capped', 'kicked', 'missed', 'pushed', 'punched' 등과 같은 예에서는 [t]로 발음되는 것을 볼 수 있다. 이 현상은 동사가 [t]를 제외한 무성 자음으로 끝나면 기본 과거 형태소의 발음 /d/를 무성음인 [t]로 바꾸라는 규칙의 적용 결과라고 보면 쉽게 설명될 수 있다. 동사의 과거 시제의 발음을 결정하는 요인들도 영어의 복수형의 발음을 결정할 때와 같은 유형의 형태 음운 규칙이 존재하기 때문이라고 하는 것을 알 수 있다.

또한 동사의 과거형에도 이와 같은 규칙의 적용을 받지 않는 불규칙 과거형들이 존재한다. 'knew', 'went', 'ate', 'wrote', 'heard', 'drove', 'hit', 'cut', 'sat', 'slept', 'felt', 'chose', 'swam', 'kept', 'sang' 등의 예를 들 수 있는데 동사의 과거 시제 형태소를 만드는 규칙의 적용을 받지 않

는 불규칙 형태들은 보충형으로 우리의 두뇌 속에 별도로 저장해 놓아야 한다.

하나의 단일 형태소가 몇 가지 다른 음성 형태 즉 이형태를 가지고 있는 또 다른 예는 부정의 뜻을 지니는 접두사 'in-'에서 찾아볼 수 있는데 'in-'은 다음과 같은 다섯 개의 이형태를 가지고 있다.

[in-]	모음 앞에서	: inarticulate, inactive, inattentive, inorganic, inessential, inoperable
	치경음 앞에서	: intolerable
	성문음 앞에서	: inhospitable
[im-]	양순음 앞에서	: impossible, imbibe, imbalance, immoral, immature, immovable
[iŋ-]	연구개음 앞에서	: incomplete, inglorious, ingrate
[il-]	설측 유음 앞에서	: illogical, illegal, illegitimate, illegible
[ir-]	비설측 유음 앞에서	: irresponsible, irregular, irrational, irresistible

동일한 음운 표기를 가지면서 의미가 다른 형태소도 있다. 형태소 '-er'은 'singer', 'painter', 'lover', 'worker'와 같은 단어에서는 '~하는 사람'을 뜻한다. 또한 'nicer', 'prettier', 'taller'에서는 'more'를 뜻하는 비교 형태가 된다. 그러나 'butcher'에서는 '-er'은 형태소가 아니다. 왜냐하면 'butch'라는 동사가 없기 때문이다. 'water'의 경우도 마찬가지다. 'butcher'와 'water'는 단일 형태소이다.

음과 의미 단위로서의 형태소에 대해 지금까지 논의해 온 것을 정리해 보면 다음과 같다. 첫째로, 형태소는 'amoral', 'asexual'의 'a-'와 같이 단일 음으로 표시될 수 있는 것이 있다. 둘째로, 형태소는 'child+ish'의 'child'와 '-ish'와 같이 음절로 표시될 수 있다. 셋째로, 형태소는 2음절 이상으로 표시될 수 있다. 예를 들어 'lady', 'water'는 2음절인 경우이고 'crocodile'은 3음절 그리고 'salamander'는 4음절의 경우이다. 넷째로, 'singer'의 '-er'과 'skinner'의 '-er'에서 볼 수 있듯이 두 개의 상이한 형태소가 동일한 음운 표기를 가질 수 있다. 다섯째로, 하나의 형태소가 몇 가지 음가로 분리되어 나타난다. 복수형 어미 /z/는 [z], [s], 혹은 [əz]로, 동사의 과거 형태소 어미 /d/는 [d], [əd], [t]로, 부정의 뜻을 지니는 접두사 'in-'은 뒤에 오는 단어의 발음에 따라 [in-], [im-], [iŋ-], [il-], [ir-]로 발음되는 경우가 있다. 그리고 한 형태소의 품사가 바뀜에 따라 그 형태소를 구성하고 있는 모음의 음가가 변하는 경우도 어렵지 않게 찾아볼 수 있는데 'sign'[sayn]과 'signature'[sIgn-]의 모음의 음가가 달라지는 것을 볼 수 있다. 또 harmony / harmonic / harmonious, melody / melodic / melodious, symphony / symphonic / symphonious에서의 모음의 음가가 서로 다르다는 것을 볼 수 있다.

3.2. 단어 형성 과정

인간의 모든 언어에는 유사한 종류의 단어나 문장 형성 규칙이 존재한다. 어떤 언어든지 '음악', '다방'과 같이 의미를 지니고 있는 단어인 내용어(lexical word)가 있는 반면에 '노인이 아이를 안기를 힘들어 한다'와 같은 문장 속에 들어있는 '-기'와 같이 문장 속에서 문법적인 기능을 수행하기 위한 단어인 기능어(function word)도 있을 수 있다. 그리고 '음악다방'과 같이 기존에 존재하던 두 단어를 결합해 새로운 단어를 만들어내는 규칙이 있을 수 있다. 기존에 존재하던 형태소나 단어들을 활용하여 새로운 단어들이 만들어지는 단어 형성 과정에 대해 조금 더 살펴보자.

영어와 세계

3.2.1. 복합어

우리는 앞에서 파생이라고 하는 형태론적인 과정을 통해 새로운 단어가 한 언어의 사전 항목에 추가된다는 것을 보았는데 이 외에도 다른 다양한 형태론적인 과정을 통해 새 단어들이 한 언어의 사전 항목에 추가되기도 하는데 우선 모든 언어에서 가장 쉽게 그리고 흔하게 접할 수 있는 예로 복합어 형성 과정을 꼽을 수 있다.

사람들은 기존의 단어를 결합하여 복합어라는 새로운 단어를 만들기도 한다. 영어는 단어의 결합 형태에 거의 제한이 없다.

	-형용사	-명사	-동사
형용사-	dark blue	greenhouse	old-fashioned
명사-	ice-cold	bedroom	haircut
동사-	carryall	runway	sleepwalk
전치사-	underripe	underworld	upbuild

결합되는 두 단어가 같은 품사에 속할 경우 복합어는 명사＋명사 'boyfriend', 형용사＋형용사 'red-hot', 동사＋동사 'sleepwalk'와 같은 예에서 볼 수 있듯이 두 단어와 같은 품사에 속하게 된다. 그렇지만 결합되는 두 단어의 품사가 서로 다른 경우에 복합어는 명사＋형용사 'lifelong', 동사＋명사 'pickpocket'의 예에서처럼 두 번째 혹은 마지막 단어의 품사를 따른다. 전치사와 결합된 복합어는 'downfall', 'hanger-on'처럼 전치사가 아닌 단어의 품사를 따른다. 영어에는 대부분 두 단어로 된 복합어가 제일 많으나 'son-in-law'나 'United Nations Peacekeeping Forces'처럼 세 단어나 그 이상의 단어로 이루어진 복합어들도 어렵지 않게 발견할 수 있다.

복합어는 'cowboy', 'all-in-one', 'United Nations' 등과 같이 한 단어처럼 붙여 쓰기도 하고, 하이픈을 사용해 연결하기도 하고 또는 두 단어를 떼어 쓰기도 한다. 따라서 복합어의 철자만 보아서는 그 단어들이 복합어인지 아니면 그냥 문장을 구성하고 있는 두 단어인지를 한 눈에 파악하기에는 어려움을 겪을 수도 있다.

영어의 경우 두 단어가 합쳐져 하나의 복합어를 형성하게 된다면 강세는 앞에 있는 형용사의 역할을 하는 단어에 오고 만약 두 단어가 복합어가 아니라 구를 형성할 경우에는 뒤에 있는 명사가 강세를 받게 된다.

복합어	형용사＋명사
Redcoat	red **coat**
highchair	high **chair**
White House	white **house**
tightrope	tight **rope**
blackboard	black **board**
greenhouse	green **house**
wetsuit	wet **suit**
black belt	black **belt**

3.2.2. 두문자어

세계의 여러 언어에서는 많은 단어들이 결합되어 하나의 단어가 만들어질 때 그 단어를 구성하고 있는 각 단어들 중에서 첫 문자를 따서 새로운 단어를 만들어 사용하는데 이와 같은 단어 형성과정을 통해 만들어진 새 단어들을 두문자어(acronyms)라고 한다. 이들 단어는 철자대로 읽게 된다. 즉 'NASA'는 미국 항공 우주국 'National Aeronautics and Space Administration'을 의미하는 두문자어이고 'UNESCO'는 국제 연합 교육 과학 문화 기구 'United Nations Educational, Scientific, and Cultural Organization'의 두문자어이다. 'ASAP'는 'As Soon As Possible', 'SUV'는 'Sports Utility Vehicle', 'UFO'는 'Unidentified Flying Object', 'PGA'

는 'Professional Golfer's Association' 등을 의미하는 두문자어로서 일상생활에서 쉽게 접할 수 있는 두문자어들이다.

3.2.3. 혼성어

혼성어(blends)는 두 단어 중에서 각각 일정 부분을 삭제하고 남은 부분을 합해서 만드는 합성어인데 복합어보다는 조금 약한 형태의 합성어로 볼 수 있다. 'smog'는 'smoke + fog'에서 'motel'은 'motor + hotel'에서 'urinalysis'는 'urine + analysis'에서 'cranapple'은 'cranberry + apple'에서 'broasted'는 'broiled + roasted' 'blog'는 'web + log', 'brunch'는 'breakfast + lunch'에서 'internet'은 'international + network'에서 그리고 'glamping'은 'glamorous + camping'에서 각각 일정 부분을 떼어내어 만든 혼성어들의 예이다.

3.2.4. 역성어

기존의 단어에서 접사라고 생각되는 부분을 잘라냄으로써 새 단어를 만들 수도 있는데 이와 같은 방법으로 만들어진 단어를 역성어라고 한다. 'peddler', 'hawker', 'stoker', 'swindler', 'editor'에서 '-er'이 행위자를 뜻하는 파생 접사일 것이라고 잘못 생각하여 '-er'을 뺌으로써 'peddle', 'hawk', 'stoke', 'swindle', 'edit' 등의 단어가 생기게 되었다고 한다. 그리고 'act/action', 'exempt/exemption', 'revise/revision'과 같이 기존에 존재하는 동사와 명사의 단어의 유형에서 유추하여 'aggression', 'resurrection', 'preemption', 'television', 'accumulation', 'destruction'과 같은 명사형으로부터 'aggress', 'resurrect', 'preempt', 'televise', 'accumulate', 'destruct' 등과 같은 동사 형태의 단어들을 만들어 사용하고 있다.

3.2.5. 약어

긴 단어나 구의 일부를 잘라내어 간략하게 만드는 단어 형성 과정을 절단 과정(clipping)이라고 하는데 이와 같은 과정을 통하여 만들어진 단어들을 약어(abbreviations)라고 한다. 'narcotics agent'를 'nark'로, 'detective'를 'dick'나 'tec'으로, 'television'을 영국에서는 'telly'로, 'professor'를 'prof'로, 'pianoforte'를 'piano'로, 'gymnasium'을 'gym'으로 만드는 따위이다. 'exam'(examination), 'doc'(doctor), 'memo'(memorandum), 'pop'(popular music), 'Fax'(facsimile), 'flu'(influenza), 'fridge'(refrigerator), 'ad'(advertisement), 'bike'(bicycle), 'math'(mathematics), 'gas'(gasoline), 'phone'(telephone), 'bus'(omnibus), 'van'(caravan) 등도 그 예에 속한다.

3.2.6. 명칭에서 따온 단어

영어의 경우 인명이나 지명으로부터도 수많은 단어가 새롭게 만들어져 사용되고 있는데 몇 가지 예를 들면 'sandwich'는 포커를 좋아해 간편하게 만든 빵을 먹으며 포커를 즐기던 'Sandwich' 백작의 이름으로부터 나왔고 하녀 'Susan'으로부터 'lazy Susan'이 'Betty', 'Charlotte', 'Chuck'로부터는 각각 'Brown Betty', 'Charlotte Russe', 'Chuck Wagon' 등이 나왔으며 'boycott'는 'Boycott', 'bluetooth'는 'Bluetooth', 'guillotine'은 그것을 만들었던 'Dr. Joseph-Ignace Guillotin', 'McCarthyism'은 미공화당 상원의원이었던 'Joseph McCarthy', 'Machiavellian'은 그 용어를 처음으로 사용했던 'Niccolò Machiavelli', 'Masochism'은 작가 'Leopold von Sacher-Masoch', 'Mirandize'는 범죄자인 'Ernesto Miranda', 'saxophone'은 그 악기를 만든 'Adolphe Sax', 'diesel'은 디젤 내연기관을 만든 'Rudolf Diesel', 'Burberry'는 'Burberry check'의 상표권을 가진 'Thomas Burberry' 등과 같이 사람들의 인명에서 만들어진 단어들이다.

제4장　　　　　　　　　　　　　　　　　　언어의 의미

언어의 가장 중요한 일차적인 기능은 화자와 청자 간의 의사소통에 있다. 의사소통을 하기 위해 쓰이는 기본 단위는 형태소들을 포함하고 있는 단어들이다. 의미를 전달하는 기본 단위인 단어들을 구성하고 있는 요소들은 정작 그 자체로는 아무런 의미가 없는 자음과 모음과 같은 음운 요소들이다. 이론적으로 각 언어마다 수십 개의 음들을 이용해 만들 수 있는 단어의 수는 무한하다. 그리고 단어의 의미는 단어를 구성하고 있는 형태소들의 의미 또는 단어의 내적인 구조에 따라 달라진다. 그리고 이들 단어들이 모여 명사구, 동사구, 형용사구, 부사구, 전치사구 등과 같은 구를 형성하고 구들이 모여 문장이 형성되는데 이들 구들을 어떤 순서로 어떻게 배열하느냐에 따라 문장의 의미가 달라질 수 있다.

4.1. 강세와 의미

단어와 문장들이 어떤 운율적인 요소들을 포함하고 있느냐에 따라 특정 단어나 문장의 의미가 달라지기도 한다. 즉 단어에 주어지는 강세(stress)나 성조(tone)에 따라 단어의 의미가 달라질 수 있고 문장의 경우는 문장 전반에 걸친 높낮이의 변화인 억양(intonation)에 따라서 문장의 의미도 달라진다. 예를 들어 영어에서 'insult', 'desert', 'subject', 'object', 'protest', 'record', 'pervert', 'produce' 등과 같은 단어들은 앞의 음절에 강세를 두면 명사가 되고 뒤의 음절에 강세를 두면 동사가 되어 단어의 문법 범주가 바뀜과 함께 단어의 의미도 달라진다.

그리고 영어에서 같은 단어들로 구성된 복합명사와 명사구(형용사＋명사)가 있을 때 강세의 위치에 따라 복합명사와 명사구가 결정이 되는 것을 볼 수 있다. 예를 들면 'White House'(백악관)와 'white house'(하얀 집), 'Redcoat'(영국군인)와 'red coat'(빨간 코트), 'hotdog' (핫도그)와 'hot dog'(흥분한 개), 'blackboard'(칠판)와 'black board'(검은색 판자), 'bigwig'(거물)와 'big wig'(큰 가발), 'darkroom'(암실)과 'dark room'(어두운 방), 'Blue Bird'(파랑새)와 'blue bird'(파란색 새)와 같은 예들에서 복합명사의 경우는 앞에 있는 명사에 강세가 주어지고 명사구인 경우에는 뒤에 오는 명사에 강세가 주어짐으로써 의미를 구별하게 된다.

4.2. 성조와 의미

단어가 지니는 성조에 따라 단어의 의미가 변하는 언어들이 많이 있는데 중국어와 타이어를 비롯한 많은 동남아시아언어 및 아프리카의 많은 언어들도 단어에서의 음의 높낮이의 변화에 따라 의미가 변하는 성조언어로 알려져 있다. 예를 들면 중국어에서 성조를 1에서 5까지의 높이를 가지는 것으로 가정하여 [ma]라고 하는 단어를 평탄한 고성조로(55) 발음하면 '엄마'의 뜻을 가지고 고성조에서 저성조로 급격하게 떨어지는 변동 성조로(51) 발음하면 '꾸짖다'의 뜻을 지니고 낮게 내렸다가 다시 올리는 변동 성조로(214) 발음하면 '말'(동물)이 되고 어느 정도 높게 시작하여 가장 높은 고성조로 변하는 변동 성조로(35) 발음하면 '마'(식물)

라는 의미를 지닌다고 한다.

그리고 타이어에서는 [na:]라고 하는 단어를 저성조로(21) 발음하면 '별명'이 되고 중성조로(32) 발음하면 '논'을 의미하고 고성조로(45) 발음하면 '고모'를 의미하고 고성조에서 저성조로 급격하게 성조를 내리는 변동성조로(51) 발음하면 '얼굴'이라는 의미를 지니고 저성조로 낮추었다가 올리는 변동성조로(214) 발음하면 '두꺼운'이라고 하는 의미를 가지게 된다고 한다. 사람들과의 원활한 의사소통을 위해서는 운율적인 요소들을 포함하여 다양한 요소들에 대한 이해가 선행되어야 한다.

4.3. 의성어와 의미

전술한 바와 같이 단어는 단어를 구성하고 있는 음과 의미가 대체로 자의적인 관계를 지니고 있기 때문에 사전에는 단어의 발음과 의미에 대한 정보를 담을 수밖에 없다. 물론 어떤 언어이든지 간에 자연이나 물건 등에서 나는 소리나 동물들의 소리를 표현하기 위한 의성어(onomatopoeia)라는 단어들은 존재하기 마련이다. 이들 의성어들은 단어를 들을 때 그 단어의 소리를 통해 전달하려고 하는 의미를 이해하는 데 있어서는 큰 문제는 없다.

그리고 사전들은 각 단어가 구나 문장이라는 더 큰 의미단위를 형성하는 과정에서 어떤 역할을 할 것인지에 대한 문법 범주(grammatical category)에 대한 정보 또한 포함되어져야 한다. 의사소통 과정에서 가장 중요한 역할을 하는 의미에 대해서 논하고자 할 때에는 문장을 형성하고 있는 기본 단위인 단어의 의미에 대해 알아보는 것이 우선이 되어야 할 것이다.

4.4. 의미 자질

의미론을 연구하는 학자들은 모든 단어들의 의미는 그 단어를 구성하고 있는 다양한 의미 자질들이 모여 만들어지는 것으로 제안한다. 명사형의 경우 단어들의 의미는 실재 존재하는 사물일 수도 있고 존재하지 않는 상상 속의 존재나 사물을 지칭할 수도 있다. 또한 추상적인 의미를 지닐 수도 있다. 어떤 단어가 실체를 지닌 사물이든 아니면 그렇지 않던 또는 추상적인 단어이든 관계없이 각 단어들은 더 작은 의미를 지니는 의미 자질들로 나눌 수 있다고 본다.

'책상'과 '의자'라는 두 단어는 서로 지칭하는 의미가 다르다고 하더라도 '자전거'라고 하는 단어와는 구별될 수 있는 의미적인 공통점을 가지고 있다. 반면에 '자동차'는 '책상'과 '의자'와는 공통점이 없고 '자전거'라는 단어와는 공통점을 찾을 수 있는 단어로 구별할 수 있을 것이다. '눈', '코', '입', '귀', '손', '발'과 '꽃' 같은 단어 중에서 관계가 없는 단어를 하나 고르라고 한다면 누구나 '꽃'이라고 할 것이다. 이번에는 '꽃'을 제외한 가운데 위의 단어들 중에서 의미의 유사성을 찾아 둘로 나누어 보라고 한다면 '눈', '코', '입', '귀'를 하나의 그룹으로 묶고 '손'과 '발'을 또 다른 그룹으로 나눌 것이다. 만약에 '안경'과 같은 단어를 주고 위의 단어들에서 의미적인 유사성을 가지는 단어를 찾아보라고 한다면 누구나 '눈'이라는 단어를 선택할 것이다.

명사뿐만이 아니라 동작을 표현하는 데 사용하는 동사들에서도 의미 자질을 찾아볼 수 있다. 예를 들어 '던지다', '받다', '치다', '차다'와 같은 동작을 서술하기 위하여 사용하는 동사들 중에 관련성이 없는 동사를 하나 고르라고 한다면 대부분의 사람들이 '차다'라는 동사를 선택할 것이다.

형용사들도 마찬가지이다. '예쁜', '미운', '사나운' 등과 같은 형용사에서 관계가 덜한 형용사를 하나 고르라고 한다면 아마도 '사나운'을 선택할 것이다. '예쁜'과 '미운'은 의미적으로는 반대말인데도 불구하고 '예쁜'과 '미운'을 의미적으로 유사성이 있다고 간주하고 '사나운'은 이 두 단어와 연관성이 떨어진다고 판단할 것이다.

전치사의 경우에서도 같은 의미 자질을 가지는 전치사와 그렇지 못한 전치사를 구별할 수 있는데 'from', 'to', 'with'와 같은 전치사에서 의미적으로 관계가 덜한 전치사를 하나 고르라고 한다면 'with'를 선택하게 될 것이다. 이와 같이 다양한 단어들 가운데 의미적으로 관계가 덜한 것을 골라보라고 하거나 아니면 의미적으로 유사한 것을 골라보라고 하면 별다른 어려움이 없이 고를 수 있는 것은 단어들이 지니는 의미에 있어서의 어떤 공통된 성질들이 존재하기 때문에 가능한 것이다. 단어들이 지니는 이러한 의미적인 특성들을 의미 자질(semantic feature)이라고 부른다.

특정 자질은 자질 값의 유/무의 여부로 표시할 수 있는데 어떤 단어에 특정한 자질이 있으면 [+]값을 없으면 [-]값을 부여한다. 예를 들어 동물과 식물을 구별하기 위해서는 [+/-animate]라는 자질을 사용한다. 이럴 경우 모든 동물은 [+animate], 모든 식물은 [-animate]의 자질 값을 부여받는다.

동물 중에서도 사람과 그 외의 동물을 구별하기 위해서는 [+human]과 [-human]이라는 자질을 사용한다. 사람들은 [+human]이라는 자질 값을 가지게 될 것이고 그 외의 동물들은 [-human]이라는 자질 값을 가지게 된다. 동물들에 있어서의 성별을 구별하기 위해서는 [+/-male]이라는 자질 값을 사용하면 될 것이다. 모든 수컷 동물들은 [+male] 자질 값을, 모든 암컷 동물들은 [-male]의 자질 값을 가지게 된다.

동물들을 나이에 의해서도 구별할 수 있는데 이 경우에는 [+/-old]이라는 자질 값을 사용할 수 있다. 어린 동물들은 [-old]를, 나이든 동물들은 [+old]라는 자질 값을 부여받는다. 그리고 사람들의 경우 결혼 여부를 구별하기 위해서는 [+/-married]라는 자질을 사용할 수 있다. 결혼을 했어도 자식들이 있는지의 여부는 [+/-child]의 자질로 구분할 수 있다. 아이들이 있는 경우는 [+child], 없는 경우에는 [-child] 자질 값을 가지게 된다.

'총각', '처녀', '아주머니', '소녀', '수캐' 등과 같은 단어를 의미 자질의 유사성에 따라 구별해 보면 우선 '수캐'가 다른 단어들과 구별되는데 그 이유는 '수캐'는 [-human]을, 나머지 단어들은 모두 [+human]이라는 자질을 지니고 있기 때문이다. '수캐'를 제외한 네 단어 중에서는 '총각'이라는 단어를 나머지 단어들과 구별해 낼 수 있는데 그 이유는 '총각'이라는 단어는 [+male]이라는 자질 값을 가지지만 다른 세 단어들은 [-male]이라는 공통된 자질 값을 지니기 때문이다. 그리고 '처녀', '아주머니', '소녀' 세 단어는 두 가지 방법으로 구분할 수 있다. 먼저 나이의 여부로 구분하고자 할 때는 '소녀'가 '처녀', '아주머니'와 구별된다. 그 이유는 '소녀'의 경우에는 [-old]라는 자질을 지니지만 '처녀'와 '아주머니'는 [+old]라고 하는 자질 값을 가지기 때문이다. 또한 결혼 여부를 가지고 구분한다면 '처녀'와 '소녀'를 '아주머니'와 구별해 분류할 수 있다. 그 이유는 '처녀'와 '소녀'는 [-married] 자질 값을 '아주머니'는 [+married] 자질 값을 가지기 때문이다.

추상적인 명사와 구상 명사를 구별하기 위해서는 [+/-abstract]와 같은 자질이 사용된다. 명사뿐만이 아니라 동사에도 의미 자질을 부여할 수 있는데 'touch', 'kiss', 'hold', 'press', 'hit', 'poke', 'pierce', 'crush', 'smash', 'bump' 등과 같은 동사들은 사람과 사람, 사람과 사물, 혹은 두 사물 간에 접촉이 있으므로 [+contact]이라는 의미 자질을 공유하고 있으며 'smell', 'see', 'hear', 'feel', 'taste' 등과 같은 동사들은 사람이나 동물들이 눈, 코, 혀, 귀, 피부 등의 감각 기관을 통해 느낄 수 있는 감각과 관련이 있으므로 [+sense]라는 자질을 공유하고 있다. 'move', 'bring', 'fall', 'plod', 'walk', 'run', 'crawl', 'throw', 'crouch', 'bow', 'hop' 등은 어떤 종류의 움직임이든 동작과 관련된 의미를 지니므로 [+motion]

이라는 자질을 공유하고 있다고 할 수 있다. 'build', 'imagine', 'make', 'picture', 'draw' 등과 같은 동사들은 실제로 무엇을 만들거나 상상 속에서 무엇을 그려보거나 없던 상태에서 무엇인가를 만들어내는 의미를 포함하고 있으므로 [+creation]이라는 자질을 공유한다고 볼 수 있다.

특정 자질은 다른 자질의 존재를 내포하기도 한다. 예를 들면 [+human]이라는 자질은 이미 [+animate]라는 자질을 내포하고 있는 것이다. 그렇지만 [+animate]자질이 항상 [+human]의 자질 값을 가지는 것은 아니다. 왜냐하면 동물의 경우는 [+animate]자질을 가지지만 [-human]이라는 자질 값을 가지기 때문이다. 자질들 사이에 위계의 개념을 가지는 경우에 있을 때 이런 관계가 생긴다고 볼 수 있다.

한편 어떤 단어의 의미 자질 값의 존재는 다른 의미 자질 값의 존재를 명시할 필요가 없게 한다. 예를 들어 '사랑'과 같은 추상적인 단어는 [+abstract]라는 자질 값을 부여받는데 이와 같은 자질 값을 가지는 단어들에 대해서는 [+/-human], [+/-male], [+/-married] 등과 같은 자질 값을 따로 명시할 필요는 없어진다.

4.4.1. 동의어와 의미 자질

단어들의 의미가 각 단어들이 부여받고 있는 의미 자질들의 집합에서 나온다고 보면 동의어(synonym)와 반의어(antonym)에 대한 설명을 쉽게 할 수 있을 것이다. 동의어는 누구나 쉽게 알 수 있듯이 의미적으로 유사성을 가지는 단어라고 할 수 있다. 두 단어 사이에 의미적으로 완전히 일치하는 동의어의 수가 많지는 않겠지만 그런 단어를 동의어라고 정의한다면 두 단어가 지니는 의미 자질이 온전히 동일한 경우 동의어가 될 수 있을 것이다. 영어에는 'quick'과 'fast', 'sick'와 'ill', 'immense'와 'enormous', 'comprehend'와 'understand' 등과 같이 동의어들이 많이 존재하기 때문에 영어의 글쓰기에서는 되도록 한 번 사용했던 단어를 다음 문장에서 반복해서 사용하지 않고 다른 동의어나 유의어로 바꾸어서 쓰도록 권장한다.

4.4.2. 반의어와 의미 자질

반의어의 경우, 의미가 완전히 다른 단어를 반의어라고 일반적으로 생각한다. 예를 들어 '총각'의 반의어는 '처녀', '소년'의 반의어는 '소녀', '아저씨'의 반의어는 '아줌마'라고 생각하는데 의미 자질을 놓고 볼 때 정작 두 반의어가 가장 많은 의미 자질을 공유하고 있다는 것을 볼 수 있다. 즉 '총각'과 '아줌마'는 [+/-male]과 [+/-married]에서 차이가 나는 반면에 '처녀'와는 [+/-male]이라고 하는 의미 자질에서만 서로 다른 자질 값을 가진다는 것을 알 수 있다. 이런 의미에서 두 단어가 반의어가 되기 위해서는 역설적으로 가장 많은 의미 자질 값을 공유하되 단 하나의 의미 자질에 대해서만 서로 상반된 자질 값을 가지는 단어들이라고 정의를 내릴 수도 있겠다. 예를 들어, 'boy'와 'grandmother', 'ugly'와 'fast'와 같은 두 단어들은 많은 의미 자질을 공유하고 있지 못하기 때문에 반의어가 될 수 없다.

반의어 중에는 'dead'와 'alive', 'male'과 'female', 'right'와 'wrong', 'awake'와 'asleep' 같은 단어들은 어느 한쪽 단어가 지니는 자질 값이 다른 단어에는 없기 때문에 두 단어가 서로 완전히 상반된 상태의 의미를 지님으로써 상보적인 관계에 놓이게 된다.

두 단어가 정도의 차이를 지니는 반의어도 존재할 수 있고, 한 단어의 의미를 부정해도 그 반대쪽 단어의 의미와 동일해지지 않는 반의어 쌍들이 많이 존재한다. 'happy'와 'sad'가 정도의 차이를 보여주는 반의어 쌍이 될 수 있는 것은 누군가가 행복하지 않다고 해서 항상 슬픈 것은 아닐 수도 있기 때문이다. 'long'과 'short', 'hot'과 'cold', 'thick'와 'thin', 'big'과 'small', 'difficult'와 'easy' 등과 같은 단어 쌍들도 정도의 차이를 가지는 반의어들이다.

시간이나 공간적인 개념의 대립에서도 반의어가 만들어진다. 'east'

영어와 세계

와 'west', 'south'와 'north', 'front'와 'back', 'up'과 'down', 'left'와 'right', 'before'와 'after', 'early'와 'late' 등과 같은 단어 쌍들이 그와 같은 관계를 보여준다. 이 외에도 상관적인 관계의 방향 때문에 생기는 반의어 쌍들도 있는데 'give'와 'receive', 'go'와 'come', 'depart'와 'arrive', 'buy'와 'sell', 'parent'와 'child', 'teacher'와 'pupil' 등의 단어 쌍들이 그런 예들이다.

'buy'와 'sell'이 상관적 대립 관계에 있기 때문에 '점원이 손님에게 무엇인가를 팔았다.'라고 한다면 '손님은 점원으로부터 무엇인가를 샀다.'라고 하는 관계가 성립하게 된다. 'A가 B의 부모이면 B는 A의 자식이다.'라고 하는 것이 성립하는 것도 '부모'와 '자식'이라는 단어가 서로 상관적인 대립관계에 있기 때문이다.

또한 기존에 존재하는 형태소에 'dis-', 'in-', 'un-', 'non-' 등과 같은 접두사를 붙여 반의어를 만들기도 한다. 'disability', 'disadvantage', 'disaffect', 'disambiguate', 'disannul', 'disband', 'disbelief', 'disbranch', 'discard', 'discharge', 'disarmament' 등의 단어들은 'dis-'라는 부정의 뜻을 가진 접두사를 사용해 만든 반의어들이고 'incomparable, 'inadequate', 'incalculable', 'indecent', 'inestimable', 'infertile', 'inhumane' 등과 같은 단어들은 'in-'이라고 하는 부정의 접두사를, 'unable', 'unbeaten', 'uncommitted', 'unaccustomed', 'unborn', 'undeniable', 'undigested', 'unessential' 등의 단어들은 'un-'이라고 하는 부정의 접두사를, 'nonentity', 'nonalign', 'nonattached', 'noncandidate', 'nonalcoholic', 'nonconformity', 'non-Communist', 'nonessential' 등과 같은 단어들은 'non-'이라고 하는 부정의 접두사를 어근에 붙여 만든 반의어들이다.

4.4.3. 과잉일반화와 의미 자질

단어들의 의미를 다양한 의미 자질의 집합체로 보게 되면 어린이들의 언어 습득 과정에서 나타나는 의미의 과잉일반화나 발화 실수 또는 실어증 환자들에게서 나타나는 다양한 언어 결함에 대해 이해할 수 있게 된다. 먼저 어린아이들은 하나의 단어로 여러 다른 단어를 대체해서 사용하는 경우가 있다. 예를 들어 'dad'라고 하는 단어를 자신의 '아빠'에게뿐만이 아니라 '택배 배달원', '아파트 경비원', '경찰관' 등 주변의 모든 남자들에게 사용하는 것을 볼 수 있고 어떤 아이들은 'dog'라는 단어를 주변에서 보는 네 발로 걷는 동물들을 지칭하는 데 사용하기도 하는데 이와 같은 단어의 의미에 있어서의 과잉일반화 현상에서 아이들이 특정한 의미 자질 값을 사용한다고 하는 것을 볼 수 있다.

4.4.4. 실어증과 의미 자질

어떤 실어증 환자들은 'table'이라고 말해야 할 때 'chair'라는 단어로 말하기도 하고 'democracy'라는 단어를 말해야 하는 상황에 'liberty'라고 말하거나 'boy'라는 단어를 'girl'이라고 말하는 등 어떤 때는 의미적으로 유사한 단어로, 어떤 경우에는 반의어로 말한다. 이들 예는 모두 두 단어의 의미 자질 값의 공유 여부로 설명할 수 있다. 발화 실수를 통해 찾아볼 수 있는 의미 자질의 존재를 다음 예에서 살펴보자.

That's a horse of another **color**.

That's a horse of another **race**.

She is going **up** the town.

She is going **down** the town.

too many irons in the **fire**

too many irons in the **smoke**

That's his tennis **racquet**.

That's his tennis **bat**.

Your essay is too **long**.

Your essay is too **short**.

영어와 세계

Facts are **stubborn** thing.

Facts are **stupid** thing.

This hasn't solved any **answers**.

This hasn't solved any **questions**.

I have to do something for my **shoulders**.

I have to do something for my **elbows**.

They sat on the **pier**.

They sat on the **dock**.

I was sleeping on the **couch**.

I was sleeping on the **sofa**.

She is too **young**.

She is too **early**.

위에서 언급한 말실수들은 일상생활의 대화중에 사람들이 저지르는 실수들이다. 이 실수들은 분명히 잘못된 표현들이지만 문제는 잘못 사용하고 있는 단어들이 아주 관계가 없는 단어가 아니라 원래 의도했던 단어들과 어느 정도 의미적인 유사성을 공유하거나 아니면 의미적으로 정반대의 단어들을 사용하고 있다는 것을 볼 수 있다. 'couch' 대신에 'sofa'를 사용하거나, 'pier' 대신에 'dock'을 사용하거나, 'young' 대신에 'early' 등을 사용하거나 하는 것은 의미적인 유사성을 가지는 단어들로 대치한 예이고 'up' 대신에 'down', 'long' 대신에 'short', 그리고 'answers' 대신에 'questions'와 같은 단어로 대체한 것은 반대의 의미를 가지는 단어들로 대체한 예라는 것을 알 수 있다.

4.4.5. 혼성어와 의미 자질

많은 언어에서 두 단어를 섞어 하나의 단어인 혼성어(blends)라고 하는 단어를 만드는 단어 형성 과정이 있다. 의미적으로 관계가 없는 두 단어를 결합해 하나의 단어를 만들기도 하지만 어떤 혼성어들은 의미적으로 관계가 있는 두 단어들이 합하여 하나의 단어로 구성된다.

이런 혼성어들은 정상적인 단어로 사용되는 단어도 있고 또 실수로 화자들이 말하고자 의도하는 의미의 단어를 말해야 할 때 한꺼번에 유사한 의미 자질을 가지는 두 단어가 뒤엉켜 정확한 단어를 하나만 선택하지 못하고 두 개를 섞어 사용하기 때문에 생기는 단어들도 있다. 정상적인 혼성어이든 오류를 지닌 혼성어이든 단어들이 의미 자질들로 구성되어 있다는 것을 보여주는 예가 된다.

smog   : smoke + fog
brunch   : breakfast + lunch
chillax   : chill (out) + relax
frenemy   : friend + enemy
ginormous   : gigantic + enormous
spork   : spoon + fork
Eurasia   : Europe + Asia
Chunnel   : channel + tunnel
herrible   : terrible + horrible
smever   : smart + clever
aspoint   : aspect + viewpoint
콩글리쉬   : 코리언 + 잉글리쉬
거렁뱅이   : 거지 + 비렁뱅이
막배기   : 막걸리 + 탁배기
아점   : 아침 + 점심

영어와 세계

4.5. 다의어

한 단어가 단일한 의미만 지니지 않고 두 개 이상의 여러 가지 뜻을 지니는 단어들이 있을 수 있는데 이런 단어들을 다의어(polysemy)라고 한다. 예를 들어 'mouth'라는 영어 단어는 사람이나 동물의 '입'과 강의 '어구'를 뜻하는 다의어이다. 'foot'의 경우에도 '발'이라는 의미와 책상의 '다리' 또는 산의 '기슭' 등 여러 가지로 사용될 수 있는 다의어이다. 'crane'도 역시 '학'과 공사 현장에서 쓰는 '크레인'을 의미하는 다의어이다. 'play'도 '연극'과 '놀이'라는 명사의 의미뿐만 아니라 동사로도 빈번하게 쓰인다. 동사 'fire'는 대표적으로 '해고하다'와 '발사하다' 등의 여러 의미를 지니고 있고, 명사로 '불'과 '화재' 등의 다양한 의미의 다의어이다.

우리말의 '그 사람의 마음속'이나 '가을배추의 속' 같은 표현에서 찾아볼 수 있는 '속'이라고 하는 단어는 두 단어 사이에서 '안'이라고 하는 의미적인 유사성을 가지고 있기 때문에 다의어가 될 수 있다.

4.6. 동음이의어

우리나라의 동사 '쓰다'는 '약은 입에 쓰다', '편지를 쓰다', '헬멧을 쓰다'와 같은 표현에서 동사 '쓰다'의 의미가 서로 다른 것을 알 수 있다. 이와 같이 발음은 같지만 의미적 유사성을 찾아볼 수 없는 단어들의 경우는 의미적 유사성이 없기 때문에 다의어라고 하지 않고 동음이의어라 한다.

'눈'을 예로 들어 살펴보면 무엇을 볼 수 있는 신체의 한 기관인 '눈'을 의미할 수도 있고, 겨울에 하늘에서 내리는 '눈' 그리고 감자의 '눈'과 같이 새싹을 의미할 수도 있을 뿐만 아니라 그물의 '눈'을 나타내기도 한다. 이렇게 동음이의어는 다양한 의미가 있기 때문에 문맥에 의해서 그 의미를 파악해야 한다.

영어에서도 동음이의어를 많이 찾아볼 수 있다. 'bank'는 '은행'과 '둑'을 의미하는 동음이의어이고 'bat'는 '박쥐'와 '야구배트'와 같은 것을 의미하는 동음이의어이다. 하지만 어떤 단어가 다의어인가 혹은 동음이의어인가 하는 것을 명확하게 구분하기는 쉽지 않을 수가 있다. 영어에서 'run'과 같은 단어는 'I try to run 2 miles everyday.'(나는 매일 2마일씩 뛰려고 노력한다.), 'This river runs into a lake.'(이 강은 호수로 흐른다.), 'His nose runs.'(그의 코에서 콧물이 나온다.), 'This road runs north to Wonsan.'(이 도로는 북쪽의 원산까지 나있다.), 'Your time is running out so you must hurry.'(당신의 시간이 지나가버리므로 서둘러야 한다.) 등과 같은 문장의 예에서 볼 수 있듯이 쓰임이 다양하다는 것을 알 수 있다.

어떤 움직임(주어의 추상성을 포함) 또는 움직임의 방향, 움직임의 함의 등과 같이 움직임과 관련된 의미를 공유한다는 점에서는 다의어라고 할 수도 있다. 그렇지만 단순히 단어가 지니는 의미적 중의성을 가지고 생각한다면 각각의 서로 다른 의미를 지니는 동음이의어라고도 볼 수 있다. 동음이의어의 존재 때문에 단어나 문장에서 의미적으로 모호한 중의성이 생겨 어떤 경우에는 상대방의 발화가 의미하는 바를 정확히 파악하기 어려울 수 있다.

동음이의어는 동철 동음이의어와 이철 동음이의어의 두 가지로 나눌 수 있다. 동철 동음이의어들은 'fan'(부채)과 'fan'(선풍기), 'will'(조동사), 'will'(의지)과 'Will'(남자 이름), 'right'(오른쪽)와 'right'(권리) 'bunk'(침상), 'bunk'(허풍)와 'bunk'(도망), 'pupil'(학생)과 'pupil'(눈동자) 등과 같이 철자와 발음이 모두 같은 단어들을 지칭하는 것이고 이철 동음이의어들은 'to'(~쪽으로), 'too'(또한)와 'two'(둘), 'site'(장소)와 'sight'(시력), 'rite'(의식), 'right'(오른쪽)와 'write'(쓰다), 'tale'(이야기)와 'tail'(꼬리), 'meat'(고기)와 'meet'(만나다), 'flower'(꽃)과 'flour'(밀

가루), 'hear'(듣다)와 'here'(여기에) 등과 같이 철자는 다르지만 같은 발음을 가지며 의미가 다른 단어들을 지칭한다.

이철 동음이의어는 철자화가 되어있는 문자 언어인 경우에는 그 형태로 구별되기 때문에 모호성이 없지만 동철 동음이의어의 경우에는 모호성이 생길 수 있다. 반면에 소리를 매개로 하는 구어의 경우에는 동철 동음이의어이든 이철 동음이의어이든 관계없이 같은 발음을 가지기 때문에 모호해질 수 있다. 'All I need is just one pair.'와 'All I need is just one pear.'라는 두 문장은 문어에서는 쉽게 구별될 수 있지만, 구어에서는 두 의미를 구별하기가 쉽지 않을 것이다. 물론 전후의 맥락이 주어진다면 문장의 의미의 모호성이 사라질 것이다.

'이 큰 배를 어떻게 할까요?'와 같은 문장이 있을 때 먹는 '배'라고 하는 의미를 분명히 하기 위해서는 '이 비싼 큰 배를 어떻게 할까요?'와 같이 '비싼'과 같은 단어를 첨가하고 만약에 신체의 한 부분인 '배'를 의미하기 위해서는 '이 출렁거리는 큰 배를 어떻게 할까요?'와 같이 '출렁거리는'과 같은 단어를 첨가하여 추가적인 정보를 제공하면 문장의 의미의 모호성이 사라지고 뜻이 명확해진다.

4.7. 단어 및 구의 구조와 중의성

동음이의어와 같은 단어 때문에 의미 파악이 모호해지는 경우가 있는 반면에 단어나 구의 내적인 구조 차이 때문에 생기는 중의성이 있을 수도 있다. 예를 들어 '큰아버지 집'과 '큰 아버지 집' 같은 표현은 문어체에서는 '큰아버지 집'은 복합명사인 '큰아버지'가 '집'이라는 명사와 합하여 또 다른 복합명사를 만들고 있고, '큰 아버지 집'은 '아버지 집'이라는 복합명사를 '큰'이라고 하는 형용사가 수식하고 있는 명사구라고 하는 것을 띄어쓰기의 차이로 구별하기 때문에 두 표현 사이의 의미 차이를 구분할 수 있다. 반면에 구어체에서는 같은 음을 가진 단어들이기 때문에 의미의 구별이 어렵다. 구어체에서 중의성을 해소하는 방법은 복합명사 '큰아버지'인 경우에 '큰'과 '아버지' 사이에 휴지(pause)를 두지 않고 발음을 하고 명사구의 경우에는 '큰'과 '아버지' 사이에 약간의 휴지를 가지고 발음하면 의미적 중의성이 사라진다.

이와 같이 형용사가 수식하는 범위가 어디까지냐에 따라 의미가 달라지는 예는 얼마든지 찾아볼 수 있다. 영어에서 'pretty Jane and Mary'와 같이 형용사 'pretty' 뒤에 오는 두 개의 명사가 'and'와 같은 접속사로 연결될 때, 형용사 'pretty'가 바로 뒤에 오는 'Jane'만을 수식하느냐 아니면 'Jane and Mary'를 수식하느냐에 따라 두 가지 의미를 지닐 수 있다. 즉 수식하는 범위가 명확하지 않은 구조적인 문제로 생기는 중의적인 표현을 어렵지 않게 문장 속에서 또는 구 구조 속에서 찾아볼 수 있다.

'pretty Jane's friend'와 같은 표현이 가지는 중의성도 같은 방식으로 설명이 된다. 'pretty'가 바로 뒤에 오는 'Jane'만을 수식하느냐, 아니면 'Jane's friend'를 수식하느냐에 따라 두 가지 다른 의미를 지닐 수 있다. 이 역시 수식하는 범위가 명확하지 않은 구조적인 문제로 생기는 중의적인 표현이다.

문장 속에 부정의 단어가 있을 때 그 단어가 부정하는 범위에 따라 문장이 중의성을 가질 수도 있다. 예를 들어 '철수가 숙제를 다 하지 않았다.'와 같은 문장은 '철수가 숙제를 전부 다 하지 않았다.'라는 전체 부정의 의미와 '철수가 숙제를 전부 다 하지는 않았다.'라는 부분 부정의 두 가지 의미를 지니게 되고, 부정의 범위에 따라 의미가 달라진다.

'철수는 나보다 영화를 더 좋아한다.'와 같은 문장에서는 주어인 철수가 더 좋아 하는 것이 내가 아니라 영화라고 하는 것인지, 아니면 내가 영화를 좋아하는 것보다 더 영화를 좋아 한다고 하는 것인지와 같이 두 가지 의미를 지닌다. 'A 보다 B'와 같은 표현을 가지는 문장에서는 주어와 A가 둘 다 사람일 경우에 이와 같은 중의성이 생기게 된다. 이와 같이 문장 내에서 단어들 간의 내적인 구조와 수식의 범위 등으로 인해서 다양한 종류의 중의성이 관찰된다.

4.8. 은유

이 외에도 인간의 언어에는 은유(metaphor)라고 하는 표현법이 있는데 이 은유 때문에 또 다른 중의적인 표현들이 생겨난다. 경우에 따라 어떤 문장의 의미가 두 가지로 해석될 수 있는데 문장의 구성 성분인 단어들의 의미 자질에서 직접적으로 추출할 수 있는 정상적인 문자적인 의미로 해석될 수도 있고 단어가 지닌 유사한 의미 자질 때문에 추론을 통해 끄집어 낼 수 있는 은유적인 의미로 해석될 수가 있다.

'영순이는 천사다.'와 같은 문장에서 영순이는 천사와 같이 착하고 다른 어려운 사람들의 어려움을 살피는 사람이라고 하는 것을 비유적으로 말하는 은유적인 의미를 추가적으로 가지고 있는 문장이라고 할 수 있다. '그 사람은 늑대야.'와 같은 문장이 지지고 있는 은유적인 의미는 그 사람이 응큼하다고 하는 것을 의미할 수도 있고 늑대처럼 포악하다고 할 수도 있다는 것일 것이다.

여기에서 두 의미는 문자적 의미와 비문자적 의미, 즉 은유적 의미(metaphorical meaning)를 말한다. 문자적 의미는 한 문장 속에 쓰인 단어의 정상적 의미 자질을 기초로 하여 추출할 수 있는 정상적인 의미라고 한다면 은유적 의미는 추론된 의미 자질 혹은 유사성을 가진 의미 자질 때문에 발생하는 문장의 의미라고 할 수 있다.

'Dr. Jekyll is a butcher.'의 문자적 의미는 'Jekyll'이라는 의사는 정육점 주인 혹은 식용 동물의 도살자라는 의미이다. 그렇지만 이문장이 가지는 추가적인 은유적 의미는 'Jekyll'이라는 의사는 위험한, 아마도 잔인한 사람으로 불필요한 수술을 해서 사람들을 많이 죽인 의사라고 하는 의미를 가질 수도 있을 것이다.

　어떤 문장들은 그 문장을 구성하고 있는 단어들의 모호성 때문이 아니라 문장의 자체 구조가 지니는 모호성 때문에 그 문장들의 의미가 두가지로 해석되는 경우가 있을 수 있다. 바로 'It takes two mice to screw in a light bulb.'와 같은 문장을 예로 들어보면, 한 문장에서는 'to screw' 'in a light bulb'의 구조를 가지는 것으로 볼 수 있고, 또 다른 문장에서는 'to screw in' 'a light bulb'라는 구조를 가지는 것으로 분석해 볼 수 있다. 이 문장은 동사구 내의 문장 구조의 모호성 때문에 그 의미가 달라지는 경우를 보여주는 예이다. 위의 다양한 예들은 음과 의미와의 관계가 일대일의 엄밀한 관계는 아니라는 것을 보여준다.

4.9. 고유명사와 의미

단어들의 경우 대부분은 어떤 지칭하는 대상물을 지니기 마련이다. 사람이나 사물들의 이름을 지칭하는 경우가 그러하다. 하나밖에 없는 사람이나 장소를 지칭하는 고유명사의 경우 보통 어떤 특정한 대상물이 존재한다. 고유명사의 경우도 '강릉원주대학교', '최은영', '명동' 등과 같이 현재 존재하는 대상물이 있는 경우가 있고 '강릉대학교', '고구려', '백제', '신라', '나폴레옹', '이순신'처럼 현재의 시점에서는 존재하지 않는 대상물을 지칭하는 경우도 있다. '장화 홍련', '심청'처럼 가공의 인물을 지칭할 수도 있다.

　단어들이라고 해서 모두 어떤 지칭할 수 있는 대상물을 지니는 것은 아니다. 'courage', 'love'와 같은 추상 명사나 'from', 'through'와 같은 전치사들, 'imagine', 'fight'와 같은 동사들이나 'pretty', 'dirty'와 같은 형용사들은 그 자체로는 지칭하는 대상물을 가지지 않는다.

　고유명사는 그 지칭하고자 하는 대상물이 이미 정해져 있다고 하는 의미에서 한정적인 의미를 지니고 있고 그 의미도 비교적 분명하다. 만약에 학교 교실에서 선생님이 '이 문제는 영철이가 한번 풀어봐라.'라고 말한다면 선생님은 그 교실 안에 있는 여러 학생들 가운데 있는 '영철'이라고 하는 학생을 특정해 말한 것이지 아마도 교실 밖에 존재하는 '영철'이라는 같은 이름을 가진 사람들을 지칭하는 것이 아닐 것이다.

고유명사는 이미 그 의미가 한정되어 있으므로 영어에서는 고유명사 앞에는 대상을 특정하기 위하여 쓰는 정관사 'the'를 붙이지 않는다. 그렇지만 일부 예외는 존재한다. 'the Hawaiian Islands'와 같은 군도, 'the Alps'와 같은 산맥, 'the Pacific Ocean'과 같은 해양, 'the Mississippi River'와 같은 강, 'the Panama Canal'과 같은 운하, 'the English Channel'과 같은 해협, 'the Sahara'와 같은 사막, 'the United States of America'와 같은 국가, 'the Queen Mary'와 같은 배, 'the Atlantic Fleet'와 같은 함대, 'the Gyeongbu Line'과 같은 철도, 'the Transpacific Line'과 같은 항공, 'the White House'와 같은 공공건물, 'the International Phonetic Association'과 같은 협회, 'the New York Times'와 같은 신문 이름 앞에는 예외적으로 정관사 'the'를 붙인다. 그리고 고유명사는 대체로 복수형을 가지지 않지만 'the Hawaiian Islands'와 'the Alps'와 같은 예에서 보듯이 군도나 산맥 이름에서는 복수형이 쓰인다.

4.10. 의미 변화

한 언어에서 사용하는 자음과 모음의 결합으로 만들어진 단어들에 어떤 의미가 부여되면 그 의미가 영구히 보존되는 것만은 아니다. 시간의 흐름에 따라 언어의 모든 면이 변하듯이 단어의 의미도 시간의 흐름에 따라 변하기도 한다. 물론 단어의 의미 변화 이전에 단어 자체가 없어지기도 하고 새로운 단어가 만들어지기도 한다. 이렇게 의미의 변화에 관한

한 기존 단어가 가지고 있던 의미가 없어지거나 단어의 의미가 확대되거나 축소되어 새로운 의미가 부여되기도 하고 또는 다른 의미로 변하기도 하는 등 단어의 의미도 다양한 모습으로 변하게 된다.

4.10.1. 단어 의미의 확대

기존 단어의 의미가 확대(broadening)되어 과거의 의미 외에도 새로운 의미를 지니는 경우가 많이 있다. 영어의 경우 'barn'은 현재 어떤 종류의 곡식이든 관계없이 곡식을 저장하는 창고 또는 가축을 기르는 장소인 축사도 포함하는 창고를 의미하는데 고대 영어 시기에는 보리를 저장하는 창고라는 의미로만 사용되었던 단어이다. 그리고 현재 '동반자' 또는 '벗'이라고 하는 의미를 지닌 'companion'은 예전에는 '테이블에 함께 앉아 식사하는 사람'만을 의미했다. 'picture'는 과거에는 손으로 그린 '그림'만을 의미했지만, 요즘에는 손으로 그린 '그림' 외에도 사진기로 찍은 '사진'도 의미하게 되었다.

중세 시대에 'dogge'라는 단어는 '특정한 종류의 개'를 의미했는데 최근에는 '모든 종류의 개'를 의미하는 단어인 'dog'로 변화했다. 현재 '모든 종류의 새'를 의미하는 단어인 'bird'는 과거에는 'birdie'이었는데 아직 '새 둥지에 있는 어린 새'를 의미했다고 한다. 현재 '모든 종류의 휴일'을 의미하는 'holiday'는 과거의 'Holy day'라는 단어에서 왔는데 그 당시에는 '종교적인 의미를 지니는 특별한 휴일'만을 의미했다.

동사의 의미가 확대된 예를 살펴보면 'go'라고 하는 단어는 과거에는 'walk'라는 의미를 지니다가 현재는 어느 한 지점에서 다른 지점으로 이동하는 움직임을 묘사할 때 사용하는 단어가 되었다. 비교적 최근의 예로 'Google'은 컴퓨터 검색 엔진을 만들어 인터넷 검색 서비스를 제공하는 회사의 이름이었다. 하지만 최근에는 구글 검색 엔진을 이용해 인터넷 검색을 한다는 동사의 의미로 확대 사용되기도 한다.

영어와 세계

4.10.2. 단어 의미의 축소

단어의 의미가 축소(narrowing)된 대표적인 예는 'meat'라는 단어를 통해 볼 수 있다. 과거에는 '음식'이라는 'food'로 쓰였던 것이 지금은 그 의미가 축소되어 '고기'의 의미를 지니게 되었다. 그리고 지금의 '사슴' 이라는 의미를 지닌 'deer'는 과거에는 '짐승'이나 '동물'을 의미하던 'beast'나 'animal'이라는 의미를 지니고 있다가 현재의 특정한 동물인 '사슴'으로까지 그 의미가 축소된 예이다.

현재의 '옥수수'를 의미하는 'corn'은 과거에는 '곡류'를 의미했다. 현재 '특정한 종류의 개'를 의미하는 'hound'는 과거에는 '일반적인 개' 를 의미했다. 그리고 과거에는 'starve'라는 동사는 일반적으로 다양한 종류의 죽음을 의미하는 '죽다'라고 하는 의미를 지녔다고 한다. 그러던 것이 현재는 '굶어 죽다'라는 의미로 축소가 된 예이다. 그리고 고대 영어 시기에는 'wife'는 어떤 여인들이든 '여인'을 지칭하는 데 사용하다가 오늘날에는 결혼한 남자의 '배우자'를 의미한다. 'girl'은 성별과 관계없이 '젊은 사람'들을 의미했지만, 지금은 '소녀'의 의미로 축소된 예이다.

노르만 정복에 의해 프랑스어가 영어로 유입되기 전에는 영국 사람들은 'ox', 'pig', 'calf', 'sheep'과 같은 단어로 그 단어가 의미하는 '동물' 그 자체와 그 동물의 '고기'를 둘 다 의미하는 것으로 사용했다. 노르만인들이 프랑스어에서 그 동물들의 '고기'를 의미하는 'beef', 'pork', 'veal', 'mutton'과 같은 단어를 들여와서 사용함에 따라 영어의 원래의 'ox', 'pig', 'calf', 'sheep'의 의미가 축소되었다.

4.10.3. 단어 의미의 변화

단어의 의미가 변하는 경우도 있다. 과거에 '청년'을 의미하던 'knight'가 '기사'의 의미로 변했고, 고대 영어의 'silly'라는 단어는 'happy'의 의미를 지니다가 중세영어 시기에는 'naive'를, 그리고 현재의 'foolish'라는 의미로까지 시간의 흐름에 따라 변화를 거듭해 왔다. 현재 '좋은'이라는 의미의 'nice'라는 단어는 과거에는 '무지한'이라고 하는 'ignorant'의 의미를 지니고 있었다. 'awful'은 과거에는 '경외의'라는 뜻으로 쓰였지만, 현재에는 '끔찍한'이라는 부정적인 의미를 지닌 단어로 바뀌었다.

4.11. 지칭과 의미

단어들이 모여 구나 문장을 이루게 되면 의미를 지닌다. 이럴 경우에 단어들이 지칭(reference)하는 것과 의미(sense)하는 것을 분리해서 생각해야 한다는 주장들이 있다. 예를 들어 '우리 학교 교장 선생님'과 '우리 학교에서 교감 선생님보다 높은 사람'은 똑같은 사람을 지칭하고는 있지만 두 구절의 의미는 서로 다르다. '봉사활동에 관심이 많은 우리 지역구 국회의원인 김철수'와 '선거법 위반으로 구속된 국회의원 김철수'는 같은 사람을 지칭할 수 있지만 두 구절의 의미는 같지 않다. 이런 예는 얼마든지 찾아볼 수 있기 때문에 단어가 지칭하는 바와 의미를 구별해야 한다.

지칭하는 대상이 존재하지는 않지만 의미는 파악할 수 있는 구나 문장들이 있을 수 있다. 예를 들어 '현재 미국의 왕'과 같은 표현에서 미국에는 왕이 없으므로 지칭하는 대상물(지시체)이 실제 세계에 존재하지 않는 경우에 해당되지만 그 구절이 의미하는 바는 파악할 수 있다.

4.12. 문장의 참과 거짓

어떤 문장이 진실한 문장인가 아니면 거짓된 문장인가를 구별하는 것도 의미 연구에 있어서 중요한 과제 중의 하나이다. 왜냐하면 어떤 구나 문장은 특정한 조건이나 상황에서 참된 문장일 수도 있고 거짓된 문장일 수도 있기 때문이다.

'박정희 전 대통령'이라는 표현에서 우리들은 '박정희'가 더 이상 대통령이 아니라고 것을 알 수 있는 것은 각 단어들이 지니는 의미들과 개별 단어들의 의미를 결합시켜 주는 규칙을 알기 때문이다. '박정희 전 대통령은 1979년에 대통령직에서 물러났다.'와 같은 문장은 의미는 파악할 수 있지만 역사적인 사실과 부합되지 않으므로 참된 문장이라고 할 수 없다. 반면에 '박정희 전 대통령은 1979년에 김재규에 의해 시해당했다.'와 같은 문장은 역사적인 사실에 부합하는 참된 문장이 된다.

이와 같이 어떤 문장이 참된 문장인지 아니면 거짓된 문장인지를 파악하기 위해서는 문장을 구성하고 있는 각 단어들의 의미를 종합해서만은 파악이 안 된다. 경우에 따라서는 역사적인 사실 등과 같은 문장 외적인 요소에 의존해야 하는 경우가 생긴다.

4.13. 분석적 문장

어떤 구나 문장들은 외적인 요인들의 도움을 전혀 받지 않고도 항상 참이거나 거짓이거나 하는 것을 그것들을 구성하고 있는 단어들의 의미 자질의 결합만으로도 판단할 수 있는 경우가 있다. '남학생들은 남자들이다.', '우리 집 고양이는 동물이다.', '우리 집 고양이는 개가 아니다.', '소위 계급장을 달고 있는 여군 장교는 여자이다.' 등과 같은 표현들은 항상 참인 문장들이다. 이와 같이 외부적인 요인들의 도움을 받지 않고도 문장 내부의 단어들의 의미 자질의 결합만으로 참이 되는 문장들을 분석적인(analytic) 문장이라고 한다.

4.14. 모순적 문장

반면에 위의 문장들을 다음과 같이 바꾼다면 위의 문장들은 모두 거짓인 문장들이 된다. '남학생들은 여자들이다.', '우리 집 고양이는 동물이 아니다.', '우리 집 고양이는 개다.', '소위 계급장을 달고 있는 여군 장교는 남자이다.'와 같은 문장들은 외적인 요인들의 도움이 없이도 거짓된 문장들이라는 것을 바로 알 수 있다. 이와 같이 문장 내적인 단어들의 의미 자질의 결합으로 항상 거짓이 되는 문장들을 분석인 문장들과 대립이 되는 개념인 모순적인(contradictory) 문장이라고 한다.

4.15. 변칙적인 의미

어떤 문장들은 형태적으로나 통사적으로 완벽한 구조를 지니고 있지만 의미가 변칙적인 문장들이 있을 수 있다. 문장 'Colorless green ideas sleep furiously.'로 예를 들어 살펴보자. 이 문장은 구조적으로는 'Colorless green ideas'라는 주어 명사구와 'sleep furiously'라는 동사구로 이루어져 있다. 그리고 주어 명사구 내에서는 'Colorless'라는 형용사가 'green ideas'라는 복합어 명사를 수식하고 있으며 동사구 내에서는 'furiously'라고 하는 부사가 'sleep'이라는 동사를 수식하는 등 문장의 구조에는 전혀 문제가 없는 문장이다. 하지만 의미적으로는 'Colorless'와 'green'이라는 단어는 같이 쓰일 수가 없으며, 'green'은 'ideas'와 같이 쓰일 수 없고, 'ideas'라는 명사는 'sleep'할 수 없으며, 'sleep'은 'furiously'와 의미적으로 어울리지 않는다. 즉 문장 내에 있는 모든 인접하는 단어들끼리 의미적으로 같이 사용될 수 없는 단어들이 사용되고 있다. 하지만 이 문장의 경우 형태나 통사 구조에서는 전혀 문제가 없고 문장의 의미도 파악할 수 있다. 하지만 의미적으로 서로 같이 쓰여서는 안

되는 단어들의 결합으로 이루어져 있는 문장이기 때문에 의미적으로 말이 안 되는 변칙적인 문장인 것이다.

'저 총각은 여선생이다.'와 같은 문장도 변칙적인 문장이라고 할 수 있다. 성별과 관련하여 '총각'이 가지고 있는 의미 자질은 [+male]인데 '여선생'은 [-male] 자질값을 가지고 있기 때문에 서로 상반되는 의미 자질값을 가진 단어들을 동등한 관계로 표현하고 있다. 따라서 통사적으로는 문제가 없지만, 의미적으로는 모순이 되는 변칙적인 문장이 된다.

4.16. 전제

문장의 의미는 그 문장을 구성하고 있는 단어들의 의미 자질들을 바탕으로 해서 만들어지는 문장 내적인 의미는 물론이고 그 문장이 발화된 상황과 맥락에 대한 이해와 함께 다양한 실세계에서의 경험을 바탕으로 한 전제(presupposition)를 포함해야 완벽하게 이해하게 된다. 여기에서 전제라고 하는 것은 화자와 청자 간에 문장을 발화하고 또 발화된 문장을 이해하는 데 있어 서로 알고 있는 정보로부터 추출되는 의미를 말한다.

'그 남자가 코트를 백만 원이나 주고 샀다고?'와 같은 문장은 '그 남자가 있다.', '누군가가 팔려고 하는 코트가 있다.' 등과 같은 의미를 전제로 하고 있다. '그 소설가는 오늘부터 소설을 쓰는 것을 그만 두었다.'라는 문장은 '그 소설가가 있다.', '그 소설가는 어제까지는 소설을 써 왔다.' 등과 같은 의미를 전제로 하고 있다. '그 아이는 어제처럼 오늘도 아파서 학교에 가지 않았다.'와 같은 문장은 '그 아이가 있다.', '그 아이는 학교에 다닌다.', '그 아이는 어제도 아팠다.' 등과 같은 전제를 포함하는 문장이다.

전제는 화자나 청자 간에 이미 알고 있는 내용이기 때문에 화자가 자신의 발화 문장에 전제된 내용을 일일이 다 알려주어야 할 필요가 없다. 전제와 관련해서 알아야 할 내용은 전제들이 나오는 어떤 한 문장을 부정하여도 그 문장이 지니는 전제는 달라지지 않는다고 하는 것이다. 예를 들어 '철수가 차를 비싸게 샀다.'라는 문장은 '철수가 차를 샀다.'라고 하는 의미를 전제로 가지고 있다. 그런데 여기에서 '철수가 차를 비싸게 사지 않았다'와 같이 원래의 문장을 부정하여도 여전히 '철수가 차를 샀다'라는 전제는 같은 것이다. 그런데 만약 어떤 문장에서 나오는 전제를 부정하게 되면 원래의 문장은 의미적으로 말도 안 되는 아주 이상한 문장이 되는 것을 볼 수 있다. 위의 문장에서 '철수가 차를 비싸게 샀다.'라는 문장이 전제하는 것은 '철수가 차를 샀다.'라고 하는 의미를 전제로 한다고 했는데 만약에 전제를 부정하게 되면 '철수가 차를 사지 않았다.'가 되는데 이 부정된 전제를 원래의 문장과 같이 사용하면 '철수가 차를 사지 않았는데 비싸게 샀다.'와 같이 전혀 의미적으로 말이 안 되는 이상한 문장이 만들어지게 된다.

4.17. 함의

전제와 함께 한 문장으로부터 추출해 낼 수 있는 다양한 의미들이 있을 수 있는데 함의(entailment)도 그에 속하는 단어이다. 함의는 한 문장에서 논리적으로 도출해 낼 수 있는 의미 내용이다. 예를 들어 '그 사람은 강남에 아파트를 다섯 채나 가지고 있다.'라는 문장은 '그 사람이 강남에 아파트를 세 채를 가지고 있다.'라고 하는 문장을 함의하고 있는데 그 이유는 '아파트 다섯 채'가 이미 논리적으로 '아파트 세 채'를 내포하기 때문이다.

함의는 종종 양방향성을 가질 수도 있다. 예를 들어 '철수는 영순이의 선생님이다.'라는 문장에서 '영순이는 철수의 학생이다.'라는 함의가 나오고, '영순이는 철수의 학생이다.'라는 문장은 '철수는 영순이의 선생

영어와 세계

님이다.'라는 문장을 함의하고 있기 때문에 두 문장은 서로 양방향성으로 함의를 하는 관계가 성립한다. 함의는 논리적인 관계를 전제로 하고 있으므로 함의 관계에 있는 문장은 취소될 수가 없다.

4.18. 함축

함의와 유사하지만 조금 다른 개념으로 함축(implication)이 있다. 함축 역시 한 문장으로부터 추출해 낼 수 있는 다양한 의미들이다. 함의가 논리적인 내포 관계를 지니고 있다고 한다면, 함축은 그와 같은 관계에 있지 않다. 예를 들어 '그 인질은 결국 참수당했다고 한다.'라는 문장은 '그 인질은 결국 죽었다.'라고 하는 문장의 의미를 함의하고 있기 때문에 '그 인질은 결국 죽었다.'라고 하는 문장이 참이 되지 않는다면 '그 인질은 결국 참수당했다고 한다.'라고 하는 문장 또한 참이 되지 못한다.

　반면에 함축 관계에 있는 문장은 취소할 수 있다. 예를 들면 '그 과자가 참 맛있겠는데.'라는 문장은 '그 과자를 먹고 싶다.'는 문장의 의미를 함축하고 있다고도 볼 수 있다. 그렇지만 그 문장에 이어서 '그 과자가 참 맛있겠다. 그런데 내게는 너무 달 것 같아.'라는 문장이 추가되면 앞서 '그 과자를 먹고 싶다.'라고 하는 함축적 의미는 취소된다.

4.19. 직시적 표현

모든 언어에는 발화 당시의 상황을 알아야만 이해될 수 있는 단어와 표현들이 존재하는데 이렇게 발화 상황에 대한 이해가 필요로 되는 표현들을 직시적(deictic) 표현들이라고 한다. 다양한 종류의 직시적인 표현들이 존재하는데 가장 먼저 생각해 볼 수 있는 것은 사람들의 표현들로서 'I, my, me, mine, myself, you, your, you, yours, yourself, he, his, him, his, himself, she, her, her, hers, herself, they, their, them, theirs, themselves' 등과 같은 인칭 대명사들을 들 수 있다.

인칭 대명사들이 정확히 누구를 지칭하고 있는지를 이해하기 위해서는 화자와 청자가 모두 누구인지 밝혀져야 하기 때문에 직시적인 표현들이라고 한다. 예를 들면 'I want two of you to leave now.'와 같은 표현은 'I'와 'two of you'에 대한 정보가 추가적으로 제공되어야 이해 가능하기 때문에 직시적인 표현이라고 한다.

반면에 'John wanted to buy a new car. But he didn't have enough money.'와 같은 문장에서는 'he'가 지칭하는 대상이 'John'이라고 하는 것을 바로 알 수 있기 때문에 직시적이라고 할 수 없다. 이외에도 'this boy', 'that girl', 'these students', 'those cars' 등과 같이 지시 대명사를 포함하고 있는 표현들도 화자나 청자 모두 지시하는 내용을 알고 있어야만 이해가 가능한 직시적인 표현이 될 수 있다.

시간의 개념을 포함하는 'now, then, tomorrow, yesterday, this time, three days ago, next Friday, last month, next week, next March'와 같은 직시적인 표현들이 있다. 위와 같이 시간에 관련된 표현을 사용할 때에는 어느 특정한 시간을 언급하고 있는지 이해하기 위해서 그 표현을 사용한 발화 시간을 알아야 한다. 예를 들어 미국이나 캐나다 등에서는 주말에 'garage sale'을 한다는 광고가 붙어있는 것을 흔히 보게 된다. 만약에 날짜가 특정되지 않은 상태로 단순히 'Garage Sale This Saturday Only'라는 광고가 붙어 있는 것을 본다면 'This Saturday'가 과연 이번 주 토요일이라는 것을 의미하는 것인지 아니면 이미 지나간 토요일이었는지를 알 수가 없기 때문에 직시적인 표현이 되는 것이다.

시간과 함께 'here, there, this place, that place, this apartment, that grocery store, this town, that coffee shop' 등과 같은 장소에 대한 표현들도 또한 직시적인 표현이다. 예문 'I hate the big restaurant over there.'에

서 'over there'에 대한 추가적인 정보가 있어야만 식당의 위치를 정확하게 알 수 있기 때문에 직시적인 표현인 것이다.

시간, 장소와 더불어 'left, right, before, behind, front, back' 등과 같은 방향이나 위치에 관한 표현들도 직시적인 표현들이 될 수 있다. 'The bank is on the left side.'라는 문장에서 은행의 위치를 정확하게 이해하기 위해서는 화자가 어느 쪽을 보면서 이야기하는지를 알아야 하기 때문에 추가적인 정보가 필요한 점에서 직시적이라고 할 수 있다.

고유명사도 직시적인 표현이 될 수 있다. 고유명사는 유일한 사람이나 장소 등에 대한 이름이기는 하지만 처음 그 고유명사를 듣고 이해하기 위해서는 고유명사가 지칭하는 사람이나 장소 등에 대한 추가적인 정보가 제공되어야 고유명사가 지칭하는 대상에 대한 이해를 분명하게 할 수 있다. 이상과 같이 모든 언어에 존재하는 인명과 장소명 등과 같은 고유명사나, 인칭 및 지시 대명사, 시간, 장소, 위치나 방향에 대한 직시적인 표현들이 지칭하는 것들에 대한 정확한 의미를 파악하기 위해서는 다양한 화용론적인 지식을 필요로 한다는 것을 알 수 있다.

4.20. 관용어구

영어에서 두 개 이상의 단어들로 구성된 구의 경우 그 구를 구성하는 단어들의 의미를 모두 알고 있어도 그 구의 의미를 파악하기 어려운 경우들도 있는데 이런 종류의 표현들을 관용어구(idioms)라고 부른다. 영어에는 'beat around the bush', 'caught between two stools', 'cut corners', 'at the drop of a hat', 'bite the bullet', 'on the ball', 'under the weather', 'break a leg', 'bite your tongue', 'call it a day', 'eat my hat' 등과 같은 수많은 관용어구가 존재한다.

'eat my hat' 등과 같은 관용어구는 의미 자질에 위배되는 표현이라고 할 수 있다. 왜냐하면 'hat'는 [-edible]과 같은 의미 자질을 가지고 있는 단어인데 'eat'와 같은 동사와 같이 쓰였기 때문이다. 이와 같이 관용어구들은 종종 의미 자질에 대한 제약을 위반하기도 하고 관용어구 내에 있는 단어들의 의미를 다 알고 있어도 최종적인 의미는 파악하기가 어려운 경우이므로 의미와 관련해서는 예외적인 존재로 별도의 의미를 지니는 것으로 기억해야 할 것이다.

4.21. 그라이스의 대화 격률

이상과 같이 단어와 구 또는 문장의 의미와 관련하여 다양한 주제들에 대해 알아보았다. 마지막으로 영국 태생의 미국 언어철학자 폴 그라이스(Paul Grice)가 제안한 화자나 청자 간에 원활하고 자연스러운 대화를 위하여 화자나 청자가 서로 가정하고 또 지켜야 할 그라이스의 (대화)격률(Grice's maxim)에 대하여 알아보기로 하자.

(1) The maxim of quantity (양의 격률) :
꼭 필요한 만큼의 정보를 제공하라.
Try to be as informative as you possibly can, and give as much information as is needed, and no more.

(2) The maxim of quality (질의 격률) :
진실된 정보를 제공하라.
Try to be truthful, and do not give information that is false or that is not supported by evidence.

(3) The maxim of relation (관계의 격률) :
관련성 있는 적절한 말만 하라.
Try to be relevant, and says things that are pertinent to the

영어와 세계

discussion.

(4) The maxim of manner (방법의 격률) :
간결하고 분명하게 말하라.
Try to be as clear, as brief, and as orderly as you can in what
you say, and avoid obscurity and ambiguity.

이것은 청자의 입장에서는 화자가 하는 말이 위의 네 가지 격률을
지키며 말을 하고 있다고 가정하고 있다. 만약에 화자가 위의 격률을 지
키지 않고 말하는 상황이 발생한다면 청자로서는 화자의 숨겨진 의도를
파악하기 위하여 다양한 전제나 함의, 함축 및 다양한 발화 배경 및 상황
에 대한 화용론적인 지식을 동원할 수밖에 없는 상황에 처하게 될 것이
다. 따라서 이런 대화 중에 발생할 수 있는 불확실한 요소를 제거하기 위
해서는 그라이스가 제안하는 대화의 격률을 지키며 대화하는 것이 필요
하다.

제5장 영국의 역사와 영어

현재의 영어는 과거의 영어가 시간의 흐름에 따라 다양한 변화를 겪어 만들어진 결과물이다. 영어뿐만 아니라 세상의 모든 언어가 시간의 흐름에 따라 변하기 마련이다. 언어의 변화를 바라보는 언어학자들의 시각도 변해왔는데 한때는 언어의 변화 때문에 언어가 타락하고 부패하는 것으로 간주하여 언어의 변화를 막음으로써 자기 나라의 언어를 순수하게 지켜내기 위한 움직임도 있었다. 하지만 최근에는 언어의 변화는 당연한 것이고 언어의 변화에 대해 옳고 그름을 판단하는 것은 잘못되었다고 보는 것이 일반적인 경향이다. 현재의 영어를 더 잘 이해하기 위해서는 영어가 어떤 변화의 과정을 거쳐 오늘에 이르렀는가 하는 것을 고찰하는 것이 도움이 될 것이다. 그리고 영어가 변해 온 것은 결국 영어를 모국어로 하는 영국인들의 역사가 변해 온 것과 괘를 같이 하는 것이기 때문에 영어의 변화를 따라가다 보면 영국인들이 어떤 삶의 역정을 지내왔는지를 알 수 있는 계기도 된다는 점에서 또 다른 의미를 지닐 수 있다.

본 장은 이동국·손창용(2011), Baugh & Cable(1978), 그리고 Pyles & Algeo(1993) 등의 저서를 주로 참고하여 정리하였다.

5.1. 영어의 시대별 구분

영어가 변해온 시기를 나눌 때 흔히 우리는 고대 영어, 중세영어, 현대영어 시대로 분류한다. 정확한 시기를 특정할 수는 없기 때문에 영어의 역사를 다루는 전문적인 교재에서도 그 구분하는 연대가 서로 일치하지 않는다. 예를 들어 이동국 외(2004)에서는 고대 영어 시기를 400~1100년까지, 중세영어의 시기를 1100년~1500년까지로 나눈다. 그리고 현대영어 시기는 초기 현대영어 시기와 그 이후 현대까지의 영어 시기로 나누는데 초기 현대영어 시기는 1500년부터 1700년까지로 보고 1700년 이후부터 현재까지로 구분한다.

이익환 외(1995)에서는 고대 영어 시기를 450~1150년까지, 중세영어의 시기를 1150~1500년까지, 그리고 현대영어의 시기를 1500년부터 현재까지로 나눈다. 그리고 고대 영어 시기를 초기 고대 영어와 후기 고대 영어 시기로 나누고, 초기 고대 영어 시기를 450년부터 고대 영어로 쓰인 문헌이 나타나기 시작한 900년까지로 보고 900년 이후부터 1150년까지를 후기 고대 영어 시기로 구분한다.

한편 Fromkin & Rodman(1998)에서는 영국 역사에서 영향을 크게 끼쳤던 역사적인 사건들의 연대에 맞추어 조금 더 구체적으로 영어의 역사를 나누었다. 그들에 의하면 게르만 민족 중 색슨족(Saxons)들이 대대적으로 영국을 침입한 449년부터 프랑스의 노르망디 지역에 거주하던 북유럽에서 온 데인족들인 노르만족들이 영국을 침입했던 1066년의 중요성을 감안해 1100년까지를 고대 영어 시기로 잡는다. 중세영어 시기는 1100년부터 영어의 역사상 가장 큰 사건의 하나라고 할 수 있는 대모음 추이(the Great Vowel Shift)가 일어난 것으로 알려진 1500년까지로 나눈다. 현대영어는 1500년부터 지금까지로 잡고 있다.

고대 영어 시기에 있었던 언어학적으로 영향이 컸던 사건들로는 역사가이며 종교 학자였던 성 비드(St. Bede)에 의해 라틴어로 『영국인 교회사(*Historia Ecclesiastica Gentis Anglorum: Ecclesiastical History of the English People*)』와 같은 종교적 문헌이 쓰인 일과 8세기에 유럽 대륙에서의 전설적인 삶을 기록한 역사적 대서사시인 베어울프(Beowolf)가 쓰인 일 등을 꼽을 수 있다.

1066년에 노르만인들이 영국에 침공해 옴으로써 고대 영어의 시기가 끝나고 바야흐로 중세영어의 시기로 넘어가게 된다. 중세영어 시기는 1100년부터 영어의 역사상 가장 큰 사건의 하나라고 할 수 있는 대모음 추이(The Great Vowel Shift)가 일어난 것으로 알려진 1500년까지로 나눈다. 그리고 중세영어의 시기에 있었던 언어학적인 의미를 지니는 큰 역사적인 사건들로는 1387년 Chaucer가 중세영어로 *The Canterbury Tales*를 썼던 일, 1476에 Caxton에 의해 인쇄기가 발명되어 저작물들이 대량으로 인쇄가 가능해진 사건, 그리고 1500년경에 일어난 것으로 보는 영어의 장모음 간의 위치가 이동하는 대 모음 추이를 꼽고 있다.

현대영어는 1500년부터 지금 현재까지로 잡고 있다. 현대영어 기간 동안에 일어났던 가장 큰 역사적 사건으로는 1564년에 영국의 대문호 Shakespeare의 탄생으로 본다. 현대영어의 시기에 있었던 또 하나의 큰 역사적 의미를 지니는 사건은 1492년 Columbus가 미 신대륙을 발견한 이래 1620년에 종교의 자유를 찾아 102명의 영국 청교도들이 Mayflower호를 타고 신대륙에 정착한 사건을 들 수 있다. 이후 이들로부터 시작되어 영국에서 미국으로 이주해 온 영국인들에 의해 본토의 영국영어와는 발음과 어휘, 그리고 철자 등에서 서로 조금 다른 특징을 가지는 것으로 분류할 수 있는 미국 영어가 독자적으로 발전하게 되었다.

이와 같이 고대 영어, 중세영어, 현대영어가 언제부터 언제까지라고 딱 잘라 구분하기에는 여러 가지 어려움이 있고 영어의 역사상 어떤 정치적·사회적·문화적인 사건들이 영어의 변화에 가장 큰 영향을 끼쳤느냐 하는 것을 판단하는 것은 영어의 역사를 연구하는 학자들의 입장에 따라 서로 조금씩 달라질 수밖에 없다.

영어와 세계

5.2. 켈트족과 켈트어

일반 사람들은 영어하면 당연히 영국에 거주하던 본토인들의 언어라고 생각하게 되는데 영어가 현재 독일어를 모국어로 사용하는 독일인들의 조상인 게르만족들의 언어에서 파생되었다고 하면 다들 놀라게 된다. 449년에 게르만족들이 영국에 들어오기 이전에는 켈트어(Celtic)를 사용하는 켈트족들(Celtics)이 영국에 살고 있었다. 서북 유럽에 거주하던 켈트족들은 기원전 7세기부터 3세기에 이르는 기간 동안 유럽의 여러 지역으로 대이동을 시작했다.

우리가 켈트족이라고 부르고 있지만 켈트족 안에는 브리튼족(Britons)과 게일족(Gaels)으로 대표되는 다양한 부족들이 있었다. 게일족들은 기원전 600년경에 현재의 아일랜드(Ireland)와 스코트랜드(Scotland) 지역에 정착하였고 브리튼족들은 영국 본토인 웨일스(Wales)와 콘월(Cornwall) 등지에 정착하여 살았다.

따라서 449년 고대 영어 이전의 시기에 영국에서 사용된 언어는 현대영어의 모어인 게르만어가 아니라 스코트랜드 지역에서 거주하던 게일족들이 사용하던 스코티시 게일어(Scots Gaelic)와 아일랜드 지역에서 거주하던 게일족들이 사용하던 아이리시 게일어(Irish Gaelic) 등과 같은 게일어(Gaelic)와 영국 본토에서 거주하던 지역에 따라 나눌 수 있는 콘월어(Cornish), 웨일스어(Welsh), 브리통어(Breton)와 픽트어(Pictish) 등의 방언으로 나누어지는 영국 섬에서 사용되던 브리티시 켈트어(British Celtic) 이었다.

기원전 55년과 54년 두 차례에 걸쳐 줄리어스 시저(Julius Caesar)가 영국에 침략해 들어왔고 그 후 서기 43년에 클라우디우스(Claudius) 로마 황제가 영국을 점령하여 결국 로마 제국의 속령이 되었다. 그 후 410년에 로마 제국 내의 복잡한 국내 정치 상황과 로마 제국을 침입한 북방의 게르만족 일파인 반달족(Vandals)을 막아내기 위해 영국에서 로마군을 철수시키기에 이른다. 43년부터 410년경까지 거의 400여 년 동안에 걸쳐 로마인들의 지배를 받아왔지만, 영국 본토에서 켈트인들은 자신들의 언어인 켈트어를 지키며 계속 사용해왔다. 물론 도시에서는 상류층은 물론 서민층도 켈트어와 함께 라틴어를 읽고 쓸 수 있는 사람들이 많이 있었으며 로마 문화의 영향을 받았음은 어렵지 않게 상상해 볼 수 있다.

5.3. 고대 영어 시대의 영국

고대 이전의 영국과 고대 시대의 영국에 어떤 일들이 일어났는지는 성 비드(St. Bede)가 731년에 집필을 완성한 『영국인 교회사(*Ecclesiastical History of the English People*)』와 알프레드 대왕(Alfred the Great)에 의해 편찬된 『앵글로 색슨연대기(*Anglo-Saxon chronicles*)』를 통해 알아볼 수 있다. 성 비드의 『영국인 교회사』에는 고대 영어 시기 이전부터 시작하여 영국인들이 기독교를 받아들이게 되는 것 등과 같은 역사적 의미를 지니는 종교적인 사건들에 대하여 기술되어 있다. 영어의 역사와 관련하여서는 고대 영어의 직접적인 기원이 되는 역사적인 사건이라고 할 수 있는 서기 449년에 있었던 게르만족의 일파들이었던 앵글로 색슨족들에 의한 영국 본토의 침입 사건을 자세히 기술하고 있다.

이 두 역사적 저술에 의하면 410년에 로마 제국이 영국 본토에서 로마 군대를 철수시키자 영국의 브리튼족은 영국의 북쪽 지역에 살던 픽트족과 스코트족으로부터 지속적인 공격을 받게 된다. 영국의 북쪽 지역에 살던 이들은 로마제국에 의해 영국이 지배를 받던 시절에도 로마에 의해 점령되지 않았던 사람들이었다. 로마인들의 지배를 받고 있을 때에는 이들의 공격을 억제하거나 막아낼 수 있었지만 로마 병력들이 철수한 이후에는 브리튼족 켈트인들의 힘만으로는 이들의 공격을 막아낼 수 없게 되자 로마에게 도움을 청하게 된다. 이에 로마인들은 1개 사단규모의 로마

병력을 파견하기도 하였지만 로마인들 역시 수천 명의 병력만으로는 영국을 침략해 들어오는 침입자들을 감당할 수 없었고 또 로마의 내부 사정으로 이들마저 다시 철수해 버리자 결국 브리튼족 켈트인의 한 지도자였던 보티건(Vortigern)은 대륙에 거주하던 게르만족들에게 도움을 청하게 되었다.

사실 게르만족들의 종족들이었던 앵글로 색슨인들은 예전에 로마인들이 영국에서 통치하고 있을 때에도 수시로 영국 해안 지방의 주민들을 약탈하였던 사람들이었다. 그런데 이들 게르만 부족들에게 자신들을 지켜달라고 부탁했다는 것 자체가 문제였다고 할 수 있다. 보티건은 게르만족의 한 종족이었던 주트족(Jutes)과 협정을 맺었는데 그 협정의 내용은 주트족들로 하여금 자신들이 픽트족과 스코트족들을 몰아내는 것을 도와주면 그 대가로 테넷섬(the Isle of Thanet)을 제공한다는 것이었다. 이 협정에 의해 주트족들이 영국에 들어와서 영국의 북방에서 침입해 들어온 침입자들을 성공적으로 격퇴시켰다. 그런데 이들은 자신들이 살던 유럽 대륙보다 영국이 훨씬 살기에 좋은 것을 보고는 자신들의 고향으로 철수하지 않고 영국에 머물기로 결정하고 영국의 동남쪽 지역인 켄트(Kent)에 강제로 정착하였다.

색슨족(Saxons)의 일부는 477년에 영국의 남쪽 해안으로 상륙하여 서섹스(Sussex)에 정착하였다. 495년에는 조금 더 많은 대륙의 색슨족들이 뒤이어 건너와 영국의 서남쪽 지역인 웨섹스(Wessex) 지역에 정착하였다. 다음으로 547년에는 앵글스족들(Angles)이 영국의 동쪽으로 들어와 험버(Humber)강 북쪽에 앵글리안(Angilian) 왕국을 건설하기에 이르렀다. 이와 같이 영국에 들어온 게르만족들은 결국 픽트족이나 스코트족을 영국의 변방으로 쫓아냈으며 브리톤족의 완강한 저항을 무력화시켰다. 게르만족들에게 쫓겨난 브리튼족들은 서쪽으로 이동하여 웨일스(Wales)와 콘월(Cornwall) 지역으로 옮겨가게 되었다.

마침내 게르만족들은 영국의 북부 및 서부의 고원 지대를 제외한 영국의 거의 전 국토를 점유하였다. 결국 영국에 들어온 게르만족들중 주트족은 지금의 영국 켄트(Kent) 지방에 정착하였고 색슨족은 동쪽 해안을 따라 템스(Thames)강 이남의 나머지에서 남부와 남동 영국을 건설하였으며 앵글스족은 템스강 이북에서 웨일스를 제외한 스코틀랜드 변경 이남에 이르는 지역을 차지하게 되었다. 이와 같은 역사적인 사건들을 거치게 되면서 켈트족의 언어나 문화와 관련하여 남아있는 자료는 거의 사라지고 강 이름인 'Thames', 'Mersey', 'Severn', 'Avon'과 도시 이름인 'London', 'Leeds' 그리고 주 이름인 'Kent', 'Devon' 정도만이 남게 되었다고 한다.

이후 영국에 정착한 게르만족들은 여러 부족이나 작은 왕국의 형태로 주도권 다툼을 벌이며 살다가 서로 연합하거나 강력한 지도자의 영향하에 조그만 독립적인 왕국들을 건설하기 시작하여 8세기에 이르러 7개의 소왕국(Anglo-Saxon Heptarchy)을 건설하게 되었다. 노섬브리아(Northumbria), 머셔(Mercia), 동 앵글리아(East Anglia), 에섹스(Essex), 켄트(Kent), 서섹스(Sussex), 웨섹스(Wessex) 등을 앵글로색슨 7왕국(Heptarchy)이라고 부른다.

이 중에서 주트족들이 최초에 정착했던 켄트 지역은 6세기 말부터 7세기에 걸쳐 기독교 문화의 중심지로서 다른 왕국들에 비해 우월한 지위를 가지고 있었다. 켄터베리의 성 베드로 성당과 수도원들이 그 당시의 기독교 문화의 진원지였다고 할 수 있다. 이미 597년에 켄트의 왕 에델버트(Ethelbert)는 교황 그레고리 1세(Gregory I)가 파송한 성 어거스틴(Augustine)을 영접하여 세례를 받은 이후로 영국에 정착한 게르만족들이 본래 대륙에서부터 섬기던 그들의 신인 워든 신(Woden)을 버리고 기독교의 신 여호와(Jehovah)를 받아들이게 되었다. 영국에 정착한 게르만족들이 기독교를 받아들임에 따라 종교뿐만이 아니라 문자 언어에도 변화를 가져오게 되는데 그들이 대륙에서부터 사용해 오던 룬 문자(Runic alphabet) 대신에 로마 철자(Roman alphabet)를 받아들였으며 기

영어와 세계

독교 종교와 관련된 수많은 라틴어 차용어들이 영어에 섞이게 된다.

그 후에는 여러 왕국들 중 노섬브리아, 머셔, 웨섹스가 서로 패권을 다투던 가장 강력한 세 왕국이었다. 먼저 영국의 중부를 가로 지르는 험버강(Humber)의 북쪽에 있다고 해서 붙여진 지명(North of the Humber)을 지니게 된 노섬브리아는 7세기 초기에 여러 다른 왕국에 비교해 정치적으로 영향력이 있는 왕국이었으며 동시에 문화적인 면에서도 다른 왕국들보다 앞서 있었다. 그 후 8세기에는 머셔 왕국이 강력한 왕국이었고 9세기에는 웨섹스가 그 영향력을 확장하여 웨섹스왕국의 왕 에그버트(Egbert)가 825년에 머셔 왕국을 정복하였고 그 후 여러 왕국으로부터 그들을 대표하는 왕으로 인정받기에 이른다.

웨섹스가 바이킹족들의 침입에 맞서 싸우면서도 앵글로색슨족들의 명맥을 끝까지 유지하며 명실상부하게 문화의 중심지로서 고도의 번영을 누리게 된 것은 에그버트왕의 손자인 알프레드 대왕(Alfred the Great) 때였다. 이와 같이 고대 영어 시기를 살펴보면 정치, 문화, 종교의 중심이 북쪽 지역의 노섬브리아에서 시작하여 남쪽에 있던 머셔, 웨섹스 왕국으로 이동해 왔다는 것을 알 수 있다.

『앵글로색슨 연대기』에 의하면 영국은 8세기 후반에 스칸디나비아(Scandinavia) 반도와 덴마크에 거주하던 또 다른 북방지역의 게르만족들로부터의 침략을 받게 된다. 유럽 대륙의 북쪽 지역에 살던 스웨덴(Sweden), 노르웨이(Norway), 덴마크(Denmark) 지역의 스칸디나비아인들은 8세기경부터 다른 나라들을 침입하여 정복해 나가는데 이중에서 덴마크인들이 영국을 점령하기에 이른다.

스칸디나비아인들은 세 단계에 걸쳐 영국을 침입하였다. 787년부터 약 850년에 이르기까지 간헐적이지만 지속적으로 영국의 해안에 인접한 도시와 수도원들을 공격하여 약탈하는 행위가 이루어졌다. 이 기간의 영국에 대한 침략을 제 일차 공격의 시기라고 보는데 이 시기의 침략 행위는 소규모적이고 간헐적으로 이루어졌다. 앵글로 색슨족들이 처음 영국을 침입해 왔을 때 그랬던 것처럼 이들도 초기에는 주로 영국의 동부, 북부, 서부해안을 따라 약탈을 목적으로 한 침략만을 했다.

그 후 제2단계에서 바이킹족의 영국 침략은 대규모의 바이킹족에 의해 영국의 여러 지방에서 광범위하게 약탈이 진행되고 영국에 정착하는 형식으로 진행되었다. 850년부터 867년까지의 기간에 이르러 캔터베리(Canterbury)와 런던(London) 공격 및 요크(York) 함락까지 이루어졌다. 이후 바이킹들은 웨섹스도 침공하였는데 알프레드 대왕이 878년에 마침내 성공적으로 바이킹족들을 물리칠 수 있었다. 그리고 바로 그 해에 알프레드 대왕과 바이킹 데인족의 왕 구스럼(Guthrum)은 웨드모어 조약(Treaty of Wedmore)을 체결하게 되는데 그 조약의 내용은 데인족(Danes)의 법이 통치하는 땅이라는 의미를 가진 데인로(Danelaw)를 설정하여 덴마크 바이킹들이 영국의 북동부 지역에서만 거주할 수 있도록 제한하였다. 그곳은 템스강 이북 티스(Tees)강에 이르는 지역으로 현재의 노퍽(Norfolk), 링컨셔(Linconshire), 요크셔(Yorkshire) 및 그 인접 지역을 포함하는 광범위한 지역이었다. 그리고 데인족들은 기독교를 받아들이기로 합의하여 데인족의 왕 구스럼도 세례를 받았다. 데인족들이 웨드모어 조약에 의해 기독교를 받아들임으로써 영국에 거주하던 게르만족들과 통합하여 공존할 수 있는 길이 열렸다고 볼 수 있다. 이와 같은 과정의 기간 동안에 알프레드 대왕은 데인족이 들어오지 못하게 자신들의 거주 지역에 성곽을 쌓았고 성내를 'burghs'라 불렀다. 이 성곽에 쌓인 거주지는 시장 도시로 번성하게 되었는데 여기에서 그 기원을 찾을 수 있는 'borough'라는 단어는 그 이후 여러 도시 명에서 많이 사용되게 되었다. 이와 같은 역사적인 사건의 결과 바이킹족들이 거주하던 데인로 지역인 영국의 북동부 지역은 바이킹족의 영향을 크게 입어 영어의 지명, 사람 이름, 인칭대명사 등에서 고대 스칸디나비아어(Old Norse)의 흔적이 많이 남아 있다. 지금도 영국에 스칸디나비아어식의 지명을 가진 곳이 무려 1,400개가 넘는다고 한다.

영어와 세계

웨드모어 조약 이후에도 대륙의 데인족들이 계속 영국을 침입하였다. 937년에는 데인족과 스코트족의 연합군이 침략해 들어오기도 했었고 991년에는 데인족들이 93척의 대규모 선단을 조직하여 영국을 침략하였고 1014년에는 급기야 덴마크의 왕인 스벤(Sven)이 영국 왕인 에델레드(Ethelred)를 쫓아내고 왕좌를 탈취하였고 스벤 왕의 사후 1017년에는 그의 아들 크누트(Cnut)가 영국 왕을 겸하게 되어 영국을 데인족들이 완전히 지배하기에 이르렀으며 결국 그 후 23년 동안 영국은 덴마크 왕들의 지배를 받게 된다.

이와 같이 영국을 침략해 들어왔던 데인족들과 영국인들 간에는 여러 크고 작은 전투 행위가 있었고 또 한동안 영국인들이 덴마크 왕들의 지배를 받게 되기도 하였지만, 우리가 생각할 수 있는 만큼 영국인들과 데인족들과의 사이는 아주 적대적인 관계는 아니었던 것 같다. 그동안 데인로를 통해 두 민족이 서로 평화롭게 공존하기도 하고 데인족들이 기독교를 받아들이며 영국의 앞선 문화에 동화된 것도 두 민족 간에 큰 갈등이 없이 서로 융합하여 평화롭게 살아갈 수 있었던 계기가 되었다고 할 수 있다. 크누트 다음의 이대를 거쳐 웨섹스 왕국의 에드워드(Edward the Confessor)가 영국의 왕위에 오르는데 이때 영국인과 데인인들이 모두 합심하여 그를 왕위에 추대하였다. 그리고 사실 두 민족은 혈통적으로 게르만 민족에 속하며 두 언어 모두 인도-유럽어족 중에서도 게르만어족에 속하는 언어로서 두 언어 간의 차이도 크지 않았다. 이와 같이 기독교를 받아들이고 문화적으로 많은 동질성을 공유하는 두 민족 사이에서 스칸디나비아인들은 점차 영국 사회에 적응하며 동화되어 12세기에 접어들면서부터는 자신들의 언어를 상실하고 영어를 사용하기에 이른다.

5.4. 고대 영어의 방언

고대 영어는 하나의 통일되고 표준화된 획일적인 언어는 아니었다. 영국을 침입해 들어온 게르만 각 부족이 사용하던 언어가 고대 영어의 방언이 된다. 그리고 게르만족들 간의 서로 다른 족속들이 영국의 각기 다른 지역에서 거주하며 살았기 때문에 각 부족들이 정착한 지역에 따라 고대 영어를 크게 4개의 방언으로 나눈다.

먼저 주트족들이 정착했던 켄트지역에서 사용하던 게르만족의 방언을 켄트(Kentish) 방언이라고 한다. 그리고 영국 내에서 게르만 방언 중 가장 방대한 지역에서 사용되던 방언은 노섬브리아와 머셔 왕국에 걸쳐 사용되던 앵글스(Anglian) 방언이다. 이 앵글스 방언은 결국 그들이 거주하던 지역에 따라 두 방언으로 분류하는데 그중 영국 본토의 중앙 지역(Midlands)에 거주하던 앵글스족들이 사용하던 방언을 머셔(Mercian) 방언이라고 하고 험버강 이북의 노섬브리아 지역에서 사용하던 앵글스족들의 방언을 노섬브리아 방언(Northumbrian) 방언이라고 한다. 마지막으로 색슨족들이 많이 거주하던 웨스트 색슨 지역에서 사용하던 웨스트 색슨(West Saxon) 방언이 있다. 그런데 고대 영어의 네 가지 대표 방언 중 가장 많은 기록이 보존되어 있는 유일한 방언이 바로 웨스트 색슨 방언이다. 켄트 방언이나 노섬브리아와 머셔 지역에서 사용되던 앵글스 방언은 기록된 문헌으로 전해지는 것이 거의 없다. 따라서 우리가 고대 영어에 대해 알 수 있는 것은 웨스트 색슨족들이 기록으로 남긴 문헌에 의존한 것들로서 이런 이유로 웨스트색슨 방언이 고대 영어 연구의 기본 방언이 된 것이다. 정동빈(1991: 39)에 의하면 고대 영어가 웨스트 색슨식 영어였다면 현대영어는 앵글스족의 머셔식 영어의 영향을 많이 받게 되었다. 예를 들어 'old'라는 현대영어 단어를 앵글리안들은 'old'라고 했고 웨스트 색슨인들은 'eald'라고 했다.

고대 영어 연구의 기본이 되는 웨스트 색슨 방언이 있는데 왜 영어를 색슨인들의 언어라고 하지않고 앵글인들의 언어라는 기원을 가진 'English'로 불리게 되었으며 영국을 앵글인들의 나라라고 하는 'England'라고 불리게 되었을까? Baugh & Cable(1978)에 의하면 영국 본토에 거주하던 켈트인들은 자신들을 침입해 들어온 게르만족들을 색슨(Saxon) 족이라고 불렀는데 그 이유를 해안을 통해 영국을 침입했었던 색슨족들을 통해 게르만의 한 족속인 튜튼(Teuton)족과 처음으로 조우했기 때문이었을 것으로 본다. 앵글스족과 색슨족들은 튜튼족의 한 일파들이었다. 고대 영어 초기에 라틴어로 기록을 남긴 작가들은 켈트족들이 하던 방식을 따라 영국에 거주하던 튜튼족들을 색슨(Saxons)족 이라고 부르고 그들이 거주하던 지역을 색소니아(Saxonia)라고 했다. 그런데 그들이 남긴 기록 중 'Angli sive Saxons'(=Angles or Saxons)란 구절에서 볼 수 있듯이 'Angli'와 같은 용어가 'Saxons'라는 단어 옆에 나란히 병기되어 사용되는 것을 볼 때 일반적으로 튜튼족들을 그렇게 불렀음을 알 수 있다.

그 후 601년에 그레고리 교황(Gregory)에 의해 에델버트(Ethelbert)라는 켄트 왕국의 왕이 'Rex Angorum'(=King of Angles)라는 칭호를 받게 되었고 약 1세기 후인 731년에 성 비드(St. Bede)가 라틴어로 저술한 『영국인 교회사』에 'Sermo Anglicus'(=Anglian Speech)라는 말을 처음 사용하였으며 그의 책 이름에서도 'Anglorum'이라는 단어가 사용되었다. 그 이후에도 라틴어 교본에서 'Angli'와 'Anglia'라는 단어가 흔히 사용되었다. 그렇지만 영국의 자국어 작가들은 자신들의 언어를 'Englisc'(=English)라고만 불렀다. 이 단어는 원래 'Angles'(O. E. Engle)란 단어에서 파생된 것이지만 앵글스족만의 언어를 지칭하는 것이 아니라, 색슨족, 주트족 등 영국에 침입해 들어와 정착한 세 종족의 언어를 통칭해 부르는 단어였다. 그리고 영국의 땅과 국민들이 'Angelcynn'(Angle-kin 혹은 race of the Angles)이라고 불렸고 이 단어가 데인족들에 의한 바이킹 시대(Viking Ages)까지 보통 쓰이는 이름이었다. 그 후 1000년경이 되어서야 비로소 'England'(=Land of the Angles)란 단어가 자리를 잡고 쓰이기 시작했다.

이와 같은 과정을 돌이켜 본다면 영어라는 'English'라는 단어가 영국을 뜻하는 'England'라는 단어보다 먼저 쓰인 단어라는 것을 알 수 있다. 그렇지만 여전히 'English'나 'England'라는 단어들이 'Saxon'이나 'Saxonia'처럼 처음에 켈트인이나 라틴어로 기록을 남긴 작가들이 영국을 침입해 들어 온 게르만 침략인들을 부를 때 쓰던 단어를 쓰지 않고 중유독 'Angles'족과 관계된 어원을 가지게 되었는지는 의문이다. 하지만 역사 언어학자들은 아마도 영국에 건너오지 않고 그냥 대륙에 남아있던 색슨족과 영국에 침입에 들어와 영국에 정착한 색슨족과 구별해야 할 필요성이 있었을 것이라고 추측하고 그에 덧붙여 영국의 비교적 넓은 지역에 걸쳐 거주하며 큰 세력을 형성하는 초기의 우월적 지위를 가진 것이 큰 역할을 한 것으로 본다.

따라서 오늘날의 영어의 기원은 결국 영국을 침입해 궁극적으로 먼저 영국에 거주하던 켈트인들을 변방으로 쫓아내고 영국에 정착하여 살던 게르만의 세 종족들의 언어였다는 것을 알 수 있다. 비록 영어의 기원을 앵글스족의 언어에서 찾고는 있지만 앵글스족이 사용하던 언어와 색슨족이 사용하던 언어 그리고 주트족이 사용하던 언어는 차이는 크지 않고 매우 유사했을 것으로 본다.

5.5. 중세영어 시대의 영국

중세영어의 시기를 1100년에서부터 1500년까지로 볼 때 영어의 발달사 과정에 있어 의미가 있는 큰 영향을 끼친 가장 큰 사건은 아마도 고대영어 시기의 말기인 1066년에 발생한 노르만 정복(Norman Conquest) 사건일 것이다. 이 사건이 중세영어의 형성에 큰 영향을 준 결정적인 사건이다. 노르만 정복 사건이란 프랑스의 노르망디(Normandy)에 살던 노르만(Normans)족들이 영국을 침입해 정복한 사건을 말한다.

노르만족의 어원은 'Northmen'으로서 이들은 9세기와 10세기에 걸쳐 북유럽에서 내려와 프랑스의 노르망디 지역에 정착한 덴마크 사람들인 데인족들이었다. 영국이 바이킹족들로부터 침략을 받았듯이 프랑스도 9세기경 데인족들로부터 북부 지역의 해안 부락들이 수시로 약탈당하였다. 이에 프랑스의 왕 샤를(Charles the Simple)은 이들을 회유하기 위하여 영국이 데인로를 설정하여 데인족들이 거주할 지역을 제공하였듯이 노르망디 지역의 땅을 제공하여 912년에 그들의 지도자 롤로(Rollo)를 노르망디 공(Duke of Normandy) 으로 책봉하였다.

따라서 노르망디라는 지명은 이들이 프랑스 왕으로부터 하사받아 거주하던 지역을 일컫는 단어이다. 'Normandy'라는 단어의 '-dy'는 'land'를 의미하는데 노르만족들이 거주하는 땅이라는 뜻이다. 영국에 정착하게 된 스칸디나비아인들이 영국의 문화에 쉽게 적응하며 동화해 나가 결국 궁극적으로 자신들의 언어를 버리고 영어를 채택하였던 것처럼 노르망디에 정착하게 된 노르만족들 또한 새로운 나라와 문화 언어에 뛰어난 적응력을 보이며 프랑스에 동화해나갔다.

그들 또한 기독교를 받아들여 많은 거대한 노르만 사원들을 건축하였으며, 프랑스의 군사 전술을 받아들이고 강력한 군대 조직을 보유하게 되었으며 법률적으로 Frank족 법률 제도의 가장 큰 특징 중의 하나인 배심원 제도 또한 받아들이고 발전시켜 그들만의 뛰어난 법률제도도 만들었다. 무엇보다도 노르만족들은 프랑스어를 자신들의 언어로 받아들였다. 이들이 사용한 프랑스어는 파리가 중심이 되는 중부 표준 프랑스(Central French)와는 다른 노르만 프랑스(Norman French)라고 하는 지역 방언이었다.

지리적 위치로 볼 때 영국은 영국 해협을 사이에 두고 프랑스의 노르망디와 떨어져 있었기 때문에 둘 사이에는 서로 빈번한 왕래를 통해 긴밀한 관계를 형성하고 있었다. 한 예로 영국 왕 에델레드(Ethelred the Unready)는 노르만공의 딸과 혼인하여 에드워드(Edward the Confessor)를 낳았다. 프랑스의 노르망디에서 성장했던 에드워드는 영국 사람이라기보다는 프랑스 사람에 더 가까운 사람이었다고 할 수 있을 것이다. 1042년에 에드워드가 영국 왕위에 즉위했을 때 그는 많은 노르망디인들을 데려와 각종 요직에 앉히고 그가 영국을 통치하던 24년 동안 영국 궁전은 프랑스 문화와 제도의 영향을 많이 받았다.

그런데 1066년 1월에 에드워드가 세자가 없이 죽자 영국은 후계자를 누구로 할 것인가 하는 문제에 봉착하게 되었다. 에드워드가 왕위에 있을 때에도 많은 영향력을 가지고 영국의 사실상의 지배자였던 웨스트색슨 영지(West Saxon Earldom)의 고드윈(Godwin) 백작의 장남 해롤드(Harold)가 왕으로 선출되었다. 해롤드는 왕으로 뽑히기 이전 12년 동안 에드워드 왕의 말기에 이미 영국의 국정에 깊이 관여해 왔던 터였기 때문에 에드워드가 임종한지 바로 다음 날 영국 왕으로 선출되었다. 그런데 노르망디 공국의 공작이었던 윌리엄은 해롤드가 영국 왕위에 오른 사실을 받아들일 수 없었다. 왜냐하면 에드워드가 생전에 자신에게 영국 왕위를 물려 줄 것이라고 약속하였고 해롤드도 윌리엄이 왕이 되는 것을 반대하지 않겠다고 서약했었기 때문이다.

윌리엄은 영국의 왕권을 차지하기 위해 교황의 재가를 받고 프랑스 전역과 유럽의 다른 여러 지역으로부터 군사를 모아 1066년 9월에 영국의 남해안에 위치한 페벤시(Pevensey)에 별다른 저항을 받지 않고 상륙할 수 있었다. 해롤드는 언젠가 윌리엄이 영국에 침입해 들어올 것을 예측하여 대비는 하고 있었으나 윌리엄의 침입이 지연되고 있었다. 그리고 추수기가 다가옴에 따라 많은 수의 병사들을 고향으로 보내지 않을 수 없었다. 이런 상황에서 윌리엄이 침입해 옴에 따라 해롤드는 적은 수의 군사로 침략자들과 맞설 수밖에 없었다. 결국 해롤드는 헤이스팅스(Hastings) 전투에서 적의 화살에 눈을 찔려 즉사하였고 그의 두 형제들

도 같이 전사하기에 이른다. 지휘자를 잃은 영국군은 퇴각하였고 윌리엄
은 이 전투에서 승리하였다.

그 후 윌리엄은 영국인들의 저항을 잠재우고 영국인들로부터 조건
이 없는 항복을 받아내고 1066년 성탄절에 영국의 왕위에 오른다. 이후
윌리엄은 정복자 윌리엄(William the Conqueror)이라고 불리게 되었다.
바로 이 사건이 이후 영국과 영어의 역사에 큰 영향을 끼치는 프랑스 노
르망디에 거주하던 노르만인들에 의한 영국의 침입 사건인 노르만 정복
(Norman Conquest) 사건이다.

노르만 정복 사건 이후 영국에는 새로운 귀족제도가 도입되게 되었
다. 이미 영국의 이전 귀족계층들은 헤이스팅스 전투에서 많이 전사하였
고 또 전투에서 도망한 자들은 반역자로 처단을 받았기 때문에 이들의
빈자리는 새로운 윌리엄의 노르만족 추종자들로 채워졌고 정부의 중요
한 자리를 차지하며 거대한 부를 축적할 수 있었다. 그리고 노르만 출신
의 고위 성직자들이 교회 내의 중요한 직책을 차지하기 시작하여 대주교
와 대수도원장직을 노르만 출신들이 차지하였다.

5.6 프랑스어의 등장

영국의 왕정에서 고위직을 차지한 새로운 통치세력이었던 노르만족들
이 영국에서도 그들의 언어였었던 노르만 프랑스어를 계속 사용한 것은
지극히 당연한 결과라고 생각할 수 있다. 물론 처음에 침략해 들어왔을
당시에는 영어를 알지 못했을 것이고 점령 후에도 영어를 새로 배울 필
요성을 크게 느끼지도 못했을 것이다. 그리고 노르만 정복 사건 후 영국
의 왕이 된 윌리엄 이후에도 영국 왕들은 노르망디의 공작 직을 겸했다.
그리고 영국 왕들의 대부분이 그들의 통치 기간 중 거의 절반가량을 프
랑스에서 거주하며 영국을 오갔다. 따라서 프랑스와의 관계가 밀접하게

유지되었기 때문에 13세기 초까지 영국의 상류 계층이 불어를 계속해 사용할 수 있는 또 다른 이유였을 것이다. 이와 같이 노르만 정복자들이 영국에서 사는 동안 영어를 배울 필요성을 느끼지 못했고 대륙에 있는 프랑스에 대한 관심으로 불어의 사용이 계속되었던 것이다. 도리어 영국의 상류층들은 도리어 프랑스어를 배우는 것이 자신들에게 유리하다고 판단하여 정복자의 언어인 프랑스어를 배우려고 노력했을 것이라는 것을 어렵지 않게 추측해 볼 수 있다. 이런 경향은 노르만 정복 사건 이후 약 200년 가까이 유지되었다.

반면에 일반 대중 영국인들은 여전히 영어를 사용하였다. 영국 대중들은 노르만 정복 이후 그들의 패배를 현실로 받아들이고 새로운 정치와 제도에 적응함으로써 노르만족과 융합될 수 있었다. 이들 두 종족 간의 융합은 프랑스어와 영어가 융합되는 단초를 제공했을 것이다. 물론 노르만 정복 초기에는 영국의 궁정과 상류 계층을 프랑스 노르만인들이 차지하였기 때문에 프랑스어가 사용되었고 일반 대중 계층들은 그들의 본래 언어인 영어를 사용했다. 그렇지만 두 언어가 서로 융합되기 시작하였다는 것은 서로 두 집단 사이에 상호 간의 언어에 관심을 가지고 서로 배우려고 하는 시도가 있었다는 것을 어렵지 않게 가정해 볼 수 있다.

그렇다면 영국의 상류 지배 계층들은 언제부터 왜 그리고 어떤 과정을 통해 일반 대중의 언어인 영어를 배우기 시작했을까 하는 의문이 생기고 반대로 영어를 사용하던 일반 대중 계층들에게는 프랑스어가 어느 정도까지 침투되어 있었을까에 대한 궁금증이 자연스럽게 생긴다. 여러 가지 문헌에서 찾아볼 수 있는 다양한 기록물의 내용에 의하면 12세기 말 경에는 프랑스어를 사용하는 상류층 사람들도 영어에 대한 지식을 가지게 되었으며 수도원과 교회 내에서 또는 교육자들 사이에서는 서로 영어에 대한 지식을 기대했던 것 같으며 상류층이나 일반 대중 양 계층의 사람들과 접촉해야 하는 사람들은 프랑스어와 영어를 동시에 구사할 수 있는 이중 언어 사용자가 많았을 것으로 여겨진다.

영어와 세계

12세기 말경에 영국의 상류 지배 계층이 일반 대중이 쓰던 영어에 대한 지식을 가지게 된 것처럼 상류층이 사용하던 프랑스어에 대한 지식도 하류 계층의 영국인들도 습득하게 되었다. 영어를 모국어로 사용하던 기사 계층의 사람들은 프랑스어의 습득이 필요하게 되었다. 그리고 기사 계급 다음으로 프랑스어의 습득에 노력한 사람들은 중산층에 속하는 상인들이었다. 상거래의 필요에 의해 이들이 프랑스어의 습득에 열심이었을 것이라는 것은 쉽게 상상이 간다. 그리고 나중에는 일반 자유 소작인 층까지에도 프랑스어에 대한 지식이 확대되었다.

5.7. 영어의 재확립

만약 노르만족에 의한 영국의 지배가 계속되었더라면 영국에서 프랑스어가 계속 사용되어 영국의 공용어 또는 표준어가 되었을지도 모른다. 그렇지만 1204년 존 왕(John the Lackland) 때에 프랑스 왕 필립(Philip)에 의해 노르망디를 몰수당하는 사건을 통해 영국의 노르만족 출신 귀족들과 프랑스와의 연대가 깨지기 시작한다. 그 사건의 내용과 과정은 다음과 같다.

존 왕은 뤼지낭(Lusignan)가의 휴(Hugh)와 약혼 관계에 있던 이자벨(Isabel of Angoulême)에 반해서 이자벨과 결혼을 강행하고 심지어는 한발 더 나아가 뤼지닝가로부터의 보복을 우려해 뤼지닝가를 선제공격하기에 이른다. 이에 휴는 프랑스 왕 필립에게 이와 같은 사실을 알리고 도움을 요청한다. 필립 왕은 1202년에 존으로 하여금 파리에 있는 자신의 궁전에 출두하여 심판을 받도록 명령했으나 존은 자신이 영국 왕으로서 프랑스의 법정에서 재판을 받을 수 없다고 소환을 거부한다. 이에 필립 왕이 존이 영국 왕인 한편 노르망디의 공작으로서 프랑스의 법정에서 재판을 받을 의무가 있다고 하였음에도 불구하고 존은 재판에 불응하여 재판 날짜에 법정에 출두하지 않았다. 이에 프랑스 법정은 존의 영토를 몰수하도록 선고를 내린다. 필립 왕은 프랑스 법정의 판결에 따라 노르망디를 공격하였고 결국 1204년에 영국의 존 왕은 노르망디와 앙주 등지를 필립 왕에게 빼앗기기에 이르렀다.

지리적·언어적·문화적으로 노르망디와 밀접한 유대감을 가지고 있던 영국의 상류 귀족 지배층들로서는 프랑스 왕에게 노르망디를 빼앗겼다고 하는 것은 큰 충격이 아닐 수 없었다. 그렇지만 이 사건이 영어에게는 무척이나 다행스럽고도 유익한 영향을 끼친 사건이었다고 할 수 있다. 노르만 정복 이후 영국의 귀족 계급을 형성하게 된 노르망디 출신들은 영국과 노르망디 두 지역에 모두 땅을 가지고 있었다. 그렇지만 이 사건 이후에 영국의 지배 계급들은 영국 왕이나 프랑스 왕 중에서 어느 한 쪽을 선택해 충성을 서약해야 하는 상황에 직면하게 되었다. 프랑스의 왕은 1204~1205년에 영국에 거주하였던 모든 기사의 토지를 몰수한다는 칙령을 내리기도 한다. 결국 영국과 프랑스의 노르망디 두 곳에 땅을 모두 소유하고 있던 귀족 집안들은 어느 한 곳의 땅을 포기해야 하는 상황이 오자 영국을 선택한 많은 귀족들은 자신들을 영국인이라고 생각하는 경향이 생기게 되어 언어 사용에 있어 프랑스어만을 고집하지 않고 자연스럽게 영어를 받아들이게 된다. 그리고 그 당시에 프랑스에서는 파리(Paris) 중심의 표준 프랑스어인 중앙 프랑스어(Central French)와 많이 다른 지방 방언의 하나인 노르만 프랑스어를 경시하고 깔보는 사회적 요인 또한 영국에서의 노르만 프랑스어 쇠퇴에 한 원인이 되었다고도 볼 수 있다.

영어는 점점 귀족 계층에서 사용되기 시작하여 1258년 헨리 3세(Henry III)에 의한 민권확인포고문(Proclamation)은 프랑스어와 함께 영어로 쓰이는 등 영어가 프랑스어와 함께 영국의 공용어가 되었다. 그렇지만 이와 같은 영어의 재등장이 영국 내에서 프랑스어의 즉각적인 소멸을 의미하는 것은 아니었다. 사실 영어가 프랑스어를 몰아내고 영국의 대표 언어로 자리를 잡기 시작한 것은 이후 1세기가 더 지나고 나서다.

그 이유는 당시만 해도 공적 활동에서는 프랑스어의 사용이 계속되었고 헨리 1세(Henry I)를 제외하고 이후의 영국 왕들은 계속해서 프랑스에서 왕비를 맞이하였고 또한 많은 프랑스인들이 요직에 기용되었기 때문이다. 그리고 13세기의 프랑스의 문화는 유럽에서 가장 뛰어났으며 온 유럽인들에게 프랑스어가 큰 인기를 누리고 있었기 때문에 영국도 프랑스 문화와의 접촉과 수용에 있어서 예외가 될 수 없었던 것이다. 당시의 프랑스는 유럽에서 가장 세련된 기사도 정신의 문화를 가진 사회로 인식되었고 유럽 다른 나라의 궁정에서 교양의 대상으로 가르쳐지고 있었을 정도로 보편적인 언어였다.

프랑스어 외에도 영어는 서서히 영국의 상류층에서 사용되기 시작하여 영국의 귀족들에게는 이중 언어가 가능한 사람들이 많아지기 시작하였다. 그리고 영국 왕 중 헨리 3세(Henry III)에 이어 즉위한 에드워드 1세(Edward I)는 지금까지의 다른 왕들처럼 프랑스식의 이름이 아니라 순수한 영국식 이름이었을 정도로 영국의 왕실도 영국화되어 갔다. 그동안 영국 왕의 이름들 중 윌리엄(William), 헨리(Henry), 리차드(Richard) 그리고 존(John) 등은 프랑스식 노르만인들의 이름이었다. 에드워드는 웨일스를 정복하고 스코트랜드를 영국에 병합시켜 통일 왕국의 건설을 도모하는 등 강력한 영국의 건설을 위해 많은 노력을 하였다. 1300년경에는 영어가 귀족 계층 자녀들의 모국어가 되었고 가장 보수적인 집단이라고 할 수 있는 교회와 대학에서도 영어의 사용이 더욱 확대되었다.

이후 영어가 더욱 널리 사용되는 계기를 만든 두 사건이 일어나는데 그중 한 사건이 영국 왕 에드워드 3세가 스코트랜드를 지배하려는 영국의 노력에 간섭하는 프랑스를 상대로 일으킨 백년 전쟁(Hundred Years' War: 1337~1453)이다. 장기간에 걸친 휴전으로 전쟁이 중단 된 적도 있지만 거의 1세기 동안 프랑스와 전쟁을 하는 동안에 영국인들은 자국에 대한 애국심이 고취되었을 것이고 반면 프랑스와 프랑스인에 대한 적개감이 증대되었을 것이다. 프랑스어는 전쟁 내내 적군의 언어였기 때문에 백년 전쟁을 거치면서 프랑스어를 사용하지 않고 영어를 사용하는 것이 더욱 애국적인 행위로 간주되었을 것이다.

영어의 중요성이 대두된 또 다른 계기로 학자들은 흔히 대중의 생활 여건이 향상되었고 경제적으로 풍족한 중산 계층이 출현하게 된 것을 꼽는다. 중세영어 후반기 동안 농노들의 신분이 없어지기 시작하였고 자유 소작인도 많이 증가하였다. 이러한 사회적인 변화는 1349년에 크게 번졌던 흑사병(The Black Death) 사건으로 더욱 가속화되었다. 흑사병이 만연하는 동안 사망률이 거의 30% 정도에 달했다고 하는데 대부분의 희생자들은 하류 계층의 사람들이었다. 따라서 노동력의 부족이 사회적으로 심각한 문제로 대두되었다. 노동자들의 임금은 큰 폭으로 인상되었고 노동자들의 지위도 덩달아 올라갔다. 노동자들의 임금이 상승됨에 따라 농노들은 자주 도망을 하게 되고 일당을 받던 날품팔이 농부들은 자유노동자가 받는 높은 임금을 동경해 자신들의 고장을 떠났다. 반면 남아있던 농부들은 자신들의 처지를 비관하다가 결국 1381년에 농민 반란(Peasants' Revolts)을 일으킨다. 이와 같이 뜻하지 않았던 흑사병의 창궐로 인하여 노동 계층들의 노동력의 가치가 증대됨에 따라 경제적 상황이 크게 향상되었으며 그들이 사용하는 영어에 대한 중요성도 같이 올라갔다. 고용자의 입장에서는 영어를 사용하는 노동자를 고용하여 관리하며 일을 시키기 위하여 영어를 필요로 하기 시작했을 것이며 경제적으로 풍요로워진 노동자들을 상대로 상품을 판매하고 서비스를 제공해야 하는 상인들의 입장에서도 영어의 사용이 필수적이었을 것이라는 것을 쉽게 상상해 볼 수 있다.

이 시기에 덩달아 장인(craftsmen)들과 상인(merchants)들이 신흥 계급으로 급부상하게 된다. 1250년경에 영국은 일정한 규모를 지니는 마을들에게는 자치권을 허용하여 각 마을이 왕에게 바치고 남는 세금을 고을에서 자율적으로 사용할 수 있게 했다. 그런 마을들의 경우 대부분의

　　　　　　　　　　　　　　　　　　영어와 세계

사람들이 제조업이나 상업에 종사하였는데 이들이 자신들의 이익을 보호하기 위해 여러 단체를 구성하여 목소리를 내기 시작하면서 기존의 농민과 귀족 계급으로 나뉘던 신분 사회에서 새로운 계층을 형성하면서 급부상하게 된 것이다. 영어를 사용하며 사회적·경제적으로 막강한 영향력을 지니게 된 이들 새로운 계층의 출현으로 인하여 영어의 지위도 그 중요성이 점점 더 증대된 것이다.

14세기 초반경에 이르러서는 많은 대중들이 영어를 사용하게 되었다. 나이의 많고 적음과 교육을 받은 자들이건 받지 못한 자들이건 간에 영어를 광범위하게 사용하였다. 그렇지만 프랑스어가 완전히 사라진 것은 아니고 궁정에서는 여전히 프랑스어가 사용되고 있었다. 그리고 프랑스어는 1362년까지는 법정의 공식 언어였고 성직자들도 여전히 프랑스어를 사용했다. 프랑스어는 여전히 교양 계급의 언어였고 의회와 행정기관에서 쓰이는 공식 언어였다. 그러다가 1362년에 웨스트민스터에서 열린 의회에서 의장이 영어로 개회 연설을 했고 그해 10월에 의회에서는 소성서류 작성법(The Statute of Pleadings)을 만들면서 그 법안이 그 이듬해 1월부터 발효되도록 제정했는데 그 내용은 백성들이 알아들을 수 없는 프랑스어로 재판이 진행되는 관계로 백성들에게 아무 효용이 없으니 법정에서 재판의 진행을 영어로 한다는 것이었다.

그 후 14세기 후반경에는 학교 교육에서 일반적으로 영어가 널리 사용됨에 따라 프랑스어의 사용이 쇠퇴되고 영어가 구어로서만이 아니라 문어로서도 광범위하게 사용되었다. 원래 교육을 받은 식자층에서는 문어로서 라틴어를 배워 글로 기록을 남기었으나 프랑스어가 널리 쓰이던 시절에는 프랑스어가 라틴어 대신에 문어의 자리를 차지하다가 마침내 15세기에는 영어가 프랑스어를 밀어내고 문어로서의 자리를 차지하게 되었다. 15세기에는 정부의 행정적 기록이 영어로 사용되고 있음을 찾아볼 수 있고 1450년경에는 개인들 간에 영어로 쓰인 편지들을 많이 찾아볼 수 있다.

중세영어 기간 동안 많은 문학 작품들이 영어로 쓰였다. 1250년부터 1350년까지 약 100년 동안 많은 종교 문학과 연애 소설 등과 같은 세속 문학이 영어로 쓰인 것을 볼 때 영어가 광범위하게 사용되고 있었다는 것을 알 수 있다. 그 후 1350년부터 1450년까지의 100년 동안은 중세기 영문학의 절정기를 이루면서 위대한 개인 작가들의 시대가 열린다. 이 시기 동안의 대표적인 영문학 작가로서 캔터베리 이야기(Canterbury Tales)라는 작품을 쓴 초서(Geoffrey Chaucer)를 들 수 있다. 종교 개혁의 선구자로 알려진 위클리프(John Wycliffe)는 성서를 영어로 번역하였다.

대개의 경우 어떤 언어든 지역에 따라 다양한 방언을 가지기 마련이다. 한 언어 내에 얼마나 많은 방언을 인정하느냐 그리고 각 방언 간의 경계선을 어떻게 정하느냐 하는 것은 쉬운 일이 아니다. 그렇지만 중세영어는 북부 방언(Northern), 동 중부 방언(East Midland), 서 중부 방언(West Midland), 남부 방언(Southern) 등과 같은 네 개의 주요 방언을 가지고 있었던 것으로 본다.

이 중 북부 방언은 험버강 이북의 지역에서 사용되던 방언으로서 고대 영어의 노섬브리아(Northumbrian) 방언이 계속 발전해 온 것이고 동 중부와 서 중부 방언은 험버강과 테임즈(Thames) 강 사이의 지역을 망라하는 곳으로서 고대 영어의 머셔(Mercian) 방언이 동과 서로 분리되어 각각 발전한 방언인데 이와 같이 고대 영어 시기에는 하나였던 머셔 방언이 둘로 나누어진 이유는 동 중부 방언은 데인로 지역에서 주로 사용되었고 서 중부 방언은 알프레드 대왕이 통치하던 지역에서 사용되면서 두 지역이 서로 다른 정치적 영향권에 놓이면서 시간의 흐름에 따라 구별이 가능한 두 개의 상이한 방언으로 독자적으로 발전하게 되었다. 마지막으로 남부 방언이 있었는데 남부 방언은 동남부 방언(South-eastern 또는 Kentish)과 서남부 방언(South-western)으로 더 세분하여 구분하기도 하는데 이렇게 남부 방언을 분류하는 이유는 동남부 방언은

영어와 세계

고대 영어의 켄트 지역 방언에서 발전해 온 방언이고 서남부 방언은 웨스트 섹슨 방언이 발전한 것이라고 하는 것을 보여주기 위한 것이다.

5.8. 표준 영어의 등장

14세기 말경부터 15세기 동안에 동 중부 지역의 방언이 말은 물론 글에서 공인된 표준 영어로 인정을 받는데 특히 대도시 런던의 방언이 그 중심에 있었다. 이와 같이 동 중부 지역 방언이 표준어로 인정받게 된 중요한 이유 중의 하나는 이 방언이 사용되는 지정학적인 위치 때문이다. 이동 중부 방언은 남쪽과 북쪽의 중간 지역에 위치하고 있었으며 남쪽 지역 방언처럼 보수적인 것도 아니었고 북쪽 지역 방언 만큼 많은 변화가 있었던 것도 아니었다. 음성 체계와 굴절 어미의 사용에 있어 중간적인 경향을 보였다. 동 중부 지역 방언이 중간 위치에 있었다는 것 말고 또다른 이유는 이 방언이 가장 비옥한 넓은 지역에서 가장 많은 사람들에 의해 사용되었다는 것을 들 수 있다. 영국의 북쪽과 서쪽 지역에는 산악 지형들이 많은 관계로 농사를 지을 수 있는 땅이 많지 않았던 반면 동 중부 지역은 비옥한 평지가 많아 농사를 지을 수 있었고 또한 농업에 종사하는 농민들의 수도 많을 수밖에 없었다.

당대 학문의 중심 역할을 하던 캠브리지(Cambridge) 대학과 옥스퍼드(Oxford) 대학이 위치했었던 것도 이 지역의 방언이 표준어가 되는 것에 어느 정도 기여했다고 볼 수 있다. 그리고 초서가 런던 지역의 영어를 구사하며 작품 활동을 한 것도 표준 문자 영어의 확립에 큰 기여를 했다. 많은 후세의 문인들이 초서의 언어를 모방해 문학 작품을 발표함으로써 초서가 사용하던 영어가 표준 문자로 정착하게 되었을 것이라는 것을 어렵지 않게 상상해 볼 수 있다. 초서와 더불어 런던 영어를 사용해 문학 활동을 했던 작가로서 윌리엄 캑스턴(William Caxton)을 들 수 있는데 캑스턴은 런던에 영국 최초의 인쇄소를 차려 프랑스의 문학 작품을 영어로 번역해 출판하는 인쇄업의 일도 하였기 때문에 그의 번역서적을 통하여 런던 영어가 널리 보급되었다고 할 수 있다.

표준 영어의 확립에 초서가 많은 기여를 했지만 정작 표준 영어의 기본이 된 것은 런던 지역의 공식적인 기록문서나 편지, 논설 등 서류에서 사용되는 일상적인 영어였다. 런던 영어가 표준 영어의 확립에 큰 영향을 끼칠 수 있었던 가장 중요한 이유는 런던이 영국의 수도로서 정치, 경제, 문화, 교육의 중심지였다는 사실이다. 다양한 지역 방언을 사용하던 사람들이 여러 이유로 런던을 방문하거나 런던으로 이주해 왔을 것이고 이런 이유로 런던의 방언이 자연스럽게 다른 지역 방언을 받아들이는 계기가 되어 여러 지방의 방언이 런던 방언으로 융합되고 한편으로는 런던 지역에 살다가 어떤 연유로 각자의 고향으로 이주해 간 사람들에 의해서 런던 영어가 그 지역에 소개되어 확산되는 과정을 통해 런던 영어를 중심으로 한 동 중부 지방의 영어가 표준 영어로 자리를 잡게 되었을 것이다. 적어도 15세기 후반의 런던 영어는 거의 전국적으로 문자 영어로서 표준어로 인정을 받게 되었다.

5.9. 현대영어의 성립

흔히 1500년부터 1700년까지를 초기 현대영어 시기로 볼 때 1500년 경부터의 영어는 현대영어 시기에 접어들 때의 영어가 된다. 그렇지만 현대영어라는 표현을 쓰고는 있지만 그 당시의 언어는 지금의 영어와는 많이 다르다. 1066년의 노르만 정복이 고대 영어와 중기 영어를 구분 짓는데 있어 큰 사건이었던 것처럼 중기 영어와 현대영어를 구분하는 데 있어서는 인류사에서의 몇 가지 큰 사건들이 그 역할을 하게 된다.

그중 하나로 이탈리아에서 시작되어 프랑스, 독일, 영국 등 유럽 지역에 전파되어 근대 유럽 문화를 탄생시킨 문예부흥 운동(Renaissance)을 들 수 있다. 문예부흥 운동이란 중세를 인간의 창조성이 철저히 무시된 암흑시대로 간주하여 중세기 동안 철저하게 통제되고 억눌린 인간성을 합리적인 사고 등을 통해 해방하고 회복시키기 위한 일련의 문화적인 흐름이다. 특징적인 현상은 인본주의에 바탕을 둔 고전 문학과 학문의 부흥을 통하여 인간의 재발견은 물론이고 문명의 재건과 사회 및 시민들의 의식의 개선이 가능하다고 보았다. 단순한 그리스, 라틴 학문의 부흥에 그치는 것이 아니라 인간들의 지적, 창조적 능력을 고양시키고자 노력하였다.

중세영어 시기에는 그리스어나 라틴어를 배운 일부 귀족이나 학자 등과 같은 계층만이 그리스어나 라틴어로 쓰인 고전을 접할 수 있었다. 그렇지만 문예부흥이라는 시대적 조류에 눈을 뜬 일반 대중들도 고전과 고대 문명에 대한 지적 탐구심을 가지게 되었다. 이에 따라 그리스와 라틴 문명이 있게 한 철학, 논리, 문학, 역사 각 분야의 서적들이 영어로 번역되고 또 인쇄술의 발달과 함께 출판됨으로써 대중들이 손쉽게 이런 번역물을 접하게 되어 영어에 대한 이해를 넓히고 궁극적으로는 영어가 발전하는데 긍정적인 영향을 끼쳤다.

플라톤, 아리스토텔레스, 키케로, 마르쿠스 아우렐리우스, 버어질 등과 같은 철학자와 시인, 희곡 작가들의 작품들에 대한 영어 번역물들이 쏟아져 나왔고 중세기와 동시대의 작품과 저작물 등도 영어로 번역되었는데 대표적인 것들로 성 어거스틴, 에라스무스, 칼빈, 마틴 루터의 글들이 있다. 흥미로운 것은 인간의 본성을 회복하자고 하는 문예부흥 운동이 기독교에서는 칼빈과 루터 등에 의해 종교 개혁을 촉발시킨 계기가 되었고 이후 수도 셀 수 없을 정도로 많은 신학과 관련된 저서가 라틴어 사용의 금기를 깨고 영어로 쓰이고 또 출판되었다고 하는 것이다. 그리고 소수의 식자층을 위해 라틴어로 쓰인 책을 인쇄하는 것보다는 많은 대중에게 읽힐 수 있는 영어로 쓰인 책을 인쇄하는 것이 출판업자들로서도 경제적으로 이익이 많은 일이었기 때문에 이런 상업적인 이유로 많은 영어책이 출판되었다.

문예 부흥과 함께 초기 현대영어 시기의 영어가 중세영어 시기의 영어에 비해 또 다른 의미로 발전을 할 수 있었던 계기로 인쇄술의 발달과 대중교육의 확대 그리고 무역, 교통과 통신 수단의 발달로 의사소통의 통로가 훨씬 용이하게 된 것을 들 수 있다. 독일에서 발명된 활자에 의한 인쇄 기술을 받아들여 영국에서는 윌리엄 캑스턴이 1476년 인쇄소를 차려 본격적으로 책을 찍어냄으로써 많은 사람들이 손쉽게 책을 접할 수 있게 되어 결과적으로 표준화된 영어가 영국 전역에 퍼지는 역할을 담당할 수 있었다.

인쇄술의 발달과 함께 표준 영어의 확립과 확산에 큰 기여를 한 것은 바로 대중교육이 일반화됨으로써 문자를 해독하여 실제로 책을 읽을 수 있는 사람들의 수가 크게 늘어났다고 하는 것이다. 셰익스피어가 살았던 시기에 런던에서는 인구의 3분의 1 이상 또는 절반 정도까지 문자를 해독해 글을 읽을 수 있었던 것으로 보고 있다. 인쇄기의 발명으로 인한 대량 출판이 가능해짐으로써 대중교육에서 필요한 수많은 책들을 공급할 수 있었고 또 대중교육을 받아 문자를 해독한 계층의 사람들에 의해 책에 대한 수요가 계속 커졌을 것이기 때문에 인쇄술의 발달과 대중교육의 확대는 영어의 발전과 관련해 상호 영향을 주고받았다고 할 수 있다.

무역 및 교통과 통신의 발달은 한 언어에 어떤 식으로든 영향을 끼치기 마련이다. 당연히 영어를 보다 더 넓은 지역으로 전파시키는데 일익을 담당하기도 하고 또 다양한 지역과 나라로부터 많은 새로운 어휘와 표현 방법들을 영어에 도입하는 계기가 되어 영어의 다양성을 가져오게 되었다. 반면에 영어의 통일성에도 기여를 하게 되었는데 그 이유는 교통의 발달로 많은 사람들이 과거보다 더 용이하게 여러 지역에 여행하며 많은 사람들과 교류할 수 있었을 것이고 발달된 통신 수단을 이용하면

영어와 세계

지금까지는 격리되었던 지역의 사람들과 소통할 수 있는 길이 열려 사람들을 서로 연결시켜 지방 간의 방언 차이를 축소시키는 일이 훨씬 용이해졌기 때문이다.

사람들에게는 어느 시대이든지 흔히 자신들보다 더 많은 교육을 받은 사람들이나 경제적이나 문화적으로 더 나은 생활을 하는 사람들을 닮아가려고 하는 하나의 사회적 현상이 있다고 할 수 있다. 엄격한 신분 사회에서는 이와 같은 경향이 실현되기가 쉽지 않겠지만 귀족 계급이 무너지고 새로운 계층의 출현으로 신분의 구분이 조금 모호해진 시기에는 자신이 추구하는 계층의 문법이나 말투 및 발음의 표준이 있다면 그런 것을 따라 하려고 노력을 할 것이다. 이런 사회적인 심리의식 또한 영어의 표준화와 그 전파에 한 역을 했다고 볼 수 있다.

그런데 재미있는 사실은 인쇄술의 발달이나 교통, 무역, 통신 등의 발달이 영어의 어휘를 풍부히 하고 그 발달에 큰 공헌을 한 반면 문법에서는 사람들로 하여금 보수적인 경향을 견지하도록 했다고 하는 점이다. 인쇄와 통신 수단의 발달 등은 사람들 간의 의사소통을 위한 욕구를 충족시키기 위하여 다양한 어휘의 생성과 발전 등 언어의 변화를 촉진시키는 측면이 있다. 반면에 출판된 각종 출판물의 등장과 대중교육의 확산 과정에서는 모든 사람들이 지켜야 할 마땅한 어법 및 문법에 대한 표준화 작업에 대한 열망이 생기기 마련이어서 언어의 변화에 저항하는 또하나의 흐름이 생기기도 한다. 따라서 현대영어 시기에는 문법에서는 큰 변화가 일어나지 않은 반면에 어휘에서 일어난 변화는 실로 광범위한 것이었다.

세계적으로 널리 쓰이고 있는 오늘날의 영어가 세계어로 사용되는 데 있어 큰 문제 중의 하나로 지적받고 있는 것이 발음과 철자의 불일치 문제이다. 초기 현대영어 시기인 16세기 당대에도 영어의 철자법은 큰 문제였다. 당시의 대중들이 따라야 하는 어떤 일반적으로 받아들여지는 통일된 체계가 없었다. 즉 음성학적으로 표음적인 것도 아니고 고정화된 체계도 아니었다. 대체적으로 철자와 발음이 달라지는 주요한 원인은 철자가 발음보다 훨씬 더 보수적이기 때문이다. 초기에는 철자와 발음이 일치하다가 어떠한 이유로 변화한 발음이 철자에 반영되지 못한 상태로 시간이 흐르게 되면, 결국 후대에는 철자와 발음 간의 괴리가 생기게 되고 불일치가 일어나게 되는 것이다.

철자와 관련하여 재미있는 사실은 어떤 학자들의 경우는 자신이 주장하고 고집하는 방법대로 철자를 썼다고 하는 것이다. Baugh & Cable(1978)에 의하면 존 치크 경(Sir John Cheke)은 글을 쓸 때 장모음은 'taak'(take), 'haat'(hate), 'maad'(made), 'mijn'(mine), 'thijn'(thine)처럼 두 번 반복해서 쓰고 'giv'(give), 'belev'(believe)처럼 발음이 안 되는 어말의 '-e'를 쓰지 않기도 하고 'mighti'와 'dai'처럼 'y' 대신 항상 'i'를 썼다.

철자에 일관성을 가지지 않던 출판사들에 의해 생기는 문제점도 있었다. 1591년에 출판된 그린(Greene)의 *A Notable Discovery of Coosnage*이라는 팸플릿에서는 'coney'라는 단어가 'cony', 'conny', 'conye', 'conie', 'connie', 'coni', 'cuny', 'cunny', 'cunnie' 등으로 다양하게 철자되기도 하고, 'coosnage'는 'coosenage', 'cosenage', 'consage' 등으로, 'been'은 'benne', 'bin'으로, 'fellow'는 'felow', 'felowe', 'fallow', 'fallowe' 등으로, 그리고 'neibor'는 'neighcor'로, 'go'는 'goe'로 'their'는 'theyr' 등으로 철자되기도 한다. 그리고 몇몇 학자와 작가들은 당시의 철자가 단어의 발음을 올바로 나타내주고 있지 못하기 때문에 필요하다면 기호를 더 사용하여 음성학적으로 영어를 철자하자고 제안하기도 하였다.

그렇지만 리차드 멀캐스트(Richard Mulcaster)는 음성학적인 노력으로 영어의 철자를 개혁하려는 어떤 시도에 대해서도 그것이 결국 무용할 것이라는 것을 지적하였다. 그는 단어의 발음만을 고려해 철자 체계를 정립한다고 해도 철자가 한 언어에서 만들 수 있는 소리를 완전하게 나타낼 수는 없다고 생각하고 같은 낱말이 아주 다른 뜻을 여러 개 가질 수 있는 것처럼 같은 문자가 때로는 다른 소리를 내기 위해 쓰이는 것은 불가피한 일이라고 본다. 그리고 발음은 시간의 흐름에 따라 또 방언의 발전에 따라 항상 변해왔고 또 앞으로도 변할 것이기 때문에 발음에 입각해 철자 체계를 확립하려는 시도에 대해 반대했다. 그리고 발음을 따라 표기하게 되면 철자 체계가 너무 복잡해진다고 보았다. 그리고 한 언어의 철자 체계는 정치, 종교, 법률, 경제 등 각종 공적 또는 사적인 언어 행위를 하기 위해 필요한 언어 표기를 하기 위하여 그때까지 사람들이 채택해 사용하고 있는 일종의 관용화가 된 관습이기 때문에 그것을 한순간의 철자 개혁으로 완전히 바꿀 수는 없다고 보고 현재의 철자 체계를 존중하며 그 본질을 살리면서 무리 없이 합리적으로 바꾸어 나갈 것을 제안한다. 영어의 철자를 고정화시키려는 다양한 노력이 계속되다가 현대적인 형태의 영어 철자법은 약 1650년에 확립된 것으로 본다.

초기 현대영어 시기인 16세기는 영어의 어휘가 풍부하게 된 시기였다. 문예 부흥 이후 인간성 회복과 함께 다양한 여러 분야에서 기존의 이념과 사상 등 옛 질서를 부정하고 새로운 실험과 시도가 일어났던 시대적 배경이 영어의 어휘의 확장과 다양성을 가져오게 된 한 원인이었다. 문예 부흥기에 그리스어와 라틴어로 쓰여 있는 고전에 대한 새로운 관심으로 이들 책을 영어로 번역하려는 과정에서 많은 번역자들은 영어로 번역하는데 한계를 느껴 다른 언어로부터 적절한 단어와 표현들을 차용해 사용했다. 그리고 라틴어를 제2외국어로 사용하는 사람들은 라틴어의 어근을 영어로 도입해 그 어근을 활용하여 영어화하고자 하는 욕망이 생겼고 이것은 라틴어뿐만 아니라 프랑스나 이탈리아어에 대해서도 그런 생각을 가지게 되었다. 이런 과정을 통해 많은 외국어에서 새로운 단어들이 영어에 유입되게 되어 영어의 어휘가 풍부해지는 데 역할을 했다.

차용어의 사용이 광범위하게 진행되자 그 반작용으로 이와 같은 흐름에 반대하는 움직임도 커졌다. 차용어의 사용에 반대하는 사람들은 새롭게 도입된 차용어들이 우선 일반 대중들에게 낯설고 그 뜻이 분명하지 않아 애매하다고 지적하였다. 대중들의 정서와 동떨어진 차용어들을 학자들이 자신들의 박식함을 뽐내기 위해 편의에 의해 사용되어지는 현학적인 것들로 치부하고 현학적인 용어라는 의미로 잉크통 용어(inkhorn terms)라고 부르며 이 단어들의 사용을 비웃으며 이 단어들을 영어에서 추방할 것을 주장하였다.

물론 차용어의 도입과 사용을 찬성하거나 옹호하는 사람들은 우리가 분별력을 가지고 차용어들을 도입해 일상생활이나 글쓰기에서 잘만 활용한다면 영어의 어휘와 표현력을 높일 수 있다는 입장이었다. 이 옹호자들은 어차피 한 언어는 다른 외국어의 영향을 받을 수밖에 없는 것이고 사실 예전에도 영어는 이미 라틴어나 그리스어, 프랑스어, 스칸디나비아어 등으로부터 많은 단어들을 차용하여 사용하여 왔고 차용어가 처음에는 낯설고 이질적으로 느껴질 수도 있지만 시간이 흐름에 따라 그 사용의 빈도가 많아지면 대중들에게도 낯익게 될 것이고 그에 따라 자연스럽게 익숙해질 것이라고 주장하였다.

이 시기에 영어의 순수성을 지키는데 큰 역할을 한 것은 성서의 영어 번역 작업이었다. 다양한 성서 번역본들의 등장으로 일반 대중들에게 성서가 널리 보급되어 읽힘으로써 영어의 표준을 정하고 지키는 데 큰 기여를 하였다. 그런데 그 당시 영어 순수론자들로부터 현학적인 표현들이라고 공격을 받았던 당시의 단어들 중 적지 않은 표현들이 오늘날까지도 생존해 있다. 몇 가지만 예를 들면 'ingenious', 'capacity', 'celebrate', 'illustrate', 'fertile', 'antique', 'native', 'confidence' 등과 같은 단어들이다. 이와 같은 현학적인 표현들로 가득한 차용어를 사용하는 것에 대한 거센 반대에도 불구하고 16세기를 통하여 차용어의 사용이 계속되었다. 순수론자들은 영어의 고어나 이미 사라진 단어들을 되살려내기까지 하면서 새로운 단어를 만들어내기까지 하였으나 그 수가 얼마 되지 않았으며 차용어가 계속 들어오는 것을 막을 수 없었다. 따라서 결국 순수론자

영어와 세계

들은 현실을 받아들여 차용어를 수용하되 너무 지나치지 않게 중용을 지키자는 타협적인 입장을 견지하게 된다. 어쨌거나 그리스어, 프랑스어, 이탈리아어 그리고 스페인어 등과 같은 언어들에서 많은 단어들이 차용되어 사용되었지만 새로운 단어들의 대부분은 라틴어에서 차용된 것들이다. 이와 같은 과정을 통해 영어에는 16세기와 17세기 초에 수천 개의 새로운 단어가 유입되었다.

Baugh & Cable(1978)에 의하면 그 당시에 도입된 단어 중 대표적인 것들로 우선 명사로는 'atmosphere', 'autograph', 'capsule', 'dexterity', 'disability', 'disrespect', 'excursion', 'expectation' 등과 같은 단어들이 있고, 형용사로는 'appropriate', 'conspicuous', 'dexterous', 'expensive', 'external', 'habitual', 'impersonal', 'insane', 'malignant' 등이 있고, 동사로는 'adapt', 'alienate', 'assassinate', 'benefit', 'consolidate', 'disregard', 'erupt', 'exert', 'exhilarate', 'exist', 'extinguish', 'harass' 등이 있다.

위의 단어들은 대부분이 라틴어에서 온 단어들인데 이 중 'atmosphere', 'autograph' 등은 이미 오래전에 그리스어에서 라틴어로 유입된 단어를 라틴어에서 그대로 차용한 단어들이다. 그 외에도 'chaos', 'climax', 'crisis', 'critic', 'dogma', 'emphasis', 'enthusiasm', 'parasite', 'parenthesis', 'pathetic', 'pneumonia', 'scheme', 'skeleton', 'system', 'tactics' 등이 있고 문예 부흥기에 그리스어에서 직접 차용해 쓰기 시작한 단어들로는 'acme', 'anonymous', 'catastrophe', 'criterion', 'idiosyncrasy', 'lexicon', 'tonic' 등이 있다. 그리고 어떤 차용어들은 영어에 도입이 될 때 원형 그대로 도입이 되는 경우도 있었고 원형의 변화를 거쳐 도입 되는 경우도 있다.

이 시기에 라틴어와 그리스어를 제외하고 영어는 실로 많은 나라의 언어로부터 다양한 단어들을 차용해 사용했다. 그중에 영어에 가장 많은 영향을 끼친 언어들로 프랑스어, 이탈리아어, 스페인어 등을 들 수 있다. 프랑스어에서는 'alloy', 'bigot', 'bizarre', 'chocolate', 'comrade', 'detail', 'entrance', 'equip', 'essay', 'explore', 'mustache', 'naturalize', 'probability', 'progress', 'shook', 'surpass', 'ticket', 'tomato', 'vogue', 'volunteer' 등과 같은 단어들을 차용했다. 'algebra', 'balcony', 'cameo', 'design', 'granite', 'stanza', 'stucco', 'trill', 'violin' 그리고 'volcano' 와 같은 단어들은 이탈리아어에서 직접 차용한 단어들이다. 반면에 다른 이탈리아 단어들은 프랑스어를 거쳐 간접적으로 차용되거나 프랑스어의 형태로 변형되어 들어왔는데 'bankrupt', 'carat', 'gala', 'gazette', 'grotesque', 'infantry' 등이 그 예가 된다.

스페인어와 포르투갈어로부터 차용한 단어들은 다음과 같다. 'alligator', 'anchovy', 'apricot', 'armada', 'armadillo', 'banana', 'barri-cade', 'cannibal', 'canoe', 'cocoa', 'corral', 'desperado', 'hammock', 'hurricane', 'maize', 'mosquito', 'negro', 'potato', 'tobacco', 'yam' 등과 같은 단어들이다.

이와 같이 문예 부흥기에 영어에 새로이 추가된 어휘들은 대부분이 다른 나라의 언어로부터 온 것들이다. 이와 같이 외국어로부터 어휘를 도입해 사용하는 경향에 대해 반대하는 학자들이나 작가들도 많이 나타났다. 대부분의 새로운 단어들은 인쇄기의 발명과 함께 문자 언어를 통해 새로운 힘을 얻어 유입된 것들이다. 그리고 영어의 어휘의 풍부성에 기여한 작가로 셰익스피어를 들지 않을 수 없다. 셰익스피어는 누구보다도 영어의 어휘를 많이 알았으며 영어의 단어들을 재치있고 창의적으로 사용하여 작품 활동을 하였으며 또 새로운 단어를 기꺼이 받아들였다.

5.10. 영어의 확산

영어가 영국의 본토를 벗어나서 지금처럼 미국, 캐나다, 오스트레일리아, 뉴질랜드, 사우스 아프리카 등과 같은 다양한 나라들에서 사용되게 된 배경에는 식민지 개발을 위한 유럽 각국들과의 경쟁 덕분이라고 할 수 있다. 이미 15세기 초부터 17세기 초까지 유럽 각국들은 탐험과 무역을 목적으로 새로운 항로를 개척하여 미지의 세계를 찾아다녔다. 대서양과 접해 있던 포르투갈은 이슬람세력들의 팽창으로 말미암아 아시아로 다니던 육로 무역이 어려워지자 후추와 정향 등과 같은 향신료를 구할 목적으로 해상 루트를 통하여 인도와 중국과 교역하고자 하였다. 이것을 가능케 해 준 사람이 바로 바스코 다가마(Vasco da Gama)이다. 이미 1488년 포르투갈의 항해사 바르톨로뮤 디아스(Bartolomeu Dias)가 아프리카 대륙 남단의 희망봉을 발견하였고 그 후 1497년 4척의 배로 탐험대를 구성해 이끌고 인도를 향해 리스본을 떠났던 바스코 다가마는 1498년 5월 20일에 마침내 인도의 캘리컷(현재 코지코드)에 도착하였다. 이것은 대서양에 면한 포르투갈과 인도양의 인도 사이에 바닷길을 최초로 개척한 사건이었다. 바스코 다가마에 의한 인도 항로 개척 덕분에 드디어 서양과 동양의 바닷길이 열린 것이다.

잘 알려진 대로 크리스토퍼 콜럼버스(Christopher Columbus)는 1492년에 신대륙인 아메리카 대륙에 상륙했는데 콜럼버스는 자신이 인도에 도착했다고 믿어 그곳의 원주민들을 인도 사람이라는 뜻인 '인디오'라고 불렀다. 사실 그가 첫 항해에서 발견한 섬들은 바하마 제도에 있는 조그만 섬들과 쿠바였던 것이다. 이와 같이 처음으로 새로운 대륙과 다른 나라들을 발견하여 식민지를 개발하기 시작한 것은 당시의 해양 강국이었던 스페인과 포르투갈이었고 그에 자극을 받은 영국과 프랑스가 그 뒤를 이었다. 영국인들은 인도에는 1600년에 무역을 증진시킬 목적으로 동인도회사를 설립하여 마드라스, 봄베이, 콜카타 등에 식민지를 세웠고 이후 인도에서 프랑스와의 식민지 개척 경쟁에서 이겨 인도의 대부분을 식민지화하는 데 성공한다.

미국 개척의 경우에는 미국대륙에 최초의 항구적인 개척지로서 버지니아의 동쪽에 제임스타운을 건설하게 되는데 1607년 봄 런던 버지니아 회사가 보낸 이민 144명은 제임스 강을 약 50km 거슬러 올라가 성채와 마을을 건설하였다. 초기 개척의 어려움과 질병에 시달리고, 굶주림과 인디언의 습격 등 많은 어려움을 견뎌내어 1619년에는 미국 최초의 식민지의회가 설치되었고 식민지의 수도가 되었다. 캐나다는 프랑스가 먼저 몬트리올, 퀘벡, 세인트로렌스 등에서 식민지를 세웠지만 후에 영국에게 캐나다를 넘겨주게 되었다.

뉴질랜드와 오스트레일리아는 1768년 영국 학술원이 영국 왕에게 천체 탐험대를 태평양지역으로 보낼 수 있도록 재정 지원을 받아 쿡 선장이 영국 학술원의 요청으로 태평양지역에 천체 관측을 위한 항해를 나간다. 그 후 임무를 마치고 그 지역 일대를 탐험하던 중에 뉴질랜드 섬 주위를 항해하고 오스트레일리아에 도착함으로써 뉴질랜드와 오스트레일리아를 영국의 식민지로 만들게 된다. 그 후 미국이 1781년에 궁극적으로 영국으로부터 독립하게 되자 영국은 범죄자들을 추방할 곳이 없어지자 오스트레일리아로 눈을 돌려 1787년에 기결수들을 오스트레일리아로 보냈다. 이와 같은 과정을 통하여 영국은 19세기에서 20세기 동안에 인도, 미국, 캐나다, 뉴질랜드, 오스트레일리아 등 전 세계에 걸쳐 수많은 식민지를 가지고 있었기 때문에 영국을 해가 지지 않는 나라라고 부를 정도였다.

5.11. 영어 어휘의 확장

영국이 전 세계에 걸친 식민지를 경영하는 과정에서 다양한 나라와 인종들과의 접촉을 통해 영어에는 많은 새로운 단어들이 소개되었다. 미국 인디언과의 접촉으로 영어가 새로이 취득한 단어들에는 'hickory', 'moccasin', 'moose', 'opossum', 'raccoon', 'skunk', 'tomahawk', 'totem', 'wigwam' 등과 같은 단어들이 있다.

스페인과 포르투갈의 영향을 많이 받았던 나라인 멕시코에서 영어에 들어온 낱말들은 'chili', 'chocolate', 'coyote', 'tomato' 등이 있고 쿠바와 서인도로부터는 'barbecue', 'cannibal', 'canoe', 'hammock', 'hurricane', 'maize', 'potato', 'tobacco'와 같은 단어를 받아들였으며 페루로부터는 'alpaca', 'condor', 'jerky', 'llama', 'puma'와 같은 단어들을, 그리고 브라질과 기타 남미 지역으로부터는 'jaguar', 'poncho', 'tapioca'와 같은 단어들이 영어에 들어오게 되었다.

동양권에 속하는 인도로부터는 'bangle', 'bengal', 'Brahman', 'bungalow', 'calico', 'cashmere', 'cheroot', 'china', 'cot', 'curry', 'jungle', 'loot', 'mandarin', 'nirvana', 'pariah', 'polo', 'punch', 'thug', 'toddy', 'indigo', 'mango'와 같은 많은 단어들이 영어에 유입되었다.

아프리카 원주민이나 아프리카에서 접촉한 네덜란드와 포르투갈의 상인들로부터 들여온 낱말들도 있는데 'banana', 'Boer', 'gorilla', 'guinea', 'gumbo', 'voodoo', 'chimpanzee', 'zebra'와 같은 단어들이다.

오스트레일리아로부터는 상대적으로 많은 단어가 유입된 것은 아니지만 원주민들이 쓰던 단어들로서 'boomerang', 'kangaroo'와 같은 단어를 유입해 사용하였으며 오스트레일리아의 영국인들이 쓰던 단어들인 'wombat'와 'paramatta'와 같은 단어들도 오스트레일리아에서 들여온 단어들이다.

제1차 세계대전이 발발했던 1914년부터 종전이 된 해인 1918년 사이의 4년 동안 전쟁을 수행하기 위한 많은 군사 용어들이 영어에 새로 도입되거나 새로운 의미를 추가해 사용되었다. 'air raid', 'antiaircraft gun', 'tank', 'gas mask', 'liaison officer', 'camouflage', 'sector', 'barrage', 'dam', 'ace', 'hand grenade', 'dugout', 'machine gun' 등이 그와 같은 단어들이다.

제2차 세계대전 기간 동안에도 역시 많은 단어들이 새롭게 만들어지거나 기존에 쓰이던 표현들이 더 빈번하게 사용되기도 하고 새로운 의미를 지니게 되었다. 'alert', 'blackout', 'block-buster', 'evacuate', 'air-raid shelter', 'parachutist', 'paratroop', 'crash landing', 'roadblock', 'jeep', 'fox hole', 'bulldozer', 'decontamination', 'task force', 'radar', 'commando', 'priority', 'bottleneck', 'stockpile', 'iron curtain', 'cold war' 등과 같은 단어들이 제2차 세계대전 시기부터 사용되고 있다.

과학과 기술의 발전으로 새로운 단어의 필요성이 생겼고 그로 인한 생활 문화의 발전과 함께 또한 새롭게 만들어진 단어들도 많이 있다. 가장 최근에 많이 사용되는 단어들은 아마도 통신 기술의 발전으로 인해 만들어진 단어들일 것이다. 'smart phone', 'bluetooth', 'A.I.(artificial intelligence)', 'hybrid car', 'electric car', 'drone'과 같은 단어들을 그 예로 들 수 있을 것이다.

5.12. 미국 영어와 영국 영어의 차이

영국이 1619년에 버지니아에 제임스타운을 건설하여 북미 대륙에 최초의 식민지를 개척한 이래 영국의 청교도들은 본국에서의 종교 탄압을 피해 메이플라워호(Mayflower)를 타고 1620년에 플리머스(Plymouth)에 정착하여 북미 대륙에서의 새 삶을 시작하게 된다. 그 이후에도 정치, 종교적인 탄압을 피하기 위해서나 혹은 단순히 더 나은 경제적인 삶을 위해 지속적으로 영국에서 수많은 사람들이 이주해 오면서 미국은 점점 커지게 되고 결국에는 영국과 독립전쟁을 벌여 1783년에 영국으로부터 독립하여 지금 현재의 세계 최강국으로서의 미국으로 거듭나게 된다.

미국이 영국으로부터 독립하여 새로운 국가를 형성하게 된 것처럼 미국의 영어도 수 세기를 지나면서 영국 영어의 모습과 많이 다르게 되었는데 철자법, 발음, 어휘의 사용 등에서도 서로 다른 양상이 나타나게 된다. 미국 영어와 영국 영어의 차이점을 비교해 보면 다음과 같다. 먼저 미국 영어와 영국 영어에서 흔히 찾아볼 수 있는 철자의 차이는 다음과 같은 것들이 있다.

5.12.1. 미국 영어와 영국 영어의 철자법 차이

미국 영어 -or	영국 영어 -our
ardor	ardour
armor	armour
behavior	behaviour
color	colour
demeanor	demeanour
endeavor	endeavour
favor	favour
harbor	harbour
honor	honour
humor	humour
labor	labour
neighbor	neighbour
ordor	ordour
vigor	vigour

미국 영어 -o	영국 영어 -ou
bolt	boult
mold	mould
molt	moult
smolder	smoulder

미국 영어 -a	영국 영어 -au
balk	baulk
gage	gauge
gantry	gauntry
stanch	staunch

미국 영어 -er	영국 영어 -re
caliber	calibre
center	centre
centimeter	centimetre
fiber	fibre
liter	litre
meager	meagre
meter	metre
saber	sabre
theater	theatre

미국 영어 -i-	영국 영어 -y-
baritone	barytone
cider	cyder
cipher	cypher
flier	flyer
siphon	syphon
siren	syren
tire	tyre

영어와 세계

미국 영어 -e	영국 영어 -ae, -oe
encyclopedia	encyclopaedia
eon	aeon
esthetic	aesthetic
medieval	mediaeval

미국 영어 -k	영국 영어 -que
bank	banque
check	cheque
checker	chequer

미국 영어 -g	영국 영어 -gue
analog	analogue
apolog	apologue
catalog	catalogue
demagog	demagogue
dialog	dialogue
epilog	epilogue
monolog	monologue
pedagog	pedagogue
prolog	prologue

미국 영어 -t	영국 영어 -tte
cigaret	cigarette
croquet	croquette
omelet	omelette
toilet	toilette

미국 영어 -ll	영국 영어 -l
distill	distil
enrollment	enrolment
fulfill	fulfil
installment	instalment
instill	instil
skillful	skilful

미국 영어 -g	영국 영어 -gg
wagon	waggon

미국 영어 -p	영국 영어 -pp
kidnaped	kidnapped
worshiper	worshipper

미국 영어 -z	영국 영어 -zz
whiz	whizz

미국 영어 -l	영국 영어 -ll
councilor	councillor
dialed	dialled
groveler	groveller
jewelry	jewellery
traveler	traveller
woolen	woollen

영어와 세계

미국 영어 -m	영국 영어 -mm
decigram	decigramme
diagram	diagramme
gram	gramme
kilogram	kilogramme
mama	mamma
milligram	milligramme
program	programme

미국 영어 -et	영국 영어 -ett
cigaret	cigarette
corvet	corvett

미국 영어 -in	영국 영어 -en
inclosure	enclosure
indorse	endorse
infold	enfold
inquiry	enquiry
insure	ensure

미국 영어 -ø	영국 영어 -e
annex	annexe
ax	axe
blond	blonde
cocain	cocaine
employe	employee
jasmin	jasmine

judgment	judgement

미국 영어 -ize / 영국 영어 -ise

미국 영어 -ize	영국 영어 -ise
analyze	analyse
appetizer	appetiser
criticize	criticise
legalize	legalise

미국 영어 -z- / 영국 영어 -s-

미국 영어 -z-	영국 영어 -s-
cozy	cosy
fuze	fuse
partizan	partisan
vizor	visor

미국 영어 -se / 영국 영어 -ce

미국 영어 -se	영국 영어 -ce
defense	defence
license	licence
offense	offence
pretense	pretence
vise	vice

미국 영어 ø / 영국 영어 -e-

미국 영어 ø	영국 영어 -e-
acknowledgment	acknowledgement
argument	arguement
judgment	judgement
likable	likeable
lovable	loveable

영어와 세계

milage	mileage
nosy	nosey
story	storey
whisky	whiskey

미국 영어 -ed	영국 영어 -t
burned	burnt
dreamed	dreamt
leaped	leapt
learned	learnt
smelled	smelt
spelled	spelt
spoiled	spoilt

5.12.2 미국 영어와 영국 영어의 발음 차이

미국 영어 [æ] : 영국 영어 [ɑ]

answer, ask, aunt, bath, chance, class, dance, fast, fasten, glass, grass, last, path, laugh

미국 영어 [ɑ] : 영국 영어 [ɔ]

block, body, box, common, doctor, got, hot, job, lot, novel, oxygen, pocket, rock, top

미국 영어 [ai] : 영국 영어 [i]

anti, direct, director, dynasty, fidelity, simultaneously

미국 영어 [ə] : 영국 영어 [ai]

docile, fertile, fragile, hostile

미국 영어 [ei] : 영국 영어 [aː]

amen, tomato

미국 영어 [i] : 영국 영어 [ai]

either, financial, neither

미국 영어 [uː] : 영국 영어 [juː]

due, duty, news, tube, Tuesday

미국 영어 [r] : 영국 영어 [no r]

bird, burn, car, fork, herb, here, over, park, there, third

미국 영어 [hw] : 영국 영어 [w]

what, wheel, where, which, white

미국 영어 [ɾ] : 영국 영어 [t]

better, butter, city, cutter, pity, Saturday, water

5.12.3. 미국 영어와 영국 영어의 어휘 차이

	미국 영어	**영국 영어**
가드레일	guard rail	crash barrier
가을	fall	autumn

가지고 가다	take out	take away
가판대	newsstand	kiosk
감옥	jail	gaol
감자튀김	French fries	chips
강당	auditorium	hall
강사	instructor	lecturer
개집	doghouse	kennel
거실	living room	sitting room
검사	district attorney	public prosecutor
게시판	bulletin board	notice board
견인차	tow truck	breakdown van
경기	game	match
경기 경쟁자	contestant	competitor
경마장	race track	race course
고속도로	expressway	motorway
고용하다	hire	employ
곡물	grain	corn
곤충	bug	insect
공립학교	public school	state school
공휴일	legal holiday	bank holiday
교수진	faculty	staff
교장	principal	headmaster
교차로	intersection	junction
과일파이	tart	fruit pie
관리인	janitor	caretaker
국회	congress	parliament
굽다	broil	grill

권투선수	boxer	bruiser
기숙사	dormitory	student hall
기자 회견	news conference	press conference
기저귀	diaper	nappy
나가다	check out	leave
논설	editorial	leader
놀이동산	amusement park	fun fair
다크 초콜릿	dark chocolate	plain chocolate
대학1학년생	freshman	first year student
대학2학년생	sophomore	second year student
대학3학년생	junior	third year student
대학4학년생	senior	fourth year student
대학교총장	president	chancellor
동전 세탁기	laundromat	launderette
등기우편	certified mail	recorded delivery
디저트	dessert	sweet
라디오	radio	wireless
로터리	rotary	roundabout
마구간	barn	stable
마침표	period	full stop
매표소	ticket office	booking office
메뉴	menu	bill of fare
면봉	cotton swab	cotton bud

영어와 세계

모델하우스	model home	show home
목장	ranch	pasture
목재	lumber	timber
무지방 우유	skim milk	skimmed milk
미용실	beauty shop	beauty salon
바(술집)	bar	pub
바람막이유리	windshield	windscreen
바람막이재킷	windbreaker	windcheater
바지	trousers	pants
박람회	fare	exhibition
반시계방향	counterclockwise	anticlockwise
배낭	backpack	rucksack
버스 정거장	depot	bus station
베란다	porch	verandah
변속레버	gearshift	gear lever
변호사	attorney	solicitor
병들다	(fall, get) sick	(fall) ill
보도	sidewalk	footway
보험	insurance	assurance
복도	hall(way)	passage
부동산 업자	realtor	estate agent
비닐랩	plastic wrap	cling film
비번 날	day-off	off-day
비행기	airplane	aeroplane
사고	accident	wreck

사냥	hunting	shooting
사립학교	private school	independent school
사이드 미러	side view mirror	wing mirror
상원	senator	lord
새우	shrimp	prawn
서점	bookstore	bookshop
선거운동	campaign	canvass
선물	gift	present
성	family name	surname
성적	grade	mark
소방서	fire department	fire station
소음장치	muffler	silencer
소포	package	parcel
속옷셔츠	undershirt	vest
손전등	flashlight	torch
솜사탕	cotton candy	candy floss
쇼핑카트	shopping cart	shopping trolley
수금원	bill collector	debt collector
수도꼭지	faucet	tap
수리하다	fix	repair
수의사	veterinarian	veterinary surgeon
수탉	rooster	cock
수하물	baggage	luggage
순경	patrolman	constable
순환도로	beltway	ring road
쉬는 시간	break	recess
스웨터	sweater	jumper pullover

영어와 세계

승강기	elevator	lift
쓰레기	trash	rubbish
쓰레기통	garbage can	dustbin
시청	city hall	town hall
식료품점	grocery store	grocery
아파트	apartment	flat
알루미늄	aluminum	aluminium
앞치마	apron	pinny
야채	vegetables	greens
약국	drugstore	chemist
양동이	bucket	pail
양보하다	yield	give way
여객전무	conductor	guard
연쇄점	chain store	multiple shop
영화	movie	film, pictures
영화관	movie theater	cinema
예금계좌	savings account	deposit account
예약	reservation	booking
오븐용 장갑	oven mitt	oven glove
오트밀	oatmeal	porridge
외상으로	on credit	on account
옥수수	corn	maize
옷장	closet	wardrobe
왕복표	round-trip ticket	return ticket
우체부	mailman	postman
우편번호	zip code	postcode

운동화	sneakers	trainers
운전 면허증	driver's license	driving licence
음식물찌꺼기	leftover	remnant
음주운전	drunk driving	drink-driving
이름	given name	christian name
이발소	barbershop	barber's
이삿짐 트럭	moving van	removal van
이주	two weeks	a fortnight
이층	second floor	first floor
일년에 두 번	semi-annual	half-yearly
일몰	sundown	sunset
일정표	schedule	time-table
일출	sunup	sunrise
일층	first floor	ground floor
자동차	automobile	motorcar
자동차번호판	license plate	registration plate
자동차트렁크	trunk	boot
자동차후드	hood	bonnet
장거리전화	long distance call	trunk call
장관	secretary	minister
적자	red	loss
전채	appetizer	starter
전화하다	call	ring
정원	yard	garden
정지신호	red light	stop light
좋은 시간	a good time	a pleasant time

주사	shot	jab
주식	stock	share
주유소	gas station	petrol station
주차장	parking lot	car park
줄	line	queue
줄넘기	jump rope	skipping rope
중심가	main street	high street
지방세	local taxes	local rates
지우개	eraser	rubber
지폐	bill	note
지하철	subway	tube
진출입도로	ramp	slip road
철도	railroad	railway
철도건널목	railroad crossing	level crossing
청량음료	soft-drink	mineral
청소부	garbage man	dust man
초등학교	elementary school	primary school
최상층	loft	top floor
축구	soccer	football
칵테일파티	cocktail party	drinks party
컵케이크	cupcake	fairy cake
크래커	cracker	biscuit
탄산음료	pop/soda	fizzy drink
택시	taxi	cab

택시 승강장	taxi stand	taxi rank
토크 쇼	talk show	chat show
통조림	can	tin
통화중	busy	engaged
투숙하다	check in	book in
트럭	truck	lorry
특종기사	beat	scoop
파업하다	walk out	strike
팔굽혀펴기	pushup	press-up
편도표	one-way ticket	single ticket
피처	pitcher	jug
필수과목	required course	compulsory course
현관	front hall	entrance hall
형사	investigator	detective
호박	zucchini	courgette
화물용 기차	freight train	goods train
화장실	bathroom	toilet
훈제 청어	smoked herring	kipper
휴가	vacation	holiday
휴대전화	cell phone	mobile phone
휴식시간	intermission	interval
휘발유	gas(oline)	petrol
회계연도	fiscal year	financial year
회전목마	carousel	merry-go-round
횡단보도	crosswalk	pedestrian crossing

영어와 세계

5.13. 주요 영어 사용 국가

영국과 미국에 못지않게 캐나다, 오스트레일리아, 뉴질랜드도 세계에서 정치, 경제적으로 중요한 역할을 하는 국가로 성장했다. 캐나다, 오스트레일리아, 뉴질랜드는 모두 영연방에 속하는 국가로서 영국과 밀접한 관계를 유지하고 있다. 여기에서는 이들 세 나라가 어떤 과정을 거쳐 오늘날의 국가가 만들어졌는지를 살펴보고자 한다. 이들 국가들의 성장과 함께 영어의 세력도 함께 확장된 것을 알 수 있을 것이다. 서영교(2010)의 『영어전쟁 & 그 후』를 참고로 하여 내용을 추려 정리하였다.

5.13.1. 캐나다

캐나다의 면적은 'worldometers'의 통계 자료에 의하면 총 9,093,510km²로 세계에서 가장 넓은 국토 면적인 16,376,870km²를 가지고 있는 러시아에 이어 세계에서 두 번째로 큰 나라이면서도 2018년 7월 30일 현재 인구는 총 36,978,363명으로 인구수로는 세계 38위에 해당하는 국가이다. 이는 세계 총인구의 0.48%밖에 되지 않는 적은 인구수라고 할 수 있다.

캐나다는 정치적으로는 영연방국가의 하나로 총 10개 주(provinces)와 3개의 준주(territories)로 구성되어 있는 연방 국가이고 수도는 오타와이다. 연방 가입일을 기준으로 보면 온타리오주(주도 토론토), 퀘벡주(주도 퀘벡), 노바스코샤주(주도 핼리팩스), 뉴브런즈윅주(주도 프레더릭턴)가 1867년 7월 1일에 가입을 하였고 매니토바주(주도 위니펙), 브리티시컬럼비아주(주도 빅토리아), 프린스에드워드아일랜드주(주도 샬럿타운), 사스캐추언주(주도 리자이나), 앨버타주(주도 에드먼턴) 순으로 연방에 가입했으며 뉴펀들랜드 래브라도주(주도 세인트존스)가 1949년 3월 31일에 연방에 가입함으로써 총 10개 주를 가지게 되었다.

이 중에서 퀘벡주는 프랑스계 이민자들이 가장 많이 거주하고 있으며 프랑스를 공용어로 채택하여 캐나다에서 영어를 공용어로 사용하지 않는 유일한 주이다. 10개 주 중에서 가장 넓은 면적을 가지고 있는 주이면서 인구는 두 번째로 많은 주이다. 반면에 온타리오주는 두 번째로 큰 면적을 가지면서 인구는 2018년 2분기 현재 1,437만 명 이상이 살고 있는 캐나다에서 가장 인구수가 많은 주로서 캐나다의 수도인 오타와도 온타리오의 동쪽에 위치해 있는 캐나다에서 정치적·경제적으로 가장 큰 영향력을 가진 주라고 할 수 있다.

한편 준주는 노스웨스트 준주(주도 옐로나이프), 유콘 준주(주도 화이트호스), 누나부트 준주(주도 이칼루이트) 순으로 연방에 가입을 하였는데 노스웨스트 준주는 1870년 7월 15일에 가입을 하였으며 누나부트 준주는 최근이라고 할 수 있는 1999년 4월 1일에 연방에 가입함으로써 현재의 캐나다가 구성되었다. 캐나다에서 주와 준주의 차이는 헌법 개정을 할 수 있느냐 없느냐 하는 것에 있다. 주의 경우에는 독립된 주법을 가지고 있기 때문에 주 정부가 독자적으로 헌법을 개정할 수 있으나 준주의 경우에는 주법이 없기 때문에 헌법을 개정하고자 할 때 연방 정부법의 적용을 받는 것이 가장 큰 차이점이다.

현재와 같은 캐나다가 있기까지 북미 대륙에서는 수많은 역사적인 사건들이 일어났다. 16세기 이후 영국과 프랑스 간의 치열한 식민지개척 경쟁이 있었지만 15세기 후반에 이미 스페인 어부들이 그랜드 뱅크에서 고래잡이를 했다. 16세기 중반에는 래브라도와 뉴펀들랜드에 9개의 어업을 위한 전초 기지를 건설하기도 했으나 고래 수가 급감함에 따라 고래잡이 어업이 쇠퇴함으로써 퇴락의 길을 걷게 되었다.

한편 영국과 프랑스는 16세기부터 캐나다 원주민들과의 모피와 어업 등의 무역 거래를 위해 캐나다 동부 지역에 정착촌을 건설하기 시작하였다. 먼저 프랑스는 1524년에 당시 프랑스의 왕 프랑수아 1세의 명에 따라 이탈리아 탐험가 지오반니 다 베라자노가 노바스코샤, 뉴펀들랜드 등을 탐험하여 그곳에 프랑스의 식민지를 건설할 것을 프랑수아

영어와 세계

1세에게 건의했고 1534년 자크 카르티에가 뉴펀들랜드 지역을 탐사하는 등 북미 지역에 식민지를 건설하기 위한 탐사 활동을 하였다. 그렇지만 정착촌 건설은 쉽지 않았다. 정착촌 건설에 몇 번의 실패를 경험한 후에 1605년에 현재의 노바스코샤주의 포트로얄이라는 곳에 정착지를 건설하고 그 지역을 아카디아라고 부르고 뉴프랑스가 북미 대륙에 건설되는 첫걸음을 열었다. 그 후 뉴프랑스는 현재의 퀘벡주의 동부 지역, 노바스코샤, 뉴브런즈윅과 프린스에드워드 섬뿐만 아니라 미국의 뉴잉글랜드 지역까지를 포함하는 지역을 아카디아에 편입시켰다.

이후 1608년에 사뮈엘 드 샹플랭이 오늘날의 퀘벡시에 두 번째 정착촌을 설립했다. 하지만 그 규모는 28명에 불과하였다. 이런 점으로 보아 초기 정착촌에서 이민 생활을 하였을 이민자들의 생활이 얼마나 힘들었을지 쉽게 유추해 볼 수 있다. 이민자들의 규모가 작았던 주된 원인은 당시 프랑스가 가톨릭으로 개종하지 않는 한 개신교 교도들에게 이민을 허락하지 않았기 때문이다. 프랑스의 개신교 교도들인 칼뱅파 교도들은 뉴프랑스로 이민을 하기보다는 개신교도로서의 신앙을 지킬 수 있는 현재 미국의 잉글랜드 식민지를 택해 뉴프랑스는 잉글랜드 식민지보다는 인구가 크게 늘지 않았다.

그 후 루이 14세는 1665년에 프랑스 식민지인 뉴프랑스의 인구 증가를 위해 수백 명의 미혼 여성들을 모집하여 뉴프랑스로 이민을 시켰으며 원주민들과의 결혼도 장려하는 등 다양한 인구 증가 정책을 펴기에 이르렀다. 그리고 뉴프랑스는 영토를 계속해 확장하여 오하이오강 유역과 남쪽 미시시피강 유역을 탐사하여 그 지역의 땅을 루이 14세의 이름을 따서 루이지애나로 명명하였다.

한편 영국은 1610년에 헨리 허드슨이라고 하는 영국인 탐험가가 캐나다 중북부의 허드슨만을 탐사하였기 때문에 그 지역을 자신들의 영토로 간주하였다. 그리고 1670년에 원주민들과 모피교역을 하기 위해 허드슨만에 교역소를 설치하였다.

북미 지역의 식민지를 둘러싸고 영국과 프랑스 간에 몇 차례 전쟁을 겪게 되는데 찰스 1세의 명령을 받은 데이빗 커크와 그 형제들은 중무장한 상선으로 1629년에 샹플랭으로부터 항복을 이끌어내 퀘벡과 세인트로렌스강 유역까지 차지하게 되었다. 그 후 1632년에 찰스 1세의 명으로 세인트로렌스강 유역을 뉴프랑스에게 돌려주었다.

1759년과 1760년도에는 퀘벡시를 놓고 영국과 프랑스 간에 몇 차례 전투가 있었는데 결국 영국군이 퀘벡과 몬트리올 전투에서 승리하여 1760년 9월에 뉴프랑스 총독이 영국에 항복하기에 이르렀다. 그리고 3년 후인 1763년 2월에 프랑스는 뉴펀들랜드 남쪽에 있는 생피에르 섬과 미클롱섬을 가지는 조건으로 영국과 평화조약을 체결해 북미 식민지를 포기하고 완전철수하게 되어 북미 식민지는 영국이 차지하게 되었다.

그 후 영국은 프랑스 이민자들을 회유해 영국 왕실에 충성하게 만들기 위해 1774년에 퀘벡 법을 제정해 가톨릭교를 인정해 주고 가톨릭교도들에게도 영국에 충성 맹세를 할 경우에는 관직에 진출할 수 있는 길을 터 주었다. 그리고 미국 일리노이, 인디애나, 미시간, 오하이오, 위스콘신, 미네소타 지역의 일부까지 포함하는 땅을 퀘벡 식민지에 편입시켰다.

1781년 영국과 미국 간의 미국 독립 전쟁이 버지아니아 주 요크타운에서 영국군이 최종적으로 항복함으로써 미국의 승리로 끝났다. 그 후 1783년에 미국과 영국 간에 체결된 평화조약에 따라 영국은 북미 지역에서 오대호 이남의 영토를 모두 미국에 넘겨주게 되었다.

영국은 1791년에 현재의 온타리오라고 불리는 지역인 위 캐나다(Upper Canada)와 퀘벡주 지역인 아래 캐나다(Lower Canada)로 나누어 두 개의 식민지로 분리시켰다. 위 캐나다 지역은 미국에서 망명해온 영어사용권자들이 대부분이었고 아래 캐나다 지역은 프랑스어를 사용하는 원래의 프랑스 이민자들이 주류를 이루게 되었다. 그 후 두 지역에서 모두 영국의 식민지 정책에 반대하는 반란이 일어나자 영국은 1840년

　　　　　　　　　　　　　　영어와 세계

에 다시 위 캐나다와 아래 캐나다를 통합하여 하나의 캐나다 주를 만들었다.

1846년에 영국과 미국이 컬럼비아 지역에 대해서도 북위 49도를 기준으로 하여 섬 전체를 포함하여 북쪽 지역은 영국이, 남쪽 지역은 미국이 가지는 조약을 체결하여 결국 현재와 같은 미국과 캐나다 간의 국경선이 확정되었다.

현재 캐나다의 서부 지역인 브리티시컬럼비아는 1774년과 1775년에 두 차례에 걸쳐 스페인의 탐험대가 탐사를 하였다. 그 후 1778년에 영국의 탐험가 제임스 쿡이 하와이 제도와 캘리포니아를 탐사하고 계속 북상하여 미국 알라스카와 러시아 동북부에 있는 베링 해협까지 탐사하는 중에 밴쿠버섬 중서부 해안에 있는 누트카 만에 상륙하여 모피 거래를 하였다. 그 후로 스페인과 영국 간에 이 지역에 무역을 위한 영구 거점을 확보하기 위한 경쟁이 벌어졌지만 결국 스페인이 영국의 해군력에 밀려 이 지역에서 물러나게 되었다.

그리고 1792년부터 1793년에 걸쳐 알렉산더 매킨지 경이 북미 대륙을 횡단하는 긴 탐사 여정 끝에 태평양 연안까지 도착하게 된 이후 모피 교역을 위한 기지를 몇 개 만들었으며 영국은 1843년에 밴쿠버섬에 대한 영유권을 확보할 목적으로 빅토리아에 교역소를 설치하기도 하였다. 1846년에 미국과의 조약에 의해 북미 지역에서 미국과 영국 간에 국경이 확정됨에 따라 밴쿠버섬 식민지를 지정하였다. 1858년에는 그 외의 지역을 브리티시컬럼비아 식민지로 지정한 후에 인근의 다양한 지역을 브리티시컬럼비아 식민지에 흡수시키는 과정을 거쳐 결국 1866년에 밴쿠버섬 식민지가 브리티시컬럼비아 식민지로 통합되었다.

한편 동부 지역에 있는 영국의 식민지들은 연방을 추진하기 위한 회합을 몇 차례 거친 후에 연방이 아닌 캐나다 자치령(Dominion)으로 결정하였다. 그 후 영국의 상원과 하원의 의결을 거친 후 빅토리아 여왕의 최종 재가를 받아 1867년 7월 1일에 온타리오주, 퀘벡주, 노바스코샤주 그리고 뉴브런즈윅 주로 구성된 캐나다 자치령이 만들어졌다. 그 후 1871년에 브리티시컬럼비아가, 1873년에 프린스 에드워드가, 그리고 1943년에는 뉴펀들랜드가 캐나다 자치령에 가입함으로써 현재의 캐나다가 만들어지게 되었다. 1950년 이후에는 자치령이라는 명칭을 빼고 캐나다라는 이름을 사용하고 있다. 그리고 캐나다에서는 매년 7월 1일을 건국기념일로 기리고 있는데 1981년까지는 자치령 기념일(Dominion Day)로 부르다가 1982년 이후에는 그냥 캐나다 데이(Canada Day)로 바꿔 부르고 있다.

2016 'Statistics Canada'의 공식 자료에 의하면 영어를 사용하는 캐나다인들의 수는 전체 인구의 58.1%에 달하는 20,193,335명이고 불어를 사용하는 캐나다인들의 수는 전체 인구의 21.4%에 속하는 7,452,075명이라고 한다.

5.13.2. 오스트레일리아

'worldometers' 자료에 따르면 2018년 8월 2일 현재 오스트레일리아의 인구는 총 24,798,174명으로 세계 인구의 0.32%를 가지고 있어 인구수로는 세계 54위에 해당한다. 오스트레일리아의 총면적은 7,682,300km²로서 국토 면적으로는 세계에서 여섯 번째로 큰 나라이고 수도는 캔버라이다. 'World Population Review' 자료에 의하면 오스트레일리아에는 5개의 주가 있다. 인구수가 많은 순으로 정리하면 뉴사우스웨일스주(760만 명), 빅토리아주(590만 명), 퀸즐랜드주(470만 명), 웨스턴오스트레일리아주(250만 명), 사우스오스트레일리아주(160만 명) 그리고 태즈메이니아주(50만 명) 순이다. 그리고 두 개의 테리토리, 즉 오스트레일리아의 수도인 캔버라가 있는 오스트레일리언 캐피털 테리토리(390,800명)와 노던 테리토리(244,600명)로 구성되어 있다.

오스트레일리아는 서양인들 중에서 네덜란드 항해가인 빌렘 얀손이 1606년경에 최초로 발견하였고 그 후 1642년에 아벨 타스멘이라는 네

덜란드인이 타즈메이니아, 뉴질랜드, 피지를 발견했다. 캥거루라고 하는 동물의 존재를 유럽에 알려준 영국인은 윌리엄 댐피어로서 그는 1688년과 1699년 두 차례에 걸쳐 오스트레일리아를 탐사했다. 그 후 또 다른 영국인 제임스 쿡은 1769년 10월경 뉴질랜드를 탐사하고 1770년에는 오스트레일리아 남동해안과 동해안을 탐사한 후 자신이 탐사한 지역을 뉴사우스웨일스로 명명하고 영국 땅임을 선언하였다.

영국은 미국 독립 전쟁으로 미국을 뺏긴 후 새로운 식민지로 오스트레일리아를 개척하기로 하고 1787년에 죄수 780명과 그들을 감시할 군인들과 그 가족들 570명 등 약 1,350명으로 구성된 이민자들을 보내 결국 1788년에 지금의 시드니 지역에 정착시켰다. 그리고 그 지역을 뉴사우스웨일스 식민지로 선언하였다. 시드니라는 이름은 그 당시 영국의 내무부 장관의 이름을 따서 명명한 것이다. 그 이후로도 여전히 죄수들이 위주로 된 2차, 3차의 이민선단이 보내진 후에 1793년에는 죄수들이 아닌 자유인들로만 구성된 이민자들이 도착하게 되었다.

현재의 태즈메니아는 처음에는 그곳을 탐사하게 한 네덜란드 동인도 회사의 총독 이름을 따서 안토니 반 디멘의 땅으로 불리었는데 1803년에 뉴사우스웨일스 식민지에 속해 있다가 인구의 증가와 함께 1824년에 뉴사우스웨일스 식민지에서 독립하여 별도의 식민지가 되었다. 그 후 1856년에 현재의 이름인 태즈메니아로 바뀌게 되었다. 디멘이 악마인 'demon'을 연상시키고 그곳에 가장 늦게까지 죄수들이 많이 보내진 어두운 역사가 있기 때문에 이름에서 연상되는 나쁜 부정적인 이미지를 없애기 위해 이름을 바꾼 것이다.

웨스턴오스트레일리아는 영국이 1829년에 서부지역인 프리맨틀과 퍼스 지역에 스완강 식민지를 건설한 이후 1832년에 이름을 웨스턴오스트레일리아로 변경하였고 오스트레일리아 대륙의 서쪽 삼분의 일에 해당하는 영토를 가지고 있다. 웨스턴오스트레일리아는 1849년부터 시작하여 1868년에 종료될 때까지 죄수들의 형벌 집행용 식민지로 활용되었다.

사우스오스트레일리아는 오스트레일리아 대륙 중남부 지역을 일컫는데 1836년에 만들어진 식민지였다. 오스트레일리아 역사상 최초로 죄수가 아닌 일반인들로 식민지가 건설된 지역인데 사전 답사를 거쳐 토런스 강 유역에 에들레이드를 건설하여 수도로 정하였다.

빅토리아는 1834년 반디멘의 땅에 살고 있던 한 농부 가족이 새로운 땅을 찾아 현재의 빅토리아주에 있는 포틀랜드만으로 성공적으로 정착을 한 이후에 반디멘의 땅에서 다른 가족들도 속속 이주하여 인구가 크게 증가했고, 멜버른이 중심 마을이 되었다. 인구가 증가하자 영국 정부는 그 지역을 뉴사우스웨일스 식민지에서 분리하여 빅토리아라고 명명하였다. 1851년에 빅토리아 중부의 클룬즈라고 하는 곳에서 금이 발견되었는데 그 후 역사상 유래를 찾기 힘든 골드러시가 일어나 10년 사이에 골드러시가 일어나기 전보다 무려 7배인 540,000명으로 인구 증가가 일어나기도 했다.

퀸즈랜드는 1824년에 현재의 브리즈번 지역에 최초의 영구 정착촌을 건설하면서 시작되었다. 1839년까지 죄수들이 보내졌고 1842년부터 일반인들의 정착이 시작되었다. 이 식민지는 원주민들과의 마찰이 가장 격렬했던 지역으로 원주민들은 1,000명 이상의 이민자들을 살해하고 이민자들은 10,000명 이상의 원주민들을 살해했다고 한다. 이와 같이 쌍방 간에 피를 흘리며 개척하여 영토가 확장됨에 따라 영국 정부는 1859년에 뉴사우스웨일스에서 분리하여 퀸즈랜드 식민지로 독립시켰다.

노던테리토리는 몇 차례 식민지 건설에 실패를 거듭한 후에 1869년에 드디어 다윈항에 성공적으로 첫 정착촌을 건설했다. 하지만 사우스오스트레일리아로 양도되었다가 1911년에 사우스오스트레일리아에서 분리 독립하였다.

미국과 캐나다 등과 같은 연방 국가의 탄생에 영향을 받아 오스트레일리아에서도 연방 국가를 만들려고 하는 움직임이 시작되었다. 1885

영어와 세계

년에 오스트레일리아 연방 협의회가 구성되어 수년간에 걸친 협의를 거쳐 1890년에 웨스턴오스트레일리아가 연방 국가 헌법 초안을 식민지 중에서 마지막으로 통과시킴으로써 1901년 1월 1일자로 오스트레일리아라는 연방 국가로 탄생하게 되어 오늘에 이르고 있다.

오스트레일리아 영어는 원래 영국의 식민지였기에 영국식 영어에 바탕을 두고 오스트레일리아의 지리적, 문화적 환경의 차이로 인하여 점차 변모하여 현재의 오스트레일리아식의 영어가 되었다. 철자법은 주로 영국식 영어를 따르고 있지만, 최근에는 미국 문화의 영향으로 미국식 철자법의 영향도 받고 있다.

발음도 영국식 발음의 영향을 많이 받았고 오스트레일리아만의 영어 억양을 쓰는 시골 지역에 사는 보수적인 백인들의 발음은 'Bogan accent'로 잘 알려져 있다. 'Bogan'은 시골의 보수적인 백인들을 지칭하는 단어로 외국인이 잘 알아듣기가 힘들 정도의 영어 발음이다. 그리고 오스트레일리아에서 자주 쓰이는 줄인 단어와 속어(slang)들에는 'arvo'(afternoon), 'barbie'(barbecue), 'cuppa'(a cup of tea), 'exy'(expensive), 'heaps'(a lot), 'Macca's'(McDonald's), 'No worries'(That's OK, No problem), 'reckon'(think), 'sickie'(take a day off work), 'snag'(sausage) 등과 같은 것들이 있다.

5.13.3. 뉴질랜드

'worldometers' 자료에 따르면 2018년도 8월 23일 현재 약 4,755,724명의 인구를 가지고 있다. 이는 전체 세계 인구의 0.06%에 속하여 인구수만으로 계산했을 때 세계 126위에 해당한다. 뉴질랜드는 남섬과 북섬으로 불리는 두 개의 큰 섬과 수많은 작은 섬들로 이루어져 있고 남섬에서 가장 큰 도시는 크라이스트처치이고 북섬에서 가장 큰 도시는 오클랜드이다. 뉴질랜드의 수도는 웰링턴으로 북섬의 남단 끝에 위치하고 있다.

뉴질랜드를 최초로 발견한 유럽인은 네덜란드 탐험가인 아벨 타스

멘으로 그는 1642년에 골든 베이에 정박하여 뉴질랜드의 원주민인 마오리족과 첫 조우를 하였다. 그는 이 땅을 스테이튼 랜드라고 명명하였다. 그 후 1769년에 영국의 탐험가인 제임스 쿡이 뉴질랜드 땅을 찾아 뉴질랜드 전 해안에 걸친 지도를 제작하였다.

1772년에는 프랑스 탐험대가 뉴질랜드를 탐사했는데 그때는 자신들이 뉴질랜드를 유럽인 최초로 발견했다고 생각하여 수개월에 걸쳐 탐사 활동을 하였다. 1790년대에는 영국인, 프랑스인 등의 유럽인들과 미국인 등이 뉴질랜드 근해에서 고래나 바다표범 등을 잡고 마오리족과 교역을 하기 시작하였다. 이후 뉴질랜드 북쪽에 교역소가 설치되면서 19세기 초반부터 유럽인들이 뉴질랜드에 정착하기 시작하였다.

뉴질랜드에 정착해 들어오는 유럽인들과의 마찰이 잦아지자 뉴질랜드 북부지역의 35개 마오리족장들이 뉴질랜드 연합 부족을 결성하여 독립 선언서에 서명하여 영국 윌리엄 4세의 승인을 받았다. 이에 따라 마오리족이 유럽인들에 대한 사법권을 가지게 되었지만, 치안 등이 여전히 불안하고 프랑스가 남 섬의 중동부에 있는 아카로아에 정착촌을 건설하려고 하자 영국은 뉴질랜드를 영국의 식민지로 만들기 위한 첫 조치로 1839년에 뉴질랜드 전체를 오스트레일리아의 뉴사우스웨일스 식민지로 편입시켰다. 그리고 다음 해인 1840년 2월 6일에 40여 명의 북섬 북부지역의 마오리족장들과 와이탕기 조약을 체결하였다. 그 주된 내용은 영국은 통치권을 가지고 마오리족은 자신들의 토지와 재산에 대한 소유권을 가진다는 것이었다. 뉴질랜드 와이탕기 조약이 체결된 날을 와이탕기의 날로 부르며 공휴일로 지정하여 건국기념일로 기리고 있다. 다음 해인 영국의 빅토리아 여왕은 1841년에는 뉴질랜드를 뉴사우스웨일스 식민지에서 분리하여 수도를 오클랜드에 두는 독립된 식민지로 만들었다. 그 후 1853년도에는 그전 해에 영국 의해의 승인을 받은 뉴질랜드 헌법에 따라 자치권을 가지는 식민지가 되었고 수도를 북섬의 남단 끝인 웰링턴으로 이전하여 남섬과의 접근이 용이하게 되었다.

영어와 세계

그 후 뉴질랜드는 오스트레일리아 6개 식민지로 구성된 오스트레일리아 연방에서 빠지기로 해서 1901년에 오스트레일리아 연방이 만들어질 때 뉴질랜드는 빠지게 되었다. 그 후에 1907년에 외교와 국방을 제외하고는 완전한 자치권을 가지는 뉴질랜드자치령이 되었다가 1947년에 비로서 독립된 영국 연방 왕국이 되어 현재에 이르고 있다.

제6장   영시의 형식과 감상

시(詩)는 문학에서 가장 오래된 장르이다. 텍스트가 현존하는 최초의 서양 문학 작품은 호메로스의 "일리아드(*Iliad*)"라는 서사시이며, 영국에서 텍스트가 존재하는 가장 오래된 영시는 앵글로색슨(Anglo-Saxon)족의 침공이 끝나고 바이킹이 쳐들어오던 시기쯤인 8세기경의 "베오울프(Beowulf)"이다. 크게 두 부분으로 이루어진 3,182행의 이 시는 베오울프가 젊었을 때와 왕이 되고 늙은 후에 각각 용과 싸웠던 모험 이야기와 죽음을 그리고 있다. "베오울프"는 고대 영어로 되어있는데 고대 영어의 연구가 "베오울프"의 해석을 돕기도 하지만 "베오울프"의 연구가 고대 영어의 이해를 돕기도 한다. 예를 들면 영시는 독특한 형식 틀을 가지기 때문에 "베오울프"의 연구가 고대언어의 발음이나 강세 등을 이해하는 실마리가 되어주기도 한다. 예를 들어 영시는 대개 약강약강의 리듬 구조로 이어지기 때문에 시속에 사용된 특정단어의 강세 위치를 미루어 짐작할 수 있게 해준다. 또한 같은 음가(音價)로 이루어진 라임을 분석함으로써 고대 영어의 음가를 유추할 수 있도록 도움을 줄 수도 있다. 작금의 상황에서도 이를테면 랩을 좋아하는 사람들은 랩을 통해 영어의 운율을 즐길 수 있으며 그 내용을 통해 영어사용권의 독특한 문화를 이해할 수 있다. 그런 의미에서 영어가 가지는 언어적 특징과 그 문화를 가장 잘 표현해줄 수 있는 영시에 대해서 알아보도록 한다.

6.1. 영시의 형식

시를 운문이라고 부르는 근본적인 이유는 시가 리듬(Rhythm)을 가지기 때문이다. 리듬은 음악 용어이지만 사실 매우 광범위하게 쓰이는 말이다. 우리는 사계절의 순환 속에서 자연의 리듬을 느낀다. 여기서 리듬은 일정한 반복을 통해 얻는 효과를 의미하는데, 시에서는 이를 특별히 운율이라고 부른다. 다시 말해서 시에서 운율이란 특정한 요소를 일정하게 반복적으로 배열함으로써 음악적인 효과를, 즉 리듬을 유발하는 방법이라 하겠다.

일반적으로 시의 운율은 언어적인 특성에 따라 그 구조가 달라지는데, 음절율(syllabic system), 음성율(stress system) 및 음위율(rhyme)의 세 가지가 대표적인 형식이라 할 수 있다. 여기서 음절률은 음수율이라고도 하며, 우리나라식으로 말하면 자수율이라고도 한다. 우리가 시조를 공부하면서 시조의 형식을 각 행의 글자 수로 3434/3434/3543하고 말할 때, 그리고 가사의 운율을 4·4조 3·4조 등으로 언급할 때 우리는 자수율(字數律)을 말하고 있는 것이다.

두 번째로 음성률이라 함은 강약(强弱)·장단(長短)·고저(高低)·음질(音質) 등의 속성이 한 단위로서 규칙적으로 반복되는 경우를 뜻한다. 영시(英詩)에서는 이를 특별히 율격(meter)이라 하고, 보통 음보(音步, foot)에 기준을 두어, 한 개의 악센트가 주어지는 음절(stressed syllable)과 그렇지 않은 음절(unstressed syllable)들의 묶음을 한 음보(foot)라 부른다.

영시의 대표적인 시 형식들은 바로 이 음보를 기준으로 구분되기 시작한다. 예를 들어 영시에서 가장 대표적인 시 형태는 "약강5보격(弱强五步格, iambic pentameter)"이라고 말할 때 우리는 즉각 약강이 반복되는 다섯 음보의, 즉, 열개의 음절을 가지는 하나의 행을 기본 틀로 하고 있는 시라고 알아듣는 것이다. 예를 들어 토마스 그레이(Thomas

Gray)의 유명한 시, "어느 시골교회 묘지에서 쓴 애가(Elegy Written in a Country Churchyard)"의 첫 행을 살펴보겠다.

The curfew tolls the knell of parting day.
만종(晚鐘)이 하루를 마감하는 종을 울린다.
- Gray, "Elegy in a Country Churchyard"

이 행의 모음들을 모아보면 "e, u, e, o, e, e, o, a, l, a"로 모두 열 개이다. 즉 이 시행은 열 개의 음절로, 두 음절씩 합쳐진 다섯 음보(meter)로 이루어진 행이다. 이런 음보를 "5보격(pentameter)"이라 하는데, 이는 영시에서 가장 즐겨 사용되는 음보이다. 이제 좀 더 자세히 살펴보자. 대개 문장을 구성하는 단어들 중에서 관사와 전치사에는 큰 의미가 안 들어가 있는 반면에 명사와 동사는 그 문장의 의미의 뼈대를 구성한다. 따라서 특별한 경우를 제외하면 명사와 동사에는 강세가 오고 관사와 전치사에서 약세가 온다. 그리고 첫 번째 나오는 명사 'curfew'는 강세가 앞에 있는 단어이며, 마지막의 'parting'은 원형 부분에 강세가 있고 현재분사를 만드는 어미 'ing'는 상대적으로 약하게 발음되리라는 것을 알 수 있다. 이렇게 보면 다음과 같은 도식이 만들어진다.

/Thĕ cúr / fĕw tólls / thĕ knéll / ŏf párt / ĭng dáy./

이렇게 강약과 음보를 분석하는 것을 스캐닝(Scanning)이라 한다. 이 스캐닝의 결과는 이 시행이 약강으로 이루어진 다섯 음보의 시행이라는 것을 보여준다. 그리고 이러한 규칙성은 아마도 이 시가 끝날 때까지 유지되면서 이 시의 전체적 분위기를 결정할 것이다.
마지막으로 음위율(音位律)은 압운(押韻)을 말하는데, 같은 발음을 일정한 규칙에 따라 반복시키는 것을 뜻한다. 영시의 가장 큰 특징이라면 바로 이 압운을 말할 수 있다. 특히 그중에서 각 행(line)의 마지막을 일치시키는 각운(End Rhyme)이 일반적으로 대표적인 영시의 특징이다. 다음은 바이런(Byron)의 한 시의 일부이다.

There be none of Beauty's daughters
With a magic like thee;
And like music on the waters
Is thy sweet voice to me:

미의 여신의 딸들 중에
그대 같은 매력을 지닌 이는 없으리라.
내겐 물 위에 감도는 음악과 같다
그대의 감미로운 목소리는
- Byron, "Stanzas for Music," Ⅱ. 1-4

1행과 3행, 2행과 4행이 각각 daughters-waters, thee-me의 짝을 이루고 있는 것을 볼 수 있다. 이런 압운의 효과는 가장 단순하게 말한다면 유사한 음들의 규칙적 만족에 의한 쾌감이라고 말할 수 있다. 또는 규칙적 반복에 의한 기대심리가 충족되는 심미적 만족감도 있을 수 있다. 그러나 여기에도 역설이 있다. 기대했던 율격들이 기대와 다르게 전개될 때의 쾌감을 이야기할 수도 있는 것이다. 일종의 "파격(破格)의 미학(美學)"이라 하겠다. 우리는 춤이 일상의 걸음걸이와는 다른 리듬을 가지고 있기 때문에 춤에서 아름다움을 느낀다. 그러나 완벽히 규칙적인 박자에 따라 움직이는 춤에서는 살아있는 아름다움을 느끼지 못한다. 규칙 속에 일탈(逸脫)이 존재할 때 살아있음을 느낀다. 시에 있어서의 운율도 그와 같은 것이라고 생각하면 될 것이다.

6.2. 보격(foot)에 관하여

'meter'라는 말을 우리는 거리를 측정하는 단위로 친숙하게 알고 있다. 이는 그리스어의 'metron(measure)' 어원으로 하는 말로, 17세기에 10진법에 따른 보편적 단위체계를 만들고자 하는 프랑스 아카데미의 노력에 의해서 만들어졌다. 그런데 사전을 보면 'meter'는 또한 율격(律格)이라는 말로도 쓰인다. 이 역시 같은 어원으로 각 시행(詩行)의 길이를 재는 척도로 사용되었다. 하나의 걸음(foot)을 두세 개의 음절의 묶음으로 보고, 이를 기준으로 시행(詩行)의 길이를 재는 것이다. 이 한 걸음(foot)을 시에서 특별히 음보라 부른다. 그래서 시의 1행이 1개의 음보로 되어 있을 때 1보격(monometer), 2개로 되어 있을 때 2보격(dimeter), 3개는 3보격(trimeter), 4개는 4보격(tetrameter), 5개는 5보격(pentameter), 6개는 6보격(hexameter), 7개는 7보격(heptameter), 8개는 8보격(octameter)의 식으로 구분한다. 물론 너무 짧거나 긴 것은 그다지 통용되지 않으므로 보통의 시행에서는 주로 4, 5, 6의 음보(foot)가 사용된다. 물론 나라마다 그 언어의 특성에 따라 약간씩 다르다. 불어 시에서는 6보격이 자주 보이지만 영시에서는 5보격이 가장 많이 사용된다. 대개 이보다 짧으면 시가 단조롭게 되기 쉽고, 이보다 길어지면 시행의 통일성이 떨어져서 산만하게 되는 경우가 많다. 그래서 긴 시행의 경우, 7보격은 3보격과 4보격으로, 8보격은 두 개의 4보격으로 나뉘는 경우가 많다. 다음은 3보격의 시로 셸리(Shelley)의 "종달새에게(To a Skylark)"이다.

HAIL to thee, blithe spirit!
Bird thou never wert,
That from heaven or near it
Pourest thy full heart

영어와 세계

In profuse strains of unpremeditated art.

아아, 쾌활한 영혼이여!

그대는 새가 아니어라,

하늘 쪽으로부터

넘쳐흐르는 상념을

즉흥의 아름다운 노래로 아낌없이 쏟아내는 자여.

- Shelley, To a Skylark

마지막 행을 제외하면 3보격으로 되어있다. 종달새의 쾌활한 모습이 간결하고 발랄한 3보격으로 진행되다가, 마지막 종달새의 노랫소리는 두 배나 긴 6보격으로 되어있다. 숲속을 걷다가 듣게 된 계속 지저귀는 종달새의 노랫소리가 이렇게 표현되었다면 억측일까? 화창한 어느 날 활기차게 계속되는 종달새의 노랫소리는 3보격으로는 어울리지 않는다. 그러나 그 외의 종달새에 대한 묘사는 장황할 필요가 없다. 그래서 시인은 하나의 연에서 서로 다른 보격을 섞어서 사용한다. 형식은 내용과 항상 같이 가게 되어있다.

4보격은 5보격 다음으로 많이 쓰이는 형식이다. 다음은 워즈워드(Wordsworth)의 "외로운 추수꾼(The Solitary Reaper)"의 시작 부분이다.

Behold her single in the field

You solitary Highland Lass!

Reaping and singing by herself;

Stop here, or gently pass!

들판에 홀로 있는 그녀를 보라

그대 외로운 고원의 아가씨여!

홀로 추수하며 노래 부르니;
여기 멈추거나 조용히 지나가게나!
- Wordsworth, "The Solitary Reaper"

　엄격한 4보격이지만 네 번째 시행은 3음보로 변화를 주고 있다. 사실 시인은 매연마다 여덟 개의 시행을 가지도록 하고 각 연마다 동일하게 네 번째 시행을 3음보로 처리한다. 여덟 개의 4음보의 시행은 너무 지루하다고 느낀 걸까? 결코 모르고 틀리고 있는 것이 아니라는 것이다. 최소한 이 시를 읽고 있는 독자들은 이 부분에서 잠시 호흡을 쉬고 지나갈 수 있는 기회를 가지게 된다. 멈추거나 조용히 지나가는 것이다.
　5보격은 영시의 대표적인 보격으로 가장 많이 만나는 형식이다. 영어와 가장 잘 맞는 보격이기 때문이다. 따라서 이 보격의 예는 너무나 많다.

It gives / me won/der great / as my / content
To see / you here / before / me. O my / soul's joy:

나에게 만족만큼이나 큰 놀라움을 주네
여기 내 앞에 너를 보다니. 오 내 영혼의 기쁨이여:
-Shakespeare, *Othello*

　두 번째 행에서의 한 번의 변칙을 제외하면 정상적인 5보격을 유지하고 있다. 여기서 오해를 하지 않도록 말한다면 우리가 몇 보격이라고 말할 때, 그 행 속의 음절 수에 따라 구분하는 것이 아니라 강세의 수에 따라 결정된다는 것이다. 즉 한 행 속의 음절이, 즉 모음이 열 개라서 5보격이 아니라 그 행에 강세가 다섯 번 반복되기에 5보격이라 부른다. 그러니까 위의 변칙은 보격에 있어서 변칙인 것이 아니라 뒤에 말할 격

　　　　　　　　　　　　　　　　　　　영어와 세계

에 있어서 약강격 사이에 한 음보의 약약강격이 끼어 들어 있는 것이다.

5보격이 영어에서 가장 보편적인 율격이라면, 6보격은 그리스 로마의 고대 시가에서 가장 지배적인 율격이었다. 헤르메스 신에 의해서 발명되었다는 이 율격은 호머(Homer)의 "오딧세이(*Odyssey*)", "일리아드(*Iliad*)"와 베라길리우스의 "아이네이드(*Aeneid*)", 그리고 오비드(Ovid)의 "변신(*Metamorphoses*)"에 이르기까지 수많은 작품들에 사용되었다. 다만 영어의 강세구조와 잘 맞지 않아서 영시에서는 별로 사용되지 않는다. 그리고 6보격부터는 하나의 시행 자체가 길어지기 때문에 많은 경우에 중간휴지(Caesura)를 가지게 된다. 매이스필드(Masefield)의 시 런던타운(London Town)이다. 여기서 이 중간휴지를 //로 별도로 표시해보겠다.

Oh, Lon/don Town's /a fine town,// and Lon/don sights / are rare,
And Lon/don ale / is right ale,// and brisk's / the Lon/don air,/

런던 시는 좋은 시, 런던의 경치는 특별하지,
런던의 맥주는 제대로 된 맥주, 런던의 공기도 상쾌하지.
- Masefield, "London Town"

각 행마다 3보격 다음에 중간휴지(caesura)가 있다. 사실 이 6보격부터 7보격과 8보격은 실제로 보면 중간에 휴지를 두는 것이 일반적이다. 그래서 긴 시행임에도 불구하고 의외로 3·4보격처럼 단조로울 위험이 있다. 어떤 식으로든 영시에서 자주 쓰이지 않기 때문에 굳이 여기서 따로 이야기하지 않아도 될 듯도 하지만 간혹 아주 유명한 시도 있다. 예를 들어 에드가 알란 포우(Edgar Allan Poe)의 "Annabel Lee"는 7보격(Heptameter)의 시이고 "The Raven"은 8보격(Octameter)의 아름다운 시이다. 정말 Poe야말로 언어의 연금술사라 할 만하다. 그 긴 시행을 읽어

보아도 전혀 지루하거나 답답하지 않고 아름다운 언어를 타고 자연스럽게 흐른다.

6.3. 격(格)에 관하여

하나의 시행이 여러 개의 음보가 모여서 이루어진다고 하면, 하나의 음보(foot)는 두 개 혹은 세 개의 음절로 구성된다. 이때 어느 음절에 강세가 배치되느냐에 따라 여러 가지 격(格)으로 나누어진다. 약세음과 강세음의 결합인 '약강격(iambic)'은 영시의 가장 대표적인 격이다. 강세가 아니라 모음의 장단으로 음보를 나누었던 고전 운문에는 28가지 음보가 있었다고 하나, 영시에서 주로 4~6가지만 사용된다. 그중에서 가장 널리 쓰이는 네 가지가 '약강격' · '강약격' · '약약강격' · '강약약격'이다. '약강격(iambic)'은 1개의 강세 없는 음절 다음에 1개의 강세 있는 음절이 뒤따르는 음보로, 예컨대 'de/lay'이 경우에는 뒤 음절에 강세가 있다. 반대로 Dái/ly처럼 강세음절 뒤에 비강세음절이 뒤따르는 것이 '강약격(trochee)'이다. 또 se/re/náde처럼 2개의 비강세음절 뒤에 1개의 강세음절이 결합된 경우 '약약강격(anapest)'이며, mér/ri/ly처럼 1개의 강세음절 뒤에 2개의 비강세 음절이 뒤따를 때가 '강약약격(dactyl)'이다. 이외에도 강세 음절이 두 개 붙어있는 '강강격(spondaic)'과 비강세 음절이 두 개 붙어있는 '약약격(pyrrhic)'이 있다.

이제 각각의 격을 좀더 자세히 살펴보기로 하자. 영시에서 가장 보편적인 율격은 '약강격(iambic)'이라고 할 수 있다. '약강격'은 하나의 비강세 음절(unstressed syllable)과 이어지는 하나의 강세 음절(stressed syllable)로 이루어진 보격(foot)을 말한다. 고전 시가에서는 하나의 단음절 뒤에 하나의 장음절이 나오는 '단장격(短長格)'을 의미했으며, 고대 그리스인들은 이를 말의 자연스런 리듬에 가장 가까운 것으로 여겨, 연극 대사, 욕설, 풍자, 우화 등에 두루 썼다. 이 '단장격'이 영시에서는 '약강격'으로 바뀌어 적용된다. 예를 들어 'report'는 하나의 약세음절과 하나의 강세음절의 결합이다. 'because'도 역시 '약강격'을 보여주고 있다. 이렇듯 '약강격'은 영어의 엑센트에 잘 맞았기 때문에 영시에서 가장 두드러진 운율이 되었다. 그래서 영시에는 이 '약강격'을 기본으로 하고, 상황에 따라 변화를 주기 위해 다른 종류의 격을 끼워 넣는 경우가 많다. 예를 들어 테니슨의 다음과 같은 행을 보면 '약강격'이 한눈에 보인다.

To strive,/ to seek,/ to find,/ and not/ to yield./
- Alfred Tennyson, "Ulysses"

의미가 없는 to에 약세가 걸리고 동사에는 강세가 걸린다. 중간에 부정(不正)을 하기 위해 not에 또 강세가 걸린다. 운문이 대사로 쓰이는 옛 희곡에서도 이런 음보를 쉽게 찾을 수 있다.

A horse!/ A horse!/ My king/dom for/ a horse!
- William Shakespeare, *Richard III*

관사에는 약세가 명사에는 강세가 걸린다. 중간에 'kingdom'의 앞음절에 강세가 걸려있기 때문에 뒤 음절 dom이 비강세가 되고 따라서 평상시에 강세가 걸리지 않는 전치사 for에 강세가 억지로 걸리게 된다. 그럼으로써 일반적으로는 의미가 드러나지 않는 전치사 for의 의미가 도리어 강조된다.

강약격(trochaic)은 하나의 강세 있는 음절을 하나의 강세 없는 음절이 뒤따른다. 고대 그리스에서는 장음과 단음이 결합된 장단격이라고도 한다. 그리스, 로마의 비극과 희극들에서 쉽게 찾아볼 수 있고, 영시에서는 한동안 쓰이지 않다가 윌리엄 블레이크(William Blake)의 "호랑이

(The Tiger)"와 헨리 롱펠로(Henry Wadsworth Longfellow)의 "하이워 어사의 노래(Song of Hiawatha)", 알프레드 테니슨(Alfred Tennyson)의 "샬럿의 아가씨(The Lady of Shalott)" 등에서 그 예를 볼 수 있다.

Should you/ ask me,/ whence these/ stories,
Whence these/ legends/ and tra/ditions,
With the/ odours/ of the/ forest,
With the/ dew and/ damp of/ meadows,

I should/ answer,/ I should/ tell you:

당신이 이 얘기들이 어디서 비롯되었는지 나에게 물으신다면,
이 전설들과 전통들이 어디서
그 숲의 향기와 더불어
초원의 이슬과 습기와 더불어

나는 대답해야 하리. 너에게 말해주어야 하리라
- Longfellow, "The Song of Hiawatha"

'강약약격(dactyl)'은 하나의 강세 음절에 강세 없는 두 개의 음절이 뒤따른다. 예를 들면 'property'나 'industry' 같은 단어들이 자체로 강약약격의 엑센트를 가지고 있으며, "Táke her up / ténderly"와 같은 표현에서 쉽게 찾을 수 있다. 고전 시에서는 1개의 장음절 다음에 2개의 단음절이 온다면 영시(英詩)에서는 1개의 강세 음절 다음에 2개의 무강세 음절이 오는 것이다. 이 장단단격은 "일리아드(Ilias)"와 "오디세이아(Odyssey)"를 비롯한 여러 서사시에서 널리 쓰인 운율이다. 그러나 영시에서의 강약약격은 잘 사용되지 않다가 19세기 로버트 브라우닝(Robert

Browning)과 스윈번(Swinburne)과 같은 시인들이 사용하면서 자주 보이는데 특히 '강약격'과 많이 병용하여 사용되는 경우가 많았다. 여기서는 테니슨의 시 "The Princess"의 일부를 예로 들겠다.

Sweet and low, sweet and low,
Wind of the western sea,
Low, low, breathe and blow,
Wind of the western sea!
over the rolling waters go,
Come from the dying moon, and blow,
Blow, him again to me,
While my little one, while my little one, sleeps.

감미롭고 낮게, 감미롭고 낮게
서해의 바람이
낮게, 낮게, 숨쉬며 부네요.
서해의 바람은
굽이치는 파도위로 지나가요.
기우는 달로부터 불어,
나에게 다시 그를 불어 보내요.
나의 작은 아기가, 나의 작은 아기가, 잠자는 동안
- Tennyson, "Sweet and Low"

이 시는 강약약격이 사용되고 있는 자장가이다. 아기 아버지의 죽음, 아기 아빠의 상실에 따른 후회와 멜랑콜리의 감정이 숨어있는 자장가이다. 자장가로서의 느린 리듬은 한 음보에 3음절이라는 배치로 인하여 자연스러워진다. 강약약으로 반복되는 리듬은 자장가로서의 나른함과 더

불어 그녀의 감정의 여린 기복이 여운이 느껴진다.

약약강격(anapest)은 두 개의 강세의 없는 음절을 하나의 강세 있는 음절이 뒤따른다. 주로 약약강격의 운율로 이루어진 시행은 첫 행 끝에 강세가 없는 음절을 덧붙이는 경우가 많은데, 영시에는 이런 시행이 극히 드물다. 순수한 약약강격은 단조롭고 평범한 박자 때문에 원래는 가볍거나 대중적인 영시에만 쓰였으나, 18세기 이후에는 진지한 시에도 나타나게 되었다. 바이런은 "센나케리브의 파멸(The Destruction of Sennacherib)"라는 시에서 흥분과 빠른 속도감을 전달하기 위해 이 운율을 효과적으로 사용했다.

> The Assy/rian came down / like a wolf / on the fold.
> - Byron, "The Destruction of Sennacherib"

다음으로 블레이크(Blake)의 "유모의 노래(Nurse's Song)"라는 시를 예로 들어보겠다.

> When the voi/ces of child/ren are heard /on the green
> And laugh/ing is heard /on the hill,
> My heart/ is at rest /within /my breast
> And ev/ery thing else/ is still.

> 어린아이들 소리가 풀밭에서 들리면
> 언덕에서 깔깔대는 소리가 들리면
> 내 마음은 내 가슴 속에서 안정을 찾는다.
> 그리고 모든 것이 다 고요해진다.
> - Blake, "Nurse's Song"

영어와 세계

여기서 제1행은 명백히 약약강격을 사용하고 있다. 그리고 시를 읽어 가면서 이 시가 주된 격이 약약강격(anapest)인 것을 쉽게 알아볼 수 있다. 원래 약약강격은 율동에 쾌활한 특질을 주지만 단조롭고 유치하게 들리기도 쉽다. 유모의 노래는 약약강격이 분명히 시에 어린이 같은 특질을 주기 위해 사용되어있지만 블레이크는 그것에 지나치지 않도록 주의를 기울이고 있으며 약약강격사이에 대여섯개의 약강격을 슬쩍 집어넣는 것을 볼 수 있다.

강강격(spondee, spondaic)은 2개의 장음(고전시)이나 강세가 있는 음절(영시)이 잇달아 나오는 음보이다. 고전시에는 이따금 나오지만 영시에서는 기본운율이 되지 못하는데, 이는 둘 이상의 음절이 똑같은 강세를 받는 영어단어는 사실상 하나도 없기 때문이다. 'heyday'나 'childhood' 같은 복합어에서는 이따금 강강격과 비슷한 운율을 얻을 수 있지만, 이런 단어들도 똑같은 강세가 아니라 제1·제2 강세의 예를 보여줄 뿐이라는 입장도 있다. 결국 영시의 강강격은 대개 2개의 단음절어로 이루어지는 경우가 많으며, 약강격(iambic metre)을 가진 시행에서 다음 행으로 넘어가는 도입부로 자주 이용된다. 예컨대 다음과 같은 시행이 그 본보기이다.

Good strong / thick stu/pefy/ing in / cense smoke.
- Browning, "The Bishop Orders His Tomb"

약약격(pyrrhic)의 예를 들어보면 Byron의 다음과 같은 시의 예를 들어볼 수 있다. 바이런(Byron)의 "돈 주앙(Don Juan)"의 한 행이다.

My way / is to / begin/ with the / beginning/
- Byron, Don Juan

여기서 보면 2음보와 4음보에서 그러니까 "is to", "with the"에서 강세를 찾을 수가 없는 약약격이다. 하지만 강강격에서와 같이 이 약약격에도 이견이 있다. 많은 학자들이 강강격이나 약약격을 인정하지 않고 있다. 왜냐하면 지배적인 율격강세는 항상 두 음절 중의 한 음절에 약간 더 강세를 강요하기 때문이다. 연결어로서의 be동사, to 부정사, 전치사, 관사 등에는 의미론적으로는 분명 강세가 없지만 시 전체의 지배강세에 따라 독자들이 자연스럽게 어느 한쪽에 강세를 주어 읽게 되기 마련이다.

사실 강세의 위치를 결정하는 데에는 몇 가지 원칙이 적용된다. 제일 먼저 다음절어의 경우에는 그 단어가 가지는 고유의 어강세(word accent)가 있다. 두 번째로는 단음절어의 경우에 문법적 기능에 따라 관사나 전치사는 약세, 명사 동사 형용사 등은 강세를 줄 수 있다. 의미를 가지는 말에 강세가 오니 형식적 요소에는 약세가 오는 것이다. 마지막으로 율격 강세가 있다. 앞에서 이미 확립된 강세패턴에 따라 기대되는 강세이다. 이때 지배패턴이 정상적인 어강세의 변경을 강요하면 억지 강세(wrenched accent)가 생긴다. 우리가 시의 강세패턴을 정할 때에는 전체적인 강세의 패턴을 파악하여 지배 강세를 결정하게 된다. 그러므로 사실 시에서 정확한 강세패턴이란 존재하지 않으며 지배적인 경향만이 있다고 주장할 수 있다. 또한 시인들은 음보의 격을 의도적으로 혼용함으로써 독특한 정서적 효과를 노리기도 한다.

6.4. 라임에 관하여

라임(Rhyme)이란 소리가 일치하는 것을 말한다. 그리고 영시의 라임 중에서 가장 중요한 것은 각운(End Rhyme)이라 할 수 있다. 각 시행의 마지막 단어들의 끝에 동일한 음이 나오는 것을 말한다. 여기서 정확하게 한 단어의 끝이란 강세 있는 마지막 음절의 모음과 그 뒤에 나오는 음들을 뜻한다. 스윈번(Swinburne)의 "봄의 사냥개들(The Hounds of Spring)"의 두 번째 연을 살펴보겠다.

Come with bows bent and with emptying of quivers,
Maiden most perfect, lady of light,
With a noise of winds and many rivers,
With a clamor of waters, and with might;
Bind on thy sandals, O thou most fleet,
Over the splendour and speed of thy feet;
For the faint east quickens, the wan west shivers,
Round the feet of the day and the feet of the night.

활시위를 다 당기고 화살통은 비운채로 오라.
더없이 완벽한 처녀여, 빛의 숙녀여,
바람소리, 많은 강물 소리내며,
요란한 물소리 내며, 힘차게
샌들을 잡아매라, 오 날래기 그지없는 그대여,
그대의 눈부시게 빛나는 바른 발에,
희미한 동녘이 생기를 띠고 창백한 서녘이 떨고 있으니,
낮의 발과 밤의 발 주위에서
- Swinburne, "When the Hounds of Spring"
Chorus, Atlanta in Calydon, Ⅱ 9-16

각 행들의 마지막 단어들을 살펴보면 quivers-rivers-shivers, light-might-night, fleet-feet들이 서로 압운한다. 이들 그룹들을 각각 a, b, c 로 이름 붙이면, 이 시의 각 행의 마지막 음들은 ababccab의 규칙성을 보여준다. 이런 각운들은 각행 마지막에서의 유사한 음들의 울림을 통해서

우리에게 쾌감을 준다. 더욱이 간략한 도식화를 통해서 본 것처럼 일정하게 확립된 패턴은 다음 연까지 이어지는 기대감을 불러일으킨다.

그리고 이는 좀 더 미묘한 정서적 울림을 위하여 신중하게 선택될 수 있다. 예를 들어 각운을 좀 더 세밀히 살펴보면 강세 있는 모음이 행의 마지막 음절일 때가 있고 각운 뒤에 강세 없는 음절이 이어질 때가 있다. 이를 각각 남성적(masculine), 여성적(feminine)이라고 한다. 남성운(masculine rhyme)은 상대적으로 확고한 종결을 느끼게 만들기에 그 행에서의 내용이 좀 더 적극적인 것으로 여겨지고, 여성운(feminine rhyme)은 상대적으로 더 우아하고 지속적이다. 이를 위하여 워즈워드 (Wordsworth)의 "외로운 추수꾼(The Solitary Reaper)"의 다음 부분을 살펴보겠다.

Whate'er her theme, the maiden sang

As if her song could have no ending;

I saw her singing at her work,

And o'er the sickle bending-

I listened, motionless and still;

And as I mounted up the hill,

The music in my heart I bore,

Long after it was heard no more.

그녀의 주제가 무엇이던, 그 처녀는 노래 불렀다

자기의 노래가 끝이 있을 수 없는 듯,

나는 보았다, 처녀가 일하면서 노래 부르는 것을,

긴 낫 위에 허리를 굽힌 채-

나는 귀 기울였다, 꼼짝하지 않고 조용히.

내가 동산위에 올라가면서,

영어와 세계

그 음악을 내 가슴 속에 간직했다.

그 노래가 그친 지 오래된 후에도

- Wordsworth, "The Solitary Reaper"

5, 6행과 7, 8행에서 still-hill과 bore-more는 단 한 개의 강세로 이루어져 있는 남성운(masculine rhyme)을 이루고 있고, 2, 4행의 ending-bending은 무강세 음으로 끝나는 여성운(feminine rhyme)을 이루고 있다. 후반의 서술은 자신의 동작을 서술하는 내용이므로 보다 확고한 어조를 띠는 것이 당연해 보이고, 초반의 묘사는 자신이 목격한 처녀의 노래하는 환상적인 아득한 모습을 여성운으로 표현하고 있다. 더구나 "노래가 끝이 없는" 것과 추수하는 일이 계속 반복되는 것을 묘사하는 데 여성운이 적격이라 볼 수 있다.

좀 더 적극적으로 운율을 활용하는 시인들은 종종 각운(End Rhyme)뿐 아니라 행 가운데에도 압운을 사용하여 해당 행을 강조하는 효과를 주기도 한다.

콜리지(Coleridge)의 "늙은 수부의 노래(The Rime of The Ancient Mariner)"의 일부이다.

The fair breeze blew, the white foam flew,

The furrow followed free;

We were the first that ever burst

Into that silent sea.

Down dropt the breeze, the sails dropt down,

'twas sad as sad could be;

And we did speak only to break

The silence of the sea!

순풍이 불고, 흰 거품은 날리고,
뱃자국이 순풍을 받으며 따라왔소.
우리는 그 고요한 바다로 돌입한
최초의 선원들이었소.
미풍은 잦아들고, 돛들은 처지고,
더할 나위 없이 슬픈 분위기였소.
우리 말소리만이
바다의 적막을 깨뜨릴 뿐이었소!
- Coleridge, "The Rime of the Ancient Mariner", Ⅱ.103-10

첫 번째 연에서 1행의 blew-flew, 3행의 first-burst는 서로 라임을 맞추고 있는데, 이를 중간운(Internal Rhyme)이라 부른다. 하지만 두 번째 연 첫 시행에서 breeze에서 기대했던 라임은 실현되지 않는다. 다만 3행에서는 다시 speak와 break가 라임을 이룬다. 그런데 이번에는 완벽한 라임이 아니라 보기에만 맞는 라임으로 철자는 라임이 맞는데 소리는 서로 다르다. 그래서 이를 시각운(eye-rhyme)이라고 부르기도 한다. 이러한 차이들은 왜 생기는 것일까? 시를 읽어보면 첫 연은 배의 순조로운 항해를 묘사하고 있다. 하지만 두 번째 연에서는 파국이 도래할 전조가 시작된다. 라임의 불일치는 바로 이러한 파국을 예시하는 정서를 독자들에게 부여하기 위한 시인의 노력의 일환이다. 이러한 중간 운(Internal Rhyme)은 현대의 랩송에서 더욱 적극적으로 사용되고 있는 경향을 보이고 있다. 시의 엄격한 운율상의 규칙들이 모두 점점 완화되고 있는데도 불구하고, 시가 아닌 노래 그것도 랩에서 이러한 요소가 강화되고 있는 것도 한편으론 재미있는 현상이다. 예를 들어 "We touch, I feel a rush, We clutch, It isn't much.(서로를 만져, 난 솟구치는 걸 느껴, 서로를 안아, 별일은 아니야)"라는 에미넴의 노래 "우주로(Space Bound)"의 첫 구절에서 우리는 touch-rush-clutch-much로 이어지는 압운을 볼 수 있다.

영어와 세계

위의 시에서는 다른 종류의 라임 효과도 존재한다. 앞의 시의 두 번째 연에서 우리는 'f'음의 반복된 사용을 볼 수 있다. 이것을 두운 (alliteration)이라고 한다. 앞서 말한 중간운과 더불어 이러한 두운들의 사용은 이 연 자체에 강렬한 인상을 남기게 된다. 그 다음 연에서의 sails-sad-silence-sea로 이어지는 조금은 느슨한 두운은 해당 단어들의 이미지를 연결시켜주는 역할을 한다. 이러한 두운체계는 사실 고대 앵글로색슨어의 시 체계에서 두드러졌던 시형식으로 "베오울프(Beowulf)" 등에서 찾아볼 수 있다. 그러다가 초서(Chaucer)에 와서 현재의 각운 (end-rhyme)체계가 우세하기 시작하게 된다. 하지만 두운은 현재도 시인들이 종종 사용하곤 하는 방식이다.

모음만으로도 역시 라임을 맞출 수 있다. 키이츠(Keats)의 "우울에 관한 부(Ode on Melancholy)"의 두 행을 보자.

For shade to shade will come to drowsily,
And drown the wakeful anguish of the soul

어둠은 어둠으로 너무 졸린 듯이 와서,
영혼의 깨어있는 고통을 익사시키리라.
- Keats, "Ode on Melancholy"

여기서 'drowsily' 와 'drown'은 and를 사이에 두고 모음끼리 압운한다. 이 발음의 둥그렇고 공허한 구조를 보면 이 시행의 효과와 상당한 관계가 있다는 것이 분명하다. 이에 반해서 자음운도 있을 수 있다. "Better to reign in Hell than serve in heaven"이라는 실낙원(Paradise Lost)의 시행은 명확하게 'n'음의 반복을 보여준다. 자음운의 뚜렷한 예이다.

이런 여러 종류의 라임들이 시에 상당한 리듬감을 부여한다는 것은 명확하다. 다만 항상 그렇듯이 이러한 라임들이 지나치게 과도하거나 모자라면 그 효과가 감소된다. 다만 뛰어난 시는 그 내용에 어울리는 적절한 라임을 가지게 마련이다.

6.5. 연(Stanza)의 종류

연이란, 일정하게 나타나는 압운형식(rhythm, meter, rhyme)에 의해 함께 묶여진 연속되는 여러 시행들의 묶음을 의미한다. 가장 짧은 것은 2행의 묶음으로 동일한 각운을 가진 두 개의 행이 묶여진 것을 2행연(couplet)이라 한다. 각운이 동일하면 시행의 길이와는 상관없으므로 두 행의 길이는 같을 수도 있고 다를 수도 있다. 브라우닝(Browning)의 "소년과 천사(The Boy and The Angel)"라는 시의 중간 부분을 살펴보겠다.

Then Gabriel, like a rainbow's birth,
Spread his wings and sank to earth;

Entered, in flesh, the empty cell,
Lived there, and played the craftsman well

And morning, evening, noon and night,
Praised God in place of Theocrite.

그러자 가브리엘이 무지개의 탄생처럼
그의 날개를 펴고 땅으로 내려와

빈 껍데기인 육체로 들어와
거기 살며 그 기능공을 잘 연기했다.

영어와 세계

그리고 아침, 저녁, 낮과 밤으로
써크라이트 대신에 신에게 기도했다.
- Browning, "The Boy and the Angel"

시가 계속 이어지는 2행연들로 되어있고 각 2행연들의 마지막이
birth-earth, cell-well, night-Theocrite 로 각각 압운하는 것을 볼 수 있다.
그래서 우리는 이것을 aa, bb, cc 로 압운하는 2행연구라 부른다. 음보의
수가 같은 것으로 이어지는 것을 동등2행연구(equal couplet), 음보의 수
가 다른 것으로 짝 지워진 것을 부등2행연구(unequal couplet)라 한다.
또 첫 행이 문장구성상 완전하고 둘째행의 끝이 구두점이 있으면 "닫힌
2행연구(closed couplet)"라 하고, 구두점이 없이 다음 행으로 이어지면
"열린 2행연구(open couplet)"라 한다. 다음의 포프(Pope)의 유명한 구절
은 닫힌 2행연구이고, 반면에 밀레이(Millay)의 시는 열린 2행연구이다.

"True wit is nature to advantage dress'd;
What oft was thought, but ne'er so well express'd.

진정한 문학이란 맵시 있게 치장된 자연인 것을;
종종 생각되어지나 그토록 잘 표현된 적은 없는 그것.
- Alexander Pope, *An Essay on Criticism*

Whether or not we find what we are seeking
is idle, biologically speaking.

우리가 추구하는 것을 우리가 찾는지 못 찾는지는
하릴없다. 생물학적으로 말해서
- Edna St. Vincent Millay, "A Sonnet"

2행연구 중에서 4보격은 사뮤엘 버틀러(Samuel Butler)의 풍자시에 사용된 것을 기념해서 풍자적 2행연구라고 부르고, 약강5보격 2행연구는 영웅시체 2행연구(Heroic couplet)라고 한다.

Say first, of God above, or man below
What can we reason, but from what we know?

먼저 말하라, 천상의 신에 대해 하계의 인간에 관해
우리가 무엇을 추론할 수 있는가 우리가 아는 것으로부터
- Alexander Pope, *Essay on Man*

길이가 어떻든 간에 압운하며 하나의 독자적 연으로 다루어지는 세 행을 3행연(Triplet, Tercet)이라 부른다. 대체로 세행은 동일한 각운을 가지고 있지만 세행 중 두 행만 각운을 이뤄도 가능하다. 예를 들어 첫 3행연이 aba로 압운하는 약강5보격을 테르차 리마(terza rima)라고 부른다. 이 형식의 특징은 두 번째 3행연은 첫 3행연의 중간행의 각운을 가지고 새롭게 bcb로 만들어진다는 것이다. 그리고 이러한 패턴이 계속되어 시 전체가 단단히 연결된 여러 개의 연의 결합을 칸토(Canto)라고 부른다. Shelley의 "서풍부(Ode to the West Wind)" Canto 1을 보자.

O WILD West Wind, thou breath of Autumn's being —
Thou from whose unseen presence the leaves dead
Are driven, like ghosts from an enchanter fleeing,

Yellow, and black, and pale, and hectic red,
Pestilence-stricken multitudes! — O thou
Who chariotest to their dark wintry bed

The wingèd seeds, where they lie cold and low,

Each like a corpse within its grave, until

Thine azure sister of the Spring shall blow

Her clarion o'er the dreaming earth, and fill

(Driving sweet buds like flocks to feed in air)

With living hues and odours plain and hill —

Wild Spirit, which art moving everywhere —

Destroyer and Preserver — hear, O hear!

오 거센 서풍이여, 그대 가을의 숨결이여!

보이지 않는 너의 존재로부터 죽은 잎새들은

마치 마법사로부터 도망치는 유령처럼 달아나는구나.

누르스름하고, 검고, 창백하며, 병에 걸린 듯 빨간

역병에 고통받는 무리들: 오 그대 서풍은

어두운 겨울의 침상으로 몰아간다.

날개 달린 씨앗들을 거기서 잎새들은

무덤 속의 시체처럼 차갑고 낮게 누워있나니,

너의 하늘빛 자매인 봄이

꿈꾸는 대지 위에 나팔을 불어대고(향기로운 꽃봉오리들을

양떼처럼 대기속에서 기르기 위해 몰아대면서)

언덕과 들판을 아름다운 색조와 향기로 가득 채울 때까지,

거센 정령이여, 그대는 모든 장소에서 돌아다니고 있구나.
파괴자인 동시에 보존자여; 내 말을 들어다오, 들어다오.
  - Shelley, "Ode to the West Wind"

모두 14행으로 이루어져 있다. 14행으로 이루어진 시는 대개 소네트일텐데 여기서는 각운이 조금 다르다. 편의상 일단 3행씩 묶어보았다. 첫연의 각운은 being-fleeing으로 1행과 3행이 압운합니다. 두 번째 연은 red-dead로 압운합니다. 그런데 이 운은 1연의 제2행 dead와 압운한다. dead-red-bed로 이어지는 각운이다. 그렇다면 thou-low-blow, until-fill hill, air-where-hear도 눈에 들어올것이다. 칸토 전제가 얼마나 강력한 묶여있는지 볼 수 있다.

네 개의 행으로 이루어진 연은 4행연구(quatrain)이다. 영시에서 가장 널리 사용되는 자연스러운 형태로, 많이 쓰이는 만큼 각운들의 배치에 따라 다양한 변종이 있지만, 가장 일반적인 것은 abab로 압운하는 것이다. 이것이 약강 5보격일 경우 영웅시체연(heroic stanza) 혹은 비가체(elegiac stanza)로 부른다.

Full many a gem of purest ray serene,
The dark unfathom'd caves of ocean bear
Full many a flower is born to blush unseen,
And waste its sweetness on the desert air.

수많은 아주 순수하고 고요한 빛 간직한 보석을
대양의 컴컴한 깊이를 알 길 없는 동굴은 지니고 있고
수많은 꽃이 눈길 없는 곳에 홍조를 띠고 피어
향기를 인적 없는 대기에다 허비한다.
  - Grey, "Elegy Written in a Country Churchyard"

영어와 세계

serene-unseen, bear-air로 각운이 abab로 교체된다. 말 그대로 비가체로 쓰인 悲歌인 것이다.

어떤 4행연들은 xaxa와 같은 형태 짝수행만 압운하는 경우도 있다. 이와 같은 4행연을 발라드연(ballad stanza) 또는 담시연이라고 부른다. 그리고 이 형식의 또 하나의 특징은 4보격과 3보격이 번갈아 나타난다는 것이다.

Oft I had heard of Lucy Gray:
And, when I crossed the wild,
I chanced to see at break of day
The solitary child.

나는 종종 루시 그레이에 대해 들었지
그리고 황야를 가로질러 갈 때
해뜰 무렵 우연히 그녀를 보았지
그 고독한 아이를.
- Wordsworth,: "Lucy Gray"

1행과 3행은 4음보이고 2행과 4행은 3음보이다. 그리고 Gray-day, wild-child로 압운한다. 참고로 말하면 압운을 표시하는 경우 처음 등장하는 것부터 abc로 붙여나가고 어디에도 운이 맞지 않는 행을 x로 표현한다.

또 다른 변종은 첫 번째 각운 내에 두 번째 각운을 감싸는 형태로, abba 형태로 이루어지는 이 모습을 포위연 혹은 봉투형 4행연(envelope quatrain)이라 부른다.

Ring out, wild bells, to the wild sky,

The flying cloud, the frosty light:

The year is dying in the night;

Ring out, wild bells, and let him die.

울려라 우렁찬 종소리 거친 하늘까지

저 흐르는 구름 서리 낀 빛에

올해는 이 밤에 사라져가고

울려라 우렁찬 종소리 이 해가 가도록

- Tennyson, *In Memoriam*

1행과 4행의 sky-die가 압운하고 2행과 3행의 light-night가 압운하여 abba의 각운형식을 가집진다. 1행과 4행이 2행과 3행을 감싸고 포함하는 형태이다.

또 하나의 변종은 aaxa로 압운하는 약강5보격행들인 루바이야트 4행연(Rubaiyat quatrain)이라고 하는 것이다. 11세기 페르시아의 시인 오마르 카얌의 시 "루바이야트(Rubaiyat)"를 번역할 때 사용했던 형식이기에 오마르 카얌 스탄자라고도 부른다.

5행 이상이 되면 가능한 각운의 조합이 많아져서 상세히 기술할 수 없을 정도가 된다. 그래서 다만 그중에서 가장 특징적 형태를 보여주는 몇 가지를 거론하는 것으로 충분하다. 그중에서 하나가 7행연 중에서 ababbcc로 압운하는 제왕운(rime royal stanza)이라 불리는 것이 있다. 초서와 그의 뒤를 이은 몇몇 시인들에 의해 효과적으로 사용되었다. 8행연 중에서는 abababcc로 압운하는 옷타바 리마(Ottava rima)가 유명하다. 9행연 중에서 주목할 만한 것으로는 영시에서 가장 완벽한 stanza form이라는 스펜서연(Spenserian stanza)인데 스펜서는 이것을 "요정여왕(Fairy Queen)"을 위해 고안했다고 하며, 키이츠(Keats)와 바이런(Byron) 같은 후배시인들도 이를 효과적으로 이용했다. 압운형식은 ababbcbcc이며, 처

영어와 세계

음 8행은 약강 5보격이고 마지막 9행은 약강 6보격으로 구성된다. 길어진 마지막 행은 앞의 6·7행의 2행연구의 각운과 결합되어 이 연을 명확한 결론의 평온함으로 이끈다.

> ST. AGNES' Eve — Ah, bitter chill it was!
> The owl, for all his feathers, was a-cold;
> The hare limp'd trembling through the frozen grass,
> And silent was the flock in woolly fold:
> Numb were the Beadsman's fingers, while he told
> His rosary, and while his frosted breath,
> Like pious incense from a censer old,
> Seem'd taking flight for heaven, without a death,
> Past the sweet Virgin's picture, while his prayer he saith.

> 성녀 애그니스제 전야 — 아, 혹독히 추웠다.
> 올빼미는 깃털에도 불구하고 추위에 떨었고
> 토끼가 얼어붙은 풀밭에서 떨며 절룩거렸고
> 양 우리속의 양떼들도 조용했다.
> 묵주를 헤아리는 동안 기도승의 손가락은 마비되었다.
> 그의 서리로 변한 숨결이
> 낡은 향로에서 피어오르는 경건한 향처럼
> 사라지지 않고 상냥한 성처녀의 그림을 지나
> 하늘을 향해 날아오르는 듯 여겨졌던 동안, 그가 기도를 드리는 동안
> - Keats, "St. Agnes' Eve"

1행과 3행의 was-grass가 압운하고 2행과 4행의 cold-fold가 역시 압운한다. 이 각운은 계속해서 5행과 7행의 told-old로 각운을 유지하고,

나머지 6행, 8행, 그리고 마지막 9행까지 breath-death-saith로 압운해서 ababbcbcc의 각운형태를 가지게 된다. 8행까지는 약강5보격이지만 마지막 9행은 6보격이다.

　마지막으로 언급해야 할 것은 소네트 형식이다. 소네트는 대개 약강 5보격으로 된 14행의 서정시를 말하는데, 영시에서 가장 애호되어온 형식으로 크게 페트라르카풍 소네트(Petrarchan sonnet)와 셰익스피어 풍 소네트(Shakespearean sonnet)가 있다.

　페트라르카풍 소네트 혹은 이탈리아식 소네트(Italian Sonnet)라고 불리는 형식은 abba, abba, cde, cde로 압운하는 것을 말한다. 마지막 6행의 경우 cd, cd, cd의 압운도 많이 나온다. 이 소네트는 그 내용과 형식에 있어서 두 단계로 나누어지는 경향이 있는데, 처음 8행은 8행연구(octave)를 마지막 6행은 세스텟(sestet)으로 구분되고, 이 형식적 분할은 내용의 논리적 진전과 연계된다. 8행연구(Octave)는 하나의 문제를 제시하거나 하나의 상황을 묘사하거나 하나의 관찰을 내놓고 이어서 6행연구(Sestet)는 이 발언에 대한 해결책을 제시하고 문제를 결론짓는다.

　좀 더 널리 사용되는 것은 셰익스피어풍 소네트 또는 영국식 소네트(English sonnet)인데 이것은 abab, cdcd, efef, gg로 압운한다. 셰익스피어의 소네트 106번을 살펴보겠다.

When in the chronicle of wasted time
I see descriptions of the fairest wights,
And beauty making beautiful old rhyme
In praise of ladies dead and lovely knights,
Then, in the blazon of sweet beauty's best,
Of hand, of foot, of lip, of eye, of brow,
I see their antique pen would have express'd
Even such a beauty as you master now.

영어와 세계

So all their praises are but prophecies

Of this our time, all you prefiguring;

And, for they look'd but with divining eyes,

They had not skill enough your worth to sing:

For we, which now behold these present days,

Had eyes to wonder, but lack tongues to praise.

낭비된 시간의 연대기에서

가장 아름다웠던 이들의 묘사와

그리고 이미 즉은 여인들과 사랑스러운 기사들의 찬미에서

아름다운 옛 노래를 아름답게 만드는 아름다움을 내가 볼 때

그때 감미로운 아름다움의 최고, 그러니까,

손과 발과 입술과 눈 이마에 대한 찬미에서

나는 그들의 고대의 펜이 심지어 당신이 지금 정복한

그런 아름다움을 묘사하려했던 것을 봅니다.

그러니 모든 그들의 찬미는 예언일 뿐

우리 시대의, 당신의 모든 형상에 대한

그래서 그들이 단지 성스러운 눈으로 보았기에

당신의 가치를 노래할 기술을 가지지 못했습니다.

왜냐하면 우리는 오늘날 지금 보고 있음에도

경탄할 눈을 가지고 있을 뿐 찬미할 입이 없네요.

- Shakespeare, "Sonnet 106"

1행과 3행의 time-rhyme, 2행과 4행의 wights-nights, 5행과 7행의 best-express'd, 6행과 8행의 brow-now, 9행과 11행의 prophecies-eyes, 10행과 12행의 prefiguring-sing, 마지막으로 13행과 14행의 days-praise가 서로 압운하고 있다. 이 결과를 보면 라임 스킴(rhyme scheme)

이 abab cdcd efef gg의 형태인 것을 알 수 있다. 라임에 의한 이러한 형식적 틀은 이 시를 모두 네 부분, 그러니까 세 개의 4행연구와 잇따른 2행연구의 분할을 형성한다. 그래서 이러한 형식적 분할은 시의 내용상, 앞의 세 개의 4행연구를 통해서 세 개의 연속된 이미지들, 경험들, 또는 관찰들을 제시하고, 마지막 2행연구에서는 해결이나 결론을 제시하는 것으로 구분된다.

한편 이 에드먼드 스펜서(Edmund Spenser)에 의해 만들어진 스펜서 풍 소네트가 있는데 이는 후배 시인들에 의해 많이 사용되지는 않았다. 셰익스피어 풍의 소네트가 각 연의 각운을 서로 달리 사용하고 있는데 비해 이런 형태의 소네트는 각 4행연구들을 동일한 각운으로 연결시킴으로써 abab, bcbc, cdcd, ee의 압운 형식을 만들어 각운들을 연계시킨다.

흔히 드라마는 연극을 의미한다. 보통 우리가 연극이라고 함은 '영어'로 세 가지 단어를 염두에 둔다. 첫 번째로 영어로 'play'는 공연의 바탕이 되는 대본 즉 희곡을 말한다. 두 번째로 대본을 바탕으로 무대 위에 올린 작품을 '드라마(drama)'라고 부른다. 드라마는 '행동하다'라는 의미의 그리스어 'dramon' 혹은 'dran'에서 기원했다. 여기서 현대에 와서는 드라마라는 말이 연극공연이 아니라 라디오나 TV 등의 대중 매체를 위한 공연방식으로 불리는 경향이 생겨났다. 그러므로 현대에 와선 드라마란 연극이라는 무대공연방식에서 기원한 공연방식을 통칭한다. 세 번째로 'theatre'라는 말은 연극이 공연되는 장소를 뜻하며, 혹은 연극 자체를 통칭한다. 이 말은 그리스의 극장에서 관객들이 '바라보는 장소'라는 뜻의 '테아트론(theatron)'에서 기원했다. 그리스의 극장은 무대배경 역할을 하거나 배우들이 준비하는 장소인 스케네(skene)와 연기가 이루어지며 합창단이 있는 자리인 오케스트라(orchestra), 그리고 관객석인 테아트론, 즉 세 부분으로 구성되었다. 나중에 이 말은 극장 전체를 가리키는 말이 되었고 나아가서 연극 자체를 뜻한다. 예를 들어 'Elizabethan Theatre'라고 말하면 이는 'Elizabethan Drama'와 동의어로 '엘리자베드 시대 연극'을 뜻한다.

연극은 한마디로 '종합예술'이다. 연극은 문학, 미술, 음악, 무용, 조각, 건축 등의 문화예술 전반을 하나로 종합하여 만들어지는 예술 형식이다. 구체적으로 말하면 각본(playscript), 연기(acting), 연출(directing), 장치(design) 등이 종합적으로 참여한다. 이는 연극뿐 아니라 연극에 뿌리를 두고 있는 영화나 TV 드라마도 모두 마찬가지이다. 실제로 문학 장르에 속하는 희곡은 사실 연극예술 속에 종합된 여러 요소 가운데에 하나일 뿐인 것으로, 공연을 통해서 본 연극은 분명히 여러 가지 다른 요소가 하나의 복합적인 전체로 융합된 것이다.

연극을 특징짓는 또 다른 말은 '공연예술'이라는 말이다. 연극은 공연을 위한 예술로 극장에서 중심이 되는 것은 공연자들이다. 극장에 입장하면 관객들은 자연스럽게 각본의 원작자보다는 무대 위에서 펼쳐지는 말이나 행동들에 집중하게 된다. 그러므로 훌륭한 연극 예술이란 바로 훌륭한 공연을 뜻한다.

연극의 또 다른 특징은 모방적인 예술이라는 점이다. 모방의 욕망은 인간의 가장 본능적인 감정이다. 모방을 그리스 말로 미메시스(mimesis)라고 하는데, 이는 '재창조(recreate)하거나 재현(represent)한다는 뜻이며, 연극은 인간 생활을 말(speech)과 행동(action)으로 재창조하는 예술이다. 그러므로 연극은 항상 인생이란 실제로 어떠한 것이며 또는 어떠한 것이어야 한다는 것을 충실히 보여줄 때 관객에게 호소력이 있는 것으로 여겨져 왔다. 말하자면 인생을 가장 그럴듯하게 사실이듯이 재창조하는 것이 연극이 예술작품으로 인정받는 기본적인 조건인 것이다. 이러한 것을 핍진성(verisimilitude)이라고 부르며 오랜 세월 동안 좋은 연극을 구분하는 기준으로 여겨져 왔다.

7.2. 연극의 3대 요소

이러한 연극이 공연되기까지는 필요한 여러 다양한 것들 가운데 기본적인 것 세 가지를 이른바 '연극의 3대 기본 요소'라 하며, 이들은 바로 공연 장소인 '극장'과 실제적으로 무대에서 연기를 하는 사람인 '배우', 그리고 이들을 바라보는 '관객'이다. 이를 한마디로 하면 연극은 배우와 관객이 극장에서 만나는 예술 행위인 것이다.

극장은 배우가 공연을 하는 연기 공간이며 관객이 공연을 보는 관람 공간이다. 고대의 원형 극장처럼 실외이든 대부분의 국립 극장들처럼 실내이든, 또는 미사를 보는 성당이든 시골 장터 마차 위의 임시 가설무대이든, 어쨌든 남녀 배우들이 연기를 펼치고 관객들이 그 공연을 관람할 수 있는 장소가 선행되어야 한다. 그리고 시대에 따른 연극의 환경에 따라 이러한 극장의 구조가 결정되어왔으며 연극의 공연방식에 결정적인 영향을 주어왔다. 또한 반대로 연극의 발전과 기술의 진보는 끊임없이 새로운 양식의 무대 즉 극장의 구조를 진화시켰다. 그러므로 연극의 발달사는 극장의 발달사와 거의 일치한다고 해도 과언이 아니다.

연극의 궁극적 목적은 관객에게 준비한 작품을 보여준다는 것이다. 관객이 극장에서 공연을 보기 전까지는 그 작품은 단지 대본으로만 남아 있을 뿐 연극이라고는 할 수 없다. 심지어 현장에서 배우와 관객 사이의 상호작용이 없이는 연극이라고 할 수 없으며 이는 영화나 TV 드라마와 연극을 구분하는 경계선이기도 하다.

마지막 요소로는 '배우'를 들 수가 있는데 이는 대본을 공연으로 형상화시키는 주체이다. 이들은 대본을 해석하여 관객에게 전달하는 존재이지만 또한 관객의 반응을 현장에서 확인하고 공연에 반영하는 주체이기도 하다. 그러므로 그 공연이 얼마나 훌륭한 예술적 행위였는가를 판단하게 하는 가장 중요한 요소라고 할 수 있다.

이 세 가지 요소 외에도 연극 한 편이 무대 위에서 오르기까지는 '무대배경', '소품들', '조명', '의상', 혹은 '음악' 이나 '안무', 그리고 무엇보다도 연출(director)이 필요하다. 이들은 3대 요소에 버금가는 중요한 것으로 연극이 더욱 효과적인 전달 수단이 되도록 하는 데 결정적인 요소들이다.

마지막으로 결정적인 것은 대본 혹은 희곡(play)이다. 심지어 많은 학자들이 연극의 3대 요소로 대본을 들기도 한다. 한 편의 연극이 무대에 오르려면 반드시 대본이 필요한데, 보통 전적으로 공연만을 위해 쓰인 것을 대본이라고 부른다면, 희곡은 대본이 한 편의 문학 작품으로 부를 정도로 완성된 것을 말한다. 즉 대본은 연극 공연의 시작이자 끝이고 무엇을 어떤 방식으로 무대에서 관객들에게 보여줄지를 적은 계획서라고 할 수 있다. 또한 이는 앞서 언급한 바와 같이 공연이 일시적이고 일회적인데 반하여 공연의 구성요소 중에서 변하지 않고 남아있는 유일한 문학적 요소라고 할 수 있다.

7.3. 연극의 종류

그렇다면 우리가 극장에서 보는 연극에는 어떤 것들이 있을까? 일반적으로 우리는 비극과 희극, 즉 슬픈 것과 재미있는 것이라는 두 가지 종류를 쉽게 떠올릴 수 있다. 그러나 이러한 분류는 너무나 막연한 것이다. 예술로서의 연극의 종류에 대해서는 좀 더 면밀하게 살펴볼 필요가 있다. 사실 연극의 형식에 대해서는 수많은 것들이 시험되어왔지만, 영속적이고 주요한 연극형식으로는 비극(tragedy), 희극(comedy), 통속극(melodrama), 소극(farce)으로 분류할 수 있다.

7.3.1. 비극
연극의 기원이며 가장 큰 비중을 차지하는 것은 비극이다. 고대 그리스의 '디오니소스 축제'의 희생제의(sacrificial ritual)에서 비롯되었으며 이때 제물로 숫염소를 바쳤기 때문에 고대 그리스어로 '염소의 노래(tragos+ode)'라는 뜻을 가지게 되었고, 이 공연이 연극 경연대회 일환으로 나오면서 '비극'이 생기게 되었다. 그러므로 비극은 단순히 슬픈 이야기가 아니라 디오니소스 제의와 깊은 관련을 맺는다. 디오니소스 신도들은 대개 유랑하는 집단이었다. 그래서 온화한 여름철에는 문제가 없었지만 겨울철에는 아폴론 신전에서 지내곤 했다. 디오니소스 축제는 일년에 모두 다섯 번 열리는데 처음이 겨울이 시작될 때 열리고 마지막이 봄이 시작될 때 열린다. 연극은 이 축제와 같이 열리며 계절에 따르는 만물의 죽음과 부활, 또 태어남과 사멸을 노래한다. 그래서 비극은 부활을 준비하는 죽음을 노래하고 희극은 죽음을 예기하는 탄생을 노래한다.

그러므로 연극에서 말하는 비극은 일상생활에서 말하는 비극과는 차이가 있다. 단순히 일상에서 흔히 접하는 슬픈 사건들을 우리는 비극이라고 하지 않는다. 비극이 되기 위해서는 일상과는 다른 무언가가 필요하다. 어려움을 당한 사람이 비극적 주인공이 되려면 일단 우리 보통 사람보다 우월한 사람이어야 한다. 악당이 비참한 일을 당하면 우리는 그것을 당연하다고 여기지 슬프다고 생각하지 않는다. 우리와 같은 보통 사람의 경우도 크게 차이가 없다. 우리가 비극적으로 느끼려면 도덕적으로든 지적으로든 우리보다 더 우월하다고 생각하는 사람이 나쁜 운명에 빠졌을 때이다. 그리고 그 주인공은 단순하게 슬픈 운명에 사로잡히는 것이 아니라, 슬픈 사건을 겪으면서 삶과 인생의 진리에 눈을 뜨고 더 나아가 숭고한 존엄성을 얻는다. 이런 경우에 우리는 그 사람에게 비극적 주인공이라는 호칭을 쓸 수가 있다.

이러한 주인공을 통하여 우리는 비극적인 효과를 얻는다. 아리스토텔레스는 이러한 비극이 주는 효과를 '연민과 공포에 의한 감정의 정화, 즉 카타르시스를 경험하는 것'이라고 말한다. 여기서 '연민'과 '공포'는 관객이 극의 주인공에게 느끼는 감정이입의 정도에 따른다. 연민은 우리와 비슷한 사람에게 부당한 일이 일어날 때 느끼는 감정이며 공포는 우리가 그 일을 겪는 사람의 입장이 되었을 때 느끼는 감정이다. 우리는 비극을 통해 이러한 감정들을 배출시키는데 이를 카타르시스(catharsis)라고 한다. 카타르시스는 배설(purgation) 혹은 정화(purification)라는 뜻을 가진 그리스말로 몸에서 부정한 기운이나 더러운 피를 빼내는 것을 이르는 의학용어였다. 이렇듯 비극의 효과는 건강한 정신을 되찾는 것이었다. 그러므로 비극을 관통하는 정신은 염세주의가 아니라 낙관주의이다. 비극의 주인공은 자신이 저지른 어떤 행동의 결과로 파멸에 이르지만 거기서 그치는 것이 아니고 파멸을 겪으면서 한 차원 높은 자기인식에 도달한다. 그래서 비극에서 주인공의 죽음을 말할 때 흔히 '죽음 안의 승리(triumph in death)'라고 하며, 이는 사실 연극의 기원인 디오니소스 제의가 봄의 부활을 기다리는 가을의 축제였다는 점과 일맥상통한다. 이처럼 어떤 한 인물이 감당하기 어려운 운명에 맞서다가 장렬히 몰락하는 모습을 보면서 인간의 위대함을 느끼게 되는 것이 바로 비극이자 비극적 주인공의 모습이다.

7.3.2. 희극

희극은 비극과 마찬가지로 고대 그리스에서 디오니소스 축제에서 경연 대회 방식으로 행해졌던 형태의 극이다. 희극을 뜻하는 용어인 '코미디(comedy)'는 '행렬'을 뜻하는 '코모스(komos)'와 '노래'를 의미하는 '오이드(oide)'가 합쳐져서 만들어진 '코모이디아(komoidia)'에서 유래한다. 이를 보면 희극은 축제 때 즐거움에 들뜬 백성들이 긴 행렬을 이루어 노래를 부르던 데서 유래됐음을 알 수 있다.

비극이 우리보다 우월한 사람들의 이야기라면 희극은 우리와 같은 평범한 사람들의 이야기이다. 또한 희극은 슬픈 결말이 아닌 기쁨과 행복으로 끝나야 하며, 무언가 깊은 성찰거리 대신 통쾌한 웃음을 관객들에게 선사해야 한다. 비극이 진지한 연극(serious drama)이라면 희극은 이에 반대되는 가벼운 연극(light drama)이다. 비극이 진지하게 인간의 도덕적인 문제를 다룬다면 희극은 도덕에 관심이 없다. 희극은 근본적으로 인간의 지성에 호소하며 작품의 대상이 되는 인생에 대해서도 초연한 태도를 취한다. 그러나 희극은 비록 도덕적인 문제는 비켜가지만 현세적인 세상의 정의에 대한 문제는 피하지 않는다. 그러므로 희극이 추구하는 최고의 형태는 세상에 대한 올바르고 신랄한 '풍자(satire)'라고 할 수 있다. 고대 그리스의 아리스토파네스를 비롯한 당대의 모든 희극작가들은 당대 사회의 모순과 불합리를 파헤치고 비판하는 것을 가장 중요하게 여겼다. 이렇게 볼 때 비극이 인간성과 인간의 가능성에 대한 낙관주의를 기반으로 하고 있다면 희극은 인간을 모순과 불합리의 존재로 보는 비관주의적인 태도를 가지고 있다고 볼 수 있다.

보통 웃음을 일으키는 방식에는 두 가지가 있는데, 하나는 프로이트가 말한 '우월이론'이고 다른 하나는 베르그송이 말한 '대조이론'이다. 프로이트의 우월이론은 연극을 관람하는 관객들이 스스로 느끼기에 무대에서 연기하는 배우들보다 모든 면에서 우월하다고 느껴야 마음 놓고 웃을 수 있다는 이론이다. 베르그송의 대조이론은 관객들의 예측을 완전히 뒤집어 버리는 데서 나오는 웃음이다. 이때 웃음의 주요 요소는 예상치 못했던 뒤집기에서 나오는 불일치와 반전이다.

그러나 관객이 웃음을 터뜨리기 위해서는 이러한 이론들 보다 더 앞서서 한 가지가 전제되어야 한다. 그것은 바로 웃음을 유발하는 주체와 웃음을 받아들이는 객체와의 '거리'라는 개념이다. 우리가 연극공연의 대상을 우리와 같은 존재로 혹은 우리가 그 자리에 있을 수도 있다는 생각을 하게 되면 우리는 마음 놓고 웃을 수가 없게 된다. 관객은 공연 중인 배우들을 우리와는 다른 존재로 선을 긋고 있어야 한다. 이는 비극이 연민과 공포를 느끼게 된다는 것과 명백히 반대되는 특성이라고 할 수 있다.

7.3.3. 통속극

흔히 '멜로드라마'라고 부르는 통속극은 19세기 전까지는 널리 사용되지 않았으나, 극 형식 자체는 고대 그리스시대부터 존재해 왔으며 희비극(tragi-comedy)이라고 불리기도 하였다. 18세기 프랑스 시대에는 주제와 줄거리가 낭만적이며 노래와 반주가 들어간 무대극을 지칭했는데, 음악을 뜻하는 멜로(melo)와 연극을 의미하는 드라마(drama)가 합쳐진 것으로 '음악이 있는 드라마'라는 의미를 갖는다. 그러나 요즘에 와서는 점점 음악적인 요소는 약해지고 통속적인 정의감이나 선정적인 내용만을 다루는 대중극을 지칭하기에 이르렀다. 멜로드라마는 희비극이라는 이름처럼 희극과 비극의 요소를 동시에 가지는데 비극처럼 진지한 상황을 다루지만 이 진지한 상황은 악당의 음모 탓으로 일시적인 것이며 이 음모는 분쇄되어 결국은 행복한 결말을 가지게 된다. 즉 항상 주인공인 선인이 잘되고 악인은 벌을 받는다는 권선징악적인 내용이다. 그러나 이런 단순함 때문에 비극에 비해 작품성이나 예술성이 뒤처지는 장르로 평가되며 냉엄한 현실과는 너무 동떨어진 비현실적인 세계관을 보여 준다는 비판을 받기도 한다. 또한 결말의 지나친 도식화 내지는 유형화는 극의 리얼리티와 플롯의 개연성에 문제를 일으킨다. 또한 극에서는 너무도 선명하게 구별되는 선인과 악인의 구별은 등장인물들의 성격을 평면적으로 만들며 작품의 구도를 너무나 단순하게 만든다. 하지만 이러한 비판과 비난의 목소리에도 불구하고 통속극은 대중들의 많은 사랑을 받아오고 있는데, 그 이유는 바로 '대리 만족' 때문이라고 할 수 있다. 실제의 삶에서 늘 크고 작은 문제에 치여 살고, 나쁜 사람들에게 해를 당하며 살거나 또는 현실에서 좌절하던 사람들에게 비록 연극이지만 통속극은 자신들이 이상적으로 바라는 것이 이루어지는 무대였기 때문이다.

7.3.4. 소극

'웃음 소(笑)'자를 쓰는 소극은 보다 저속한 형태의 희극이라고 말할 수 있다. 소극은 통속극과 마찬가지로 사건이나 상황에 의존하며 우스꽝스러운 행동을 다루는 극이다. 소극의 가장 두드러진 특징은 통속극과 마찬가지로 사건을 과장하고 인물의 특징을 과장한다는 점이다. 그것은 인물의 성격과 행위를 지나치게 단순화하여 인물의 성격이 거의 필요 없게 된다는 것을 의미한다. 그러므로 우리는 소극을 보면서 등장인물의 성격을 분석한다든지 구성의 일관성을 따져본다든지 하는 예술적인 평가를 하지 않는다. 소극은 감상하는데 별로 생각을 요하지 않는 보다 단순한 형식이다. 사실 오늘날 코메디라고 부르는 것은 전통적인 희극이라기보다는 이 소극을 지칭하는 이름으로 변질되어 쓰이고 있다고 할 수 있다.

7.4. 그리스 연극의 발생

그리스 연극은 술의 신이자 다산과 풍요의 신인 '디오니소스(Dionysus)' 신을 숭배하기 위한 축제 즉 디오니시아(Dionysia)에서 유래되었다. 이 축제에서는 합창무용경연대회가 열렸는데 여기에 '디티람보스(dithyrambos 환희의 찬가)가 공연되었다. 디티람보스란 15명으로 이루어진 남성들이 춤을 추며 노래를 부르는 디오니소스 찬양 노래를 말한다. 기록에 따르면 최초의 연극 경연대회는 기원전 534년경에 아테네에서 시작되었는데 여기서 테스피스(Thespis)는 기존의 디티람보스에서 한명의 배우를 따로 끄집어냄으로써 최초의 비극작가가 되었다고 한다. 그의 연극은 배우 한 명과 코러스로 구성되었는데, 공연은 배우 한 명이 코러스 여러 명과 노래를 주고받는 식이었다. '배우'에 해당하는 고대 그리스어는 '히포크리테(Hypokrite)'인데 '대답하는 사람(answerer)'이라는 뜻이다. 이로 미루어도 당시의 연극은 배우와 코러스가 언어로 주고받는 대사로 이루어졌음을 알 수 있다. 배우는 극에서 역할이 바뀔 때마다 다른 가면을 사용했고, 배우가 역할을 바꾸기 위해 잠시 무대를 떠나면 코러스가 노래와 춤으로 배우의 빈자리와 시간을 메우는 방식으로 연극이 진행되었다.

7.4.1. 그리스 비극의 3대 작가

연극의 틀이 정해지자 뛰어난 비극작가들이 연이어 나타나기 시작했는데 그중 뛰어난 세 명의 작가를 그리스 3대 비극작가로 부른다. 그리스 비극의 전성기를 이끈 이 3대 작가들 중 처음은 이스킬러스(Aeschylus, B.C. 525~456)였다. 그는 기원전 499년부터 비극 경연대회에 참가하여 13회의 우승한 기록을 가지고 있다. 그는 작품에서 합창보다는 대사에 중점을 두었고 '독백'을 도입하였다. 그의 뛰어난 업적은 배우를 한 명 더 추가하여 두 명의 배우를 씀으로써 연극에 주요한 발전을 이루었다는 것이다. 이 두 번째 배우로 인하여 진정한 의미의 대사 주고받기가 가능해졌고 배우 사이에 극적 갈등을 표현할 수 있게 되었다. 그러자 배우의 중요성은 점차 커지고 코러스의 중요성은 줄어들게 되었다. 또한 그는 무대장치, 채색이 잘된 배경, 잘 만들어진 의상 등 연극이 새로운 형식으로 발전하는 데에 큰 공헌을 하였다. 현존하는 약 7편 정도의 작품 중 『오레스테이아(*Oresteia*, B.C. 458)』는 그의 최대 걸작으로 온전히 남아 전해지는 유일한 3부작이다.

다음으로 이어지는 위대한 작가는 소포클레스(Sophocles, B.C. 496~406)이다. 아테네의 최전성기이며 비극의 최전성기이기도 했던 페리클레스 시대에 활동했던 그는 이스킬러스에게서 비극을 배웠고, 28세 때에는 스승을 누르고 우승하는 청출어람을 보여주었다. 이후 비극 경연대회에서 18번 정도의 우승한 기록이 있으며, 준우승 이하로 떨어진 적이 없을 만큼 비극에서 탁월했다. 소포클레스는 기존의 두 명의 배우에 한 명을 더 추가해서 세 명의 배우를 썼다. 연극에서 등장인물의 수가 증가한다는 것은 줄거리를 전개하거나 갈등을 표현하는 것이 매우 다양해짐을 의미하는 것이다. 이 제3의 배우 덕분에 연극은 거의 완전한 종합

영어와 세계

예술로 자리 잡을 수 있었고, 그는 스승인 이스킬러스가 이룩한 극작술을 다양한 부분에서 한 걸음 더 발전시켰고 이는 나중에 아리스토텔레스가 『시학(*Poetics*)』을 썼을 때 그 기준을 소포클레스의 『오이디푸스 왕(*Oedipus Rex*)』으로 삼았을 정도로 완벽한 경지에 이르렀다. 그 결과 소포클레스의 비극은 몇천 년 동안 연극의 기준이 되었다. 그의 작품은 7편이 현존하고 있으며 이 중 『안티고네(Antigone)』와 『오이디푸스 왕』이 대표작으로 남아 있다.

3대 작가 중 마지막은 유리피데스(Euripides, B.C. 480~406)이다. 그는 비극 경연 대회에서 다섯 차례 우승한 기록이 있으며 앞선 두 사람과는 달리 생전보다 사후에 더 큰 평가를 받았다. 그는 그리스 작가 중 가장 현대적인 작가라는 평을 받고 있는데, 그 이유는 여성에 대해 동정적인 시각을 갖고 있었다는 점, 그리스 신들을 인간처럼 초라하고 무능한 존재로 표현한 점, 그리고 가장 사실주의적인 작품을 쓴 점 때문이다. 약 90여 편의 작품 중 18편이 현존하며 『알세스테스(*Alcestis*)』, 『메데이아(*Medea*)』, 『엘렉트라(*Electra*)』, 『오레스테스(*Orestes*)』 등의 유명 작품이 있다.

7.4.2. 그리스 희극

희극은 비극보다 훨씬 늦게 발전했고 항상 비극보다 열등한 장르로 취급되었다. 희극은 기원전 442년경부터 비로소 국가로부터 공식적인 지원을 받아 희극작가와 작품에 대한 경연 대회가 시작되었다. 희극은 대개 사회나 정치 문화 또는 고위 정치인 등을 조롱하고 풍자하는 형식으로 쓰였으며 주제는 다소 황당한 것들을 사용함으로써 풍자 대상을 더욱 강조했다. 예를 들면, 『뤼씨스트라타(*Lysistrate*)』라는 작품은 당시 그리스가 벌이던 펠로폰네소스 전쟁을 풍자하고 있는데, 이 작품에서 그리스 부인들이 합심해서 남편들이 전쟁을 멈출 때까지 남편들과 잠자리를 거부하는 모습을 보여 준다. 다소 황당한 결정이지만 이러한 부인들의 잠

자리 거부 결의가 받아들여져서 결국 남편들이 전쟁을 멈추고 평화를 얻는다는 내용이다.

『뤼씨스트라타』는 바로 그리스를 대표하는 희극작가인 아리스토파네스(Aristophanes, B.C. 446-386)의 작품인데, 그는 427년부터 희극 경연 대회에 참가하기 시작했다. 그의 희극은 소극, 개인적인 비방, 문학과 음악에 대한 풍자, 시사 문제에 대한 진지한 촌평 등을 혼합한 극이었다. 그의 작품은 정치적·사회적 풍자로 가득 찼는데, 특히 자신이 보기에 아테네의 미래를 파멸로 이끈다고 여겼던 사상이나 위정자들을 날카롭게 조롱했다.

헬레니즘 시대는 고전 그리스 시대의 뒤를 이은 시기로, 기원전 336년 알렉산드로스 대왕의 통치기에서 그리스가 로마에 정복되는 기원전 146년까지의 시기를 일컫는다. 이전 시대의 희극에 비교하여 이 시대 희극을 새 희극(New Comedy)이라고 부르는데, 정치적·사회적·문화적 풍자 대신 로맨틱한 가정문제나 연애문제를 주로 다루었다. 완고한 부모의 반대를 물리치고 사랑을 이루는 젊은 남녀의 행복한 결말이 대표적인 경우이다. 새 희극의 대표작으로는 메난더(Menander)가 쓴 『잔소리꾼(Dyskolos)』이 있으며 헬레니즘 시대 이후에 쓰인 대부분의 희극은 신희극의 극작술에 따랐다.

7.5. 로마의 연극

로마에서의 연극창작의 움직임은 기원전 3세기 후반부터 시작되었다. 자체적인 창작드라마를 공연하는 경우는 소수에 불과했고 주로 그리스 연극들을 라틴어로 번역하여 공연하였다. 공화제 시기의 로마에서는 연극은 1년 중 일정한 국가의 축제일에 개최되었으나 차차 그 빈도가 늘어만 갔다. 기원전 200년경에는 1년에 10여 일밖에 연극이 상연되지 않았

영어와 세계

지만 아우구스투스황제 시절에는 국가가 지정한 상연일이 40여 일이나 되어있었다고 전한다.

로마의 연극은 원작과 비교하면 과장되고 수사적(修辭的)인 대사가 두드러지며 잔인하고 자극적인 제재가 많았다. 이러한 그로테스크한 과장은 당시의 조각이나 벽화에 그려진 비극 가면이나 배우의 의상에서도 찾아볼 수 있다. 또한 극장 그 자체의 구조도 그리스의 양식과는 크게 달라졌다. 완전한 원(圓)이었던 오케스트라는 반원(半圓)이 되고, 무대와 오케스트라가 한 건물에 포함되었다. 무대는 그 면적이 넓어지는 한편 일찍이 합창대가 차지했던 오케스트라는 근세의 오페라 극장과 마찬가지로 귀빈석으로 변해버렸다. 그리스에서는 구릉지의 경사면을 이용하여 설치하는 것이 상례였으나 로마에서는 평지에 지은 콜로세움 형태의 것이 많았다.

전체적으로 보면 그리스 연극의 전통은 헬레니즘 시대와 로마시대를 거쳐 이어져 갔다. 헬레니즘시대와 로마시대는 연극의 여러 가지 면에서 혁신적인 변화는 없었고, 단지 그리스인들이 세워놓은 전통을 충실히 모방하여 지켜나가는 데 충실하였다고 할 수 있다.

7.6. 중세의 연극

로마가 멸망하고 중세의 기독교 체제가 들어서자 교회는 연극공연을 인간을 타락하게 만드는 유혹적인 요소로 보아 금지하게 되었다. 6세기에서 10세기에 이르는 암흑시대에는 교회의 금지령으로 말미암아 연극은 완전하게 사라진 것 같았다. 그러나 놀랍게도 연극은 연극공연을 금지시켰던 주체였던 카톨릭 교회 안에서 다시 불씨를 되살렸다.

중세의 카톨릭 교회 미사는 모두 라틴어로 되어있었으며 대다수 신도들은 알아들을 수 없었다. 그래서 교회는 문맹인 신도들에게 성서의 이야기나 기독교 교리를 보급시키기 위해 교회가 가장 경계하고 엄하게 금지하였던 연극적 방법을 사용하게 되었다. 9세기경에는 종교음악에 시구를 붙이는 '댓구(trope)'가 시도되었는데 이들은 흔히 대화 형식이라는 연극적 형식을 보여주기 시작한다. 그리고 그 흔적은 카톨릭 교회의 미사 예식에 그대로 남아있다.

여러 미사에서 성서의 사건들을 설명하기 위해 사용되는 여러 '댓구(trope)'들이 미사에서 떨어져 나와 자기들끼리 성서 전체의 이야기를 구성하는 하나의 싸이클(cycle)로 병합되었는데, 하나의 싸이클은 25편에서 50편에 이르는 성서상의 이야기들을 포함하고 있었다. 영국에서는 'The York Cycle' 48편, 'The Townsley Cycle' 32편, 'The Chester Cycle' 25편, 'the Coventry cycle' 42편이 남아있다. 이제 이 많은 이야기들을 공연하기 위해서는 많은 배우들이 필요하게 되었고, 라틴어를 모르는 사람들을 배우로 쓰게 되자 점차 그 내용이 자국어로 바뀌는 과정을 밟게 되었다. 그리고 이러한 공연에 대해 관객이 점차 늘어나자 교회는 그들을 수용하기 어렵게 되고 결국 공연은 교회 밖으로 나오게 되었다.

무대는 교회 내부의 제단에서 교회 외부 앞마당으로 나갔고 나중에는 수도원 소속의 학교나 수도원 안뜰에서 상연되었다. 그리고는 드디어 교회 밖으로 나왔다. 일련의 이야기들을 이어서 공연하기 위해 패전트극이 즐겨 상연되었다. 이것은 이교시대의 봄의 퍼레이드(行列)의 풍습을 계승한 성체행렬의 행사의 일환으로서, 길거리에서 몇몇의 작은 장면을 상연하는 것이며, 중세 말기에는 3일에서 1주일가량 계속되는 커다란 행사로 발전했다. 패전트에서는 각 길드의 조합이 담당한 장면을 수레 위에 가설하고 그러한 수레를 차례로 끌고 다녀 일련의 극을 연출한다.

연극이 일단 밖으로 나오자 세속화는 더욱 빨라지게 되었다. 점차 속인들이 더 많은 배역을 맡게 되어 마침내 공연 전체를 도맡아버리게 되었고, 모든 대사가 자국어로 번역되어 평민들도 모두 내용을 알아듣게 되었을 뿐 아니라 공연의 직접적인 책임도 점차 교회에서 시 행정당국

영어와 세계

으로 변해가게 되었다. 그런데 시는 공연을 동업조합인 길드에 배분하고 그 지휘하는 역할을 맡겼기에 길드야말로 공연을 교회로부터 넘겨받아 16세기까지 그 전통을 이어갔던 주체라고 말할 수 있다.

이와 같은 종교극은 신비극(mystery play)과 기적극(miracle play)으로 크게 분화되어 발전한다. 그 내용은 모두 성서나 성자들의 이야기에 중심을 둔 것이었다. 신비극은 예수의 이야기를 성서 중심으로 구성하였는데 1662년경까지 영국에 남아있었다. 이에 반해 기적극은 성자들의 생애를 그린 것이 특징이다. 이 두 가지 형태의 작품은 당시 수백 편이 있었으나 현존하는 것은 불과 몇 편에 지나지 않는다.

15세기 초부터 영국의 교회는 대중의 교화를 위해 성서의 낭독이나 설교 대신에 그것을 도덕적인 극의 형식으로 상연할 것을 권장했다. 여기서 종교극과 세속극과의 중간에 놓여있는 도덕극(Morality Play)이라는 새 장르가 생겨났다. 『에브리맨(everyman)』은 그 대표작으로 15세기 말엽에 쓰인 것으로 추정된다. 이 작품은 죽음에 직면한 인간의 마지막 영적 여정을 우화적으로 그리고 있다. 인물들의 성격화와 여행이라는 내러티브 구조, 단순하면서도 강력한 연극적 효과에 있어서 현존하는 도덕극 계열의 작품들 가운데서 가장 뛰어나다는 평을 받고 있다. 선과 악, 신과 악마가 인간의 영혼을 획득하려고 서로 싸우는 그 중심주제는 화해적 결말로 끝나고 있으나 그 후 바로크 시대로 계승되어 근대 연극이 가지는 갈등구조의 뿌리를 내렸다. 그러므로 도덕극들은 어느 의미에선 초기의 기적극으로부터 후대의 엘리자베드 시대 드라마로의 교량 역할을 한 것이라 하겠다.

16세기 초에는 두 가지 새로운 형식의 연극이 나타나기 시작하였는데 그 하나는 막간극(Intrlude)으로 축제 행사나 궁정연회 따위에서 여흥을 목적으로 전문배우들에 의해 궁정이나 귀족의 저택에서 상연되었고 주로 실생활의 인물을 다루고 교화보다는 오락을 목적으로 하였다. 또 하나는 1500년경 초반에서 1580년 사이 인기있었던 학교극(Academic drama)이라 할 수 있다. 이 학교극은 고등 교육을 목적으로 한 고전 드라마 연구에 전념한 영국의 캠브리지와 옥스포드 대학 등의 젊은 학자들이 교정에서 주로 공연하였다. 신고전주의 드라마뿐만 아니라 그리스어와 로마어로 된 소포클레스, 유리피데스, 세네카의 연극들을 제작했고, 이러한 고전적이고 신고전주의적인 작품을 공연한 경험은 고대 그리스, 로마, 중세의 극작술의 영향을 축적시켰고 이후 연극의 풍부한 토양이 되었다.

7.7. 엘리자베드 여왕 시대 연극

영국드라마 역사상 가장 뛰어난 시대라고 할 수 있는 엘리자베스 여왕 시대는 보통 1558년 엘리자베스 1세 여왕의 통치와 더불어 시작되었다고 본다. 다만 이 시대의 끝에 대해서는 혹자는 1603년 여왕의 죽음으로 끝났다고 생각하는 반면, 다른 사람들은 1642년 극장 폐쇄까지 동일한 시대로 보아야 한다고 주장하기도 한다. 엘리자베스 여왕은 연극 활동의 열렬한 지지자였기 때문에, 그녀의 통치기간 동안 일부 극작가들은 왕실의 후원을 받아 편안한 생활을 할 수 있었다. 이 시기는 셰익스피어의 활동 시기와 겹치는데 편의상 제1기-셰익스피어 이전, 제2기-셰익스피어의 시대, 제3기-셰익스피어 이후로 크게 나눈다.

7.7.1. 대학수재들
제1기는 토마스 키드(T. Kyd, 1557-95)를 비롯해서 크리스토퍼 말로(Christopher Marlowe, 1564-593), 존 릴리(John Lyly, 1553-1606) 등의 이른바 '대학 수재들'(케임브리지 대학, 옥스퍼드 대학 출신의 극작가들)이 대표하는 1580-90년대 즉 엘리자베스 왕조 연극의 상승 발전기이며, 제2기는 셰익스피어를 중심으로 벤 존슨(Benjamin Jonson, 1572-

1637), 존 플레처(John Fletcher, 1579-1625)가 활약한 1590-1610년대의 전성기이고, 제3기는 '자코비안 드라마(제임스 왕조 연극)' 시대로 엘리자베스시대 연극의 쇠퇴기라고 할 수 있다.

제1기에는 토머스 키드의 『스페인 비극(*The Spanish Tragedy*)』(1587)이 대표작으로 로마의 세네카 풍 유혈비극의 절정을 이룬다. 작품 가운데 나오는 복수의 테마, 망령, 연쇄적 살인, 광기, 극중극의 효과적 사용 등이 『햄릿』의 원형을 떠올리게 한다. 키드와 전후하여 극단에 등장했던 크리스토퍼 말로는 셰익스피어보다 두 달 먼저 태어났지만, 일찍 활동을 시작하여 활동 시대가 약간 앞선다. 그가 1587년에서 1588년 사이에 쓴 것으로 추정되는 『탬벌레인 대왕(*Tamburlaine the Great*)』 1부와 2부는 런던 로즈 극장에서 애드미럴 경 극단에 의해 공연되어 폭발적인 인기를 누렸고, 이는 『파우스트 박사(*Doktor Faustus*)』, 『말타의 유대인(*The Jew of Malta*)』의 성공으로 이어졌다. 그의 가장 큰 특색은 청춘의 정열을 비극적으로 노래하는 무운시(無韻詩)의 매력과 극적 박력을 지닌 웅장함에 있으며 또 개인의 내부에 깃들인 무한한 욕망, 즉, 탬벌레인의 정복욕, 파우스트의 지식욕, 말타의 유대인의 물욕 등의 추구과정에서 나타나는 운명이나 자아와의 내적 갈등을 힘차게 묘사하여 새로운 시대정신을 묘사했다. 그의 주인공들은 모두 당대의 르네상스적인 시대 분위기와 맞물려 한계와 통념을 뛰어넘고자 하는 전복과 위반의 정신을 보여주며, 이는 중세 기독교적 우주의 거대한 질서와 틀에서 벗어나 자아와 자유를 찾고자 하는 개인들의 투쟁, 도전, 좌절, 회의, 두려움, 절망을 통하여 최초의 근대적 인간상을 형상화한다.

7.7.2. 셰익스피어의 시대

윌리엄 셰익스피어(William Shakespeare)는 1564년 4월 23일 스트라포드-어펀-에이븐(Stratford-upon-Avon)에서 태어났다. 아버지 존 셰익스피어는 비교적 부유한 상인으로 피혁 가공업과 중농(中農)을 겸한데

다가 읍장까지 지낸 유지로, 당시의 사회적 신분으로서는 중산층에 속해 있었기 때문에 셰익스피어는 풍족한 소년 시절을 보냈다. 그러나 1577년경부터 가세가 기울어 학업을 중단했고 집안일을 도울 수밖에 없었다고 한다. 셰익스피어는 주로 성서와 고전을 통해 읽기와 쓰기를 배웠고, 라틴어 격언도 암송하곤 했다. 11세에 입학한 문법학교에서는 문법, 논리학, 수사학, 문학 등을 배웠다. 이 당시에 대학에서 교육받은 학식 있는 작가들을 '대학 재사(university wits)'라고 불렀는데, 셰익스피어는 이들과는 달리 고등 교육을 전혀 받지 못하였다. 그럼에도 불구하고 그의 타고난 언어 구사 능력과 무대 예술에 대한 천부적인 감각, 다양한 경험, 인간에 대한 심오한 통찰력은 그를 위대한 작가로 만드는 데 부족함이 없었다.

셰익스피어가 작품 활동을 시작한 시기는 정확히 알려진 바가 없지만, 동시대 극작가 한명이 셰익스피어에 대하여 '대학도 안 나온 주제에' 품격 떨어지는 연극을 양산하고 있다고 비난하였던 것을 보면, 적어도 1592년 런던에서 꽤 유명한 극작가였음을 짐작할 수 있다.

셰익스피어는 1599년 템스강 남쪽에 세워진 글로브 극장에서 조연급 배우로서도 활동하면서 극작에 주력하였다. 1623년 벤 존슨은 그리스와 로마의 극작가와 견줄 수 있는 사람은 오직 셰익스피어뿐이라고 호평하며, 그는 "어느 한 시대의 사람이 아니라, 모든 시대의 사람"이라고 극찬했다. 셰익스피어는 1590년에서 1613년에 이르기까지 비극(로마극 포함) 10편, 희극 17편, 사극 10편, 장시 몇 편과 시집 『소네트』를 집필하였고, 대부분의 작품이 당대부터 인기를 누렸다.

셰익스피어의 탁월함은 그의 문학적, 연극적 상상력과 감칠 맛 나는 표현력에서도 드러난다. 셰익스피어는 자신이 속한 극장의 구조를 십분 활용하면서 구조의 제약을 뛰어넘는 무한한 상상력을 발휘하여 관객과 독자를 매혹한다. 같은 이야기 소재라도 셰익스피어의 손에 들어가면 모든 이의 정서에 공감을 줄 수 있는 보편성을 갖게 된다. 또한 '사느냐 죽

영어와 세계

느냐 그것이 문제로다'라는 햄릿의 유명한 대사처럼 셰익스피어는 감히 어느 누구도 흉내 낼 수 없는 숱한 명대사를 남겼다. 작품 속 표현 한 마디 한 마디가 관객들로 하여금 무릎을 치게 만들고, 교묘하고 신비로운 표현은 그 속에 인생의 진지한 성찰을 담고 있다.

셰익스피어와 같은 시대에 벤 존슨은 또한 『볼폰(*Volpone*)』(1606), 『연금술사(The Alchemist)』(1610) 등 인간의 어리석음과 악덕·탐욕 등의 천박함을 통렬히 폭로한 사실적인 풍자 희극을 썼다. 벤 존슨은 집안이 가난하여 웨스트민스터를 졸업한 후 대학에는 진학하지 않았으나 셰익스피어나 '대학수재'들보다도 뛰어난 학식과 깊은 교양을 갖춘 지식인으로서 활약했다. 그는 비극의 연기자로 당시의 손꼽히는 명배우였지만, 셰익스피어도 연기자로 출연하였던 희극 『십인십색(*Every Man in His Humour*)』(1598)으로 일약 스타가 되어 그때부터 극작에 전념하였다. 『볼폰』, 『연금술사』, 『에피신(*Epicoene*, or the Silent Woman)』(1609) 등이 대표적 희극 작품이다. 배우수업을 한 뒤 40년 가까운 창작생활을 통해 희극·희비극·풍자극·비극·가면극 등 다방면에 걸친 작품을 남겼으며 특히 '기질희극(Comedy of Humours)'의 창시자, 또는 일련의 풍자희극의 걸작으로 제임스 1세 시대의 대표적 극작가가 되었으며 제임스 1세의 연금을 받아 사실상 최초의 계관시인이 되었다.

7.7.3. 극장구조의 발전

당시의 극장에는 근대극장과는 다른 특수한 구조를 지닌 '공설극장 (public playhouse)'과 근대극장과 흡사한 '사설극장(private playhouse)'의 두 종류가 있었다. 공설극장은 대개 예전에 연극의 주 공연장이었던 런던의 여인숙들의 회랑에 둘러싸인 앞마당을 그대로 본따서 만들어졌기 때문에 정방형, 장방형, 혹은 팔각형의 3층 건물로 되어있으며 가운데 부분은 지붕이 없는 노천극장이었다.

조명장치 같은 것은 없고, 오후 2시부터 백주의 햇볕 아래 상연되므로, 시간·장소의 암시나 정경 묘사 등은 모두 대사에 의존해야만 했으며, 관객이 상상력을 즐길 수 있도록 하기 위해 풍부한 레토릭, 음악적인 말이 중요한 요소를 차지하며, 또한 호화로운 의상이 관객의 눈을 즐겁게 해 주었다.

이러한 무대는 오늘날의 무대와는 다른 특징을 가지는데 먼저 뚜렷한 이점은 그 융통성이라고 하겠다. 배경이나 장치가 없는 이 무대는 마음대로 각각 다른 장면들로 얼마든지 쉽게 빨리 옮길 수 있다. 또 하나의 이점은 돌출무대인데, 돌출무대와 객석의 접촉을 통해서 배우와 관객을 친밀하게 융합시킬 수 있고, 특히 독백이나 방백의 경우 큰 효과를 볼 수 있다.

사설극장은 궁정이나 귀족의 대저택에 있는 홀의 연장이며, 고정된 좌석이 완비된 장방형의 옥내극장으로서 주로 겨울철에 이용되었고, 인공조명·대도구·막의 사용 등 근대극장의 원형과 흡사한 것이었다. 귀족이나 상류계급을 위한 극장이었기에 레퍼토리도 낭만 희극이나 로맨스 극이 많았다.

7.8. 왕정복고기

엘리자베스여왕 사후 스튜어트왕조가 들어서자 가톨릭과 국교도, 왕권과 시민권 사이의 내분이 격렬하게 부딪혔다. 전제왕권과 시민계급의 갈등 속에서 청교도혁명을 거쳐 왕권 복고에 이르기까지 연극도 같이 힘든 시기를 겪었다. 청교도혁명 당시에는 1642년부터 1660까지 모든 극장이 폐쇄되었고 1666년에는 런던 대화재로 거의 모든 극장이 소실된 적도 있었다. 왕정복고 이후에도 단 2곳의 극장만이 공식적 인가를 받아 극을 상연할 수 있었다. 결국 서민들도 향유할 수 있었던 과거와 달리 이제는 주로 중류층 이상의 사람들만이 연극을 즐길 수 있었다.

이 시기의 대표적인 극작가는 존 드라이든(John Dryden, 1631-1700)이다. 드라이든은 왕정복고기의 대표적인 문인이자 계관시인(Poet Laureate)으로서 시·희곡 등 다양한 작품을 남겼다. 그가 남긴 20여개의 희곡들 중에서 가장 성공적이었던 작품 『유행에 따른 결혼(*Marriage-a-la-Mode*)』(1673)은 영국드라마에 희비극(tragicomedy)이라는 새로운 장르를 개척해내기도 하였다.

전체적으로는 찰스 2세가 프랑스에서 돌아와 왕정을 복고시켰던 사회적 분위기에 맞추어 국왕과 함께 프랑스에서 돌아온 사람들이 보여 주는 프랑스식 예절과 도덕성을 반영한 희극, 즉, '풍습 희극(The Comedy of Manners)'이 유행하였다. 풍습희극은 희화화된 '남녀의 성역할', 그리고 성적 주제를 희극적으로 표현한 '사랑'을 주제로 하였다. 주요작가로는 풍습 희극의 시조인 조지 에서리지(George Etherege, 1635-1692), 통렬한 풍자로 유명한 윌리엄 위철리(William Wycherley, 1641-1715), 사교계를 소재로 하여 인간의 어리석은 행동을 풍자적이고 세련되게 표현한 윌리엄 콩그리브(William Congreve, 1670-1729)가 있다. 콩그리브는 『세상 돌아가는 법(*The Way of the World*)』(1700)라는 유명한 작품을 써냈는데, 작품 속 주인공들의 사랑과 열정은 쾌락과 물질을 얻기 위해 사랑을 가장한 탐욕과 대조된다. 또 이 작품 속에는 여성들의 결혼에 대한 요구사항이 나오기도 하는데, 따라서 이 작품은 사리사욕으로 가득한 런던을 풍자하고자 할 뿐 아니라, 여성의 독립성과 발언권이 강해진 당대의 영국 사회를 반영한 풍습희극의 최고작이라는 평을 듣는다.

이 시대에는 엘리자베드 시대의 옥외 공설극장은 거의 없어지고 모든 극장은 사설극장 형태인 프로시니엄아치 극장으로 바뀐다. 단 프로시니엄 무대의 에이프런(Apron) 부분이 거의 뒷무대와 같은 크기로 매우 크다. 주무대 공간이 에이프런에서 이루어지고 뒷무대는 장면 배경을 설치한다. 이는 엘리자베드 시대의 돌출무대 형식이 남아있음으로 볼 수 있다.

무대장치, 의상, 조명 등에서는 이탈리아의 영향이 직접적으로 나타난다. 의상은 동시대 의상을 주로 입었으며 고증은 거치지 않았다. 실내 극장이므로 조명에 관심 많았다. 일차적으로는 창문을 통해 자연조명이 가능한 오후 시간에 공연을 했고, 촛불 샹들리에와 박스석 옆 촛대, 무대와 객석의 촛불들을 사용했다.

7.9. 18 · 19세기의 연극

18세기 들어 영국에서는 연극에 대한 정부의 통제가 강화되었다. 영국 연극에 대한 특허법이 시작된 것은 은 1660년 찰스 2세 때였고 1737년에는 의회에서 연극에 대한 특허법이 통과되었다. 이 특허법에 따르면 희곡과 연극을 만들 때는 국가가 위임하는 특별한 사람에게 먼저 허락을 받아야 했고, 극장도 '드루리 레인(Drury Lane)'과 '코벤트 가든(Covent Garden)'의 두 극장만을 영국 유일의 합법적 연극 극장으로 인정했다.

이러한 엄격한 정부 정책에도 불구하고 존 게이(John Gay, 1685-1732)의 『거지오페라(*The Beggar's Opera*)』(1728)와 리차드 스틸(Richard Steele, 1672-1729)을 중심으로 한 '감상 희극(sentimental comedy)'과 '가정비극(domestic tragedy)'이 매우 중요한 희곡형태로 유행했다. 특히 감상 희극은 통속극과 유사한 주제인 선한 일을 행한 사람은 보상을 받고 악한 일을 행한 사람은 징계를 받는다는 내용으로 당대 중산층들에게서 많은 인기를 끌었다. 그러나 이 유행이 완전히 일방적인 것은 아니어서 한편으로는 올리버 골드스미스(Oliver Goldsmith, 1728-1774)와 리차드 셰리단(Richard Brinsley Sheridan, 1751-1816) 등의 반-감상 희극(Anti-Snetimental Comedy)도 나름의 인기를 끌고 있었다.

19세기에 들어서 낭만주의 시대가 도래하자, 고전주의에서 중시하던 다양한 연극적 규칙들은 버려졌고, 작가의 개성과 자유가 작품의 질

영어와 세계

을 판단하는 새로운 기준이 되었다. 그러나 낭만주의 시대는 길지 않았고 19세기의 후반에는 사실주의가 극단을 지배하였다. 사실주의는 극작가들로 하여금 자신들이 살고 있는 실제 세계를 직접 관찰하고 가장 진실하게 묘사할 것을 요구했다. 또한 낭만주의처럼 개인의 감정에 충실해서 자유롭게 쓰는 것이 아니라 최대한 객관적인 태도를 유지한 채 극을 쓰는 것이 요구되었다.

사실주의를 지향하는 극작가들은 현실적인 모습들을 가감 없이 최대한 사실적으로 묘사했으며 이는 연극 무대 위에서도 마찬가지였다. 이들이 만든 적나라한 인간 군상들의 모습과 극의 주제는 관객들에게 충격을 주었으며, 매춘이나 빈곤, 질병에 대한 사회적 책임과 같은 주제를 놓고 논쟁을 벌이게 만들기도 했다. 헨릭 입센(Henrik Johan Ibsen)과 버나드 쇼(George Bernard Shaw) 등의 극작가들이 특히 많은 영향을 주었다.

사실주의와 비슷하면서 조금 다른 방식의 사조로는 자연주의가 있었다. 자연주의 극작가들은 연극을 비롯한 예술은 인간의 행동을 다루는 데 있어서 반드시 과학적인 방법을 사용해야 한다고 주장했다. 그리고 관찰을 잘하기 위한 가장 중요한 두 가지 요소로 유전과 환경을 꼽았다. 프랑스 작가였던 에밀 졸라(Emile Zola, 1840-1902)가 자연주의 문학에서 상당히 중요한 위치를 차지하는데, 졸라는 예술가가 주제를 찾고 그것을 분석하는 데 있어서 과학자를 모방해야 한다고 주장했다. 졸라는 소설의 서두에 일정한 특정 조건의 한 개인을 놓고 주어진 환경 속에서 어떻게 변화하는지를 관찰한다면, 작가는 과학자들이 실험실에서 실험하는 것과 마찬가지의 실험을 하는 것이라고 생각했다. 대표적으로는 헨릭 입센의 『유령(Ghoste)』(1881) 등이 있다.

프랑스에서 시작된 상징주의(symbolism)는 자연주의를 포함한 광의의 사실주의적 경향에 대한 반발이었다. 상징주의자들에 의하면 연극은 매일매일 반복되는 평범한 일상의 모습을 보여주는 것이 아니라 상징적 이미지들이 관객들과의 소통에 있어 기본적인 수단이 되는 시적 드라마였다. 그렇기에 상징주의 연극의 배경은 흔히 몽상의 세계였으며 상징주의자들은 무대를 꾸미는데 있어서도 몽환적인 분위기를 만들어내는 데 집중했다.

영어와 세계

제8장　　　　　　　　　　소설의 발생

8.1. 소설의 뜻

우리나라 말로 소설(小說)을 말 그대로 하면 "작은 이야기"라는 뜻으로 '사실이 아닌' 이야기에 대한 폄하의 뜻이 들어가 있다. 마찬가지로 소설을 뜻하는 영어의 "novel"은 이태리어의 "novella"를 원형으로 하는 말로 "새롭고(new) 사소한(little) 것"이라는 의미가 들어가 있다. 여기서 새롭다는 말은 새로운 양식이라는 뜻으로 실제로 영국에서 소설은 기존의 시나 희곡에 비해 너무나 늦은 18세기에야 시작된 새로운 양식이었다. 보통 세계 최초의 근대 소설이라 일컫는 『돈키호테(*Don Quixote*)』가 1605년에 나왔고 영국 최초의 근대 소설이라 하는 『로빈슨 크루소(*Robinson Crusoe*)』가 1719년에 나왔으므로, 소설은 그 기원이 최소 고대 그리스까지 거슬러 올라가는 시나 드라마에 비하면 정말 새로운 장르라고 할 수 있다. 또한 '사소하다'는 것은 소설이 그 전의 문학 양식들에 비해 정말 작은 존재들의 이야기를 담고 있기 때문이다. 기존의 비극이나 서사시의 영웅들에 비하거나 바로 이전의 로망스 문학의 주인공들과 비교해도 소설의 주인공들은 정말 보잘 것 없는 존재들이다. 돈키호테나 로빈슨 크루소 같은 주인공들은 이전의 기사들이나 영웅들과 비교가 불가능할 만큼 우리와 가까운 현실적인 존재라고 할 수 있다.

소설에 대한 사전적 정의를 보면, 브리타니카 사전은 소설을 "인간의 경험을 상상적으로도 다루는 상당한 길이의 어느 정도의 복잡성을 가진 창작된 산문 서사(an invented prose narrative of considerable length and a certain complexity that deals imaginatively with human experience)"라고 정의한다. 웹스터 사전은 "새롭고 전에 알려지거나 사용된 어떤 것과도 닮지 않은… 대개는 길고 복잡하며 하나의 일반적으로 연결된 일련의 사건들을 통해 특별히 인간의 경험을 다루는 만들어진 산문 서사(new and not resembling something formerly known or used, ... an invented prose narrative that is usually long and complex and deals especially with human experience through a usually connected sequence of events)"로 표현한다. 문학비평 용어사전에는 "산문 허구의 확장된 작품들의 속성만을 공통으로 가지는 다양한 종류의 글들(a great variety of writings that have in common only the attribute of being extended works of prose fiction)"이라고 규정되어 있다.

여기서 항상 공통되는 요소는 '허구', '산문', '서사', 그리고 '어느 정도의 길이'라는 네 가지 표현이다. '허구'란 역사도 아니고 실제의 이야기도 아닌 가상의 만들어진 이야기라는 것을 뜻한다. 이 점은 소설이 가지는 리얼리즘적 경향과 충돌하는 모습을 보여 주는데 소설은 실제의 이야기가 아니면서 실제의 이야기인 척 가장하려고 노력한다. 예를 들어 데포우(Defoe)는 자신의 『몰 플랜더즈(*Moll Flanders*)』를 '사적인 역사'라고 이야기하며 리차드슨(Richardson)은 『파멜라(*Pamela*)』에서 작가 자신은 '단순한 편집자'일 뿐, 실화의 주인공이 따로 쓴 것처럼 꾸민다. 이런 말들은 모두 소설이 허구임을 숨기고 리얼리즘을 추구하기 때문이라고 할 수 있다. '산문'이란 시의 운문과는 달리 율격이나 운율을 가지지 않는다는 것을 뜻한다. 예를 들어 서사시도 허구인 서사이지만 운문으로 되어있다는 점에서 소설과 결정적인 차이를 가진다. 그러나 물론 산문시가 존재하는 것처럼 운문 소설도 존재할 수 있다. '서사'라는 것은 이야기의 서술이라는 의미로 드라마와 비교되는 특징이다. 드라마는 허구이며 산문이지만 결정적으로 대화와 행위를 통하여 즉 무대 위에서 진행되는 데 반해 소설은 종이 위에 쓰인 서사로만 이루어진다는 점에서 차이를 지닌다. 이는 소설이 다른 장르와는 달리 인쇄술과 출판의 발전과 밀접한 관계를 가지는 이유이기도 하다. 소설이 '일정한 길이'를 가져야 한다는 말은 단편소설 혹은 콩트와의 변별을 위한 것이다. 우리나라에서는 소설이라는 하나의 장르 아래 장편, 중편, 단편으로 나누는 체계이지만 영어사용권에서는 소설은 60,000~200,000개의 단어 또는 300~1,300쪽의 길이를 가지는 것으로 중편, 단편, 콩트와는 구별된다.

8.2. 소설 이전의 산문문학

사실 소설이라는 말은 나라마다 다르다. 영국에서는 소설이 "novel"이라는 말로 쓰이지만 프랑스에서는 "roman"이 소설이라는 의미로 쓰이고, 반면에 "nouvelle", "conte" 등은 단편소설이라는 의미로 쓰인다. 독일에서도 소설을 "roman"으로 부르고, "novella"는 단편소설을 뜻한다. 반면에 영국에서는 로맨스를 소설과 유사한 다른 장르로 생각하는 경향이 있다. 로맨스는 원래 11세기 즈음부터 프랑스에서 유행했던 이야기 문학이었는데 13세기 중엽 무렵부터 영어로 번역되어 소개되었고 이후 영국에서도 유행하기 시작했다. 로맨스는, 주로 오래전 아득한 시대의 멀리 떨어진 미지의 장소를 배경으로, 중세의 성곽과 기사도 그리고 위험에 빠진 왕비나 공주의 구원 등을 소재로 한 초자연적인 모험담을 주로 하며, 고풍스러운 언어 사용을 특징으로 한다.

8.2.1. 로맨스

영국의 대표적인 로맨스 작품으로는 14세기경의 작품인 『진주(*Pearl*)』

와 『가웨인 경과 녹색의 기사(*Sir Gawain and the Green Knight*)』가 유명하다. 『진주』는 두운(Alliteration)과 압운(End Rhyme)을 섞어서 12행을 1연으로 한 총 101연으로 이루어진 작품으로, 시인의 딸인 펄(Pearl)이 어린 나이에 세상을 떠나자, 슬픔에 찬 아버지는 꿈속에서 어른으로 성장해서 강 건너의 낙원에 살고 있는 딸을 보는데, 딸을 만나기 위해 강물로 뛰어들자 꿈에서 깨게 된다는 내용의 종교적인 작품이다. 『가윈 경과 녹색의 기사』도 역시 두운을 사용하고 있으며 목숨을 담보로 한 중세 기사들의 활약상이 흥미진진하게 펼쳐지는 가운데 사랑의 신뢰에 대한 교훈이 첨가된다.

로망스는 점차 운문에서 산문으로 바뀌어 갔는데, 이는 산문으로 된 역사에서 소재를 가져오기가 편했기 때문이리라고 추측된다. 산문으로 된 로망스 작품으로는 토마스 말로리 경(Sir Thomas Malory)의 『아서왕의 죽음(*The Morted'Arthur*)』(1470)이 로망스 문학의 대표작으로 여겨진다. 아서왕은 잉글랜드 왕의 왕자로 태어나 마법사 멀린의 도움으로 왕으로 즉위한 후, 마법의 칼, 엑스캘리버를 입수하고, 기네비어(Guinevere)와 결혼하며, 원탁의 기사단을 만든다. 원탁의 기사들의 수많은 모험 후에 아서왕도 늙었을 때, 원탁의 기사 중 한 사람인 랜슬롯 경과 왕비 기네비어 사이의 밀애 사건이 일어나면서 조카인 모드레드의 반역사건으로 왕국이 위기에 빠진다. 모드레드의 반역을 진압하면서, 아서왕도 심한 부상으로 죽음이 임박하자 아서왕은 자신의 엑스칼리버를 호수에 던지도록 명령한다. 아서왕은 귀부인들이 탄 배에 실려 '신들의 영원한 젊음의 나라'에 있다는 아발론(Avalon)으로 향한다. 켈트족의 민간 전설에 따르면, 자신들이 절실히 원할 때 아서왕이 다시 엑스칼리버를 들고 아발론에서 돌아올 것이라고 한다.

8.2.2. 피카레스크 노블

소설 이전에 존재했던 또 하나의 산문문학은 "피카레스크 노블"이라고
부른다. 피카레스크(프랑스어: Picaresque, 스페인어: Picaresca) 소설은
16세기에서 17세기 초반까지 스페인에서 유행한 문학 양식의 하나로,
스페인어로 "악당"을 뜻하는 단어인 "피카로"(Pícaro)에서 유래했기 때
문에 악한소설이나 건달소설이라고도 한다. 주인공은 가난하게 태어나
서 유랑을 하는 악당인 경우가 많다. 많은 사건들이 연속적으로 일어나
며 대부분 마지막엔 주인공의 뉘우침과 혼인으로 끝이 난다. 피카레스
크 소설은 대체로 1인칭 서술자 시점으로 서술되어 독자가 주인공과 쉽
게 일체감을 가질 수 있으며, 여행을 통한 성장 이야기의 틀을 통하여 마
주치는 부조리나 부패를 보고 사회를 비판하는 효과를 가진다. 그러므로
피카레스크 소설은 로망스와는 반대로 '사랑'보다는 '현실'에 초점을 두
는 경향이 있다. 피카레스크 소설은 각 에피소드들의 플롯이 독립적이지
만, 전체적으로는 긴밀한 관계를 가지고 있다. 피카레스크 소설에서 유
래, 독립된 여러 개의 이야기를 모아 어떤 계통을 세운 소설의 유형을 가
리키는 형식을 피카레스크 구성이라 한다.

영국에서 유명한 피카레스크 소설로는 토마스 내쉬(Thomas Nashe,
1567-1601)의 『불행한 여행자(*The Unfortunate Traveller, or The Life of Jack
Wilton*)』(1594)를 들 수 있는데 이 소설에서 내쉬는 살인범의 이야기를
중심으로 살인, 복수, 강간 등의 사회적 사건을 흥미롭게 다루었다. 또
다른 작가인 토마스 딜로니(Thomas Deloney, 1543-1607)는 보다 더
일상적인 리얼리즘을 구현했는데, 그의 대표작인 『뉴버리의 잭(*Jack of
Newbury*)』(1597)은 견습공인 주인공이 자신이 모시던 주인의 미망인과
결혼하여 성공하는 과정을 당시의 사회적 배경 속에서 사실적으로 담아
내고 있다.

로망스와 피카레스크 소설이라는 서로 상반된 형태의 산문문학을
통하여 소설의 발생의 분위기가 무르익었지만, 소설이 나오기 전 마지

막으로 두 사람의 작가를 더 살펴보아야 한다. 먼저 살펴볼 작품으로 존 번연의 『천로역정(The Pilgrim's Progress)』(1678)이 있다. 『천로역정』은 인간의 일생은 하나의 여행으로 보는 원형을 따라 주인공 크리스천(Christian)이 "멸망의 도시(City of Destruction)", "고난의 언덕(Hill of Difficulty)", "죽음의 그림자 계곡(Valley of the Shadow of Death)" 등을 지나 천국에 이르는 순례의 길을 이야기하고 있다. 여기에는 비록 번연의 인생경험이 상당히 사실적으로 녹아들어 있지만 추상적이고 알레고리적이라는 한계를 여전히 크게 벗어나지 못하고 있다. 다른 한편 죠나단 스위프트(Jonathan Swift)는 18세기 초에 풍자와 아이러니의 대가로 문학사에 남을 위대한 작품을 썼다. 그의 대표작 『걸리버 여행기(Gulliver's Travel)』(1726)는 겉으로는 아동문학처럼 보이지만 그 내면에는 스위프트의 인간에 대한 혐오와 영국사회에 대한 풍자를 가득 담고 있다. 총 4부작으로 구성되어 있으며 제1부는 "소인국 여행"(The Voyage to Lilliput)으로 인간에 대한 왜소함을 풍자하고 있으며, 제2부는 "대인국 여행(The Voyage to Brobdingnag)"으로 소인국에 보여주었던 풍자의 시각을 뒤집어서 소개하고 있다. 제3부는 "라퓨타 여행(The Voyage to Laputa)"으로 그 시대의 철학과 과학에 대한 냉소적 태도를 담고 있다. 제4부는 "후이늠 나라 여행(The Voyage to the Country of the Houyhnhnm)"인데 여기서는 말들이 하등동물인 "야후(Yahoo)"라고 불리는 인간들을 지배한다는 내용을 담고 있는데, 특히 4부에서 인간에 대한 냉혹한 비판이 최고조에 달하고 있다. 그러나 이 역시 소설이라기에는 리얼리즘적인 요소가 없다. 그렇기에 영국 소설의 아버지라는 칭호는 1719년에 돈을 벌기 위해 『로빈슨 크루소』를 쓴 데포우에게로 돌아가게 되었다. 이 작품에서 그는 영국 중산계급의 인생관을 무인도에서 자연과의 관계 속에서 보여주었던것이다.

8.3. 18세기 소설의 발생

대다수의 문학 비평가들이 18세기에 소설이 발생했다는 것에 동의한다. 보카치오, 세르반테스, 말로리, 번연 등의 선배들로부터 물려받은 문학적인 자산과 중산층의 성장은 소설이라는 새로운 문학 장르의 탄생으로 이어졌다. 이 새로운 문학 장르는, 서사시와 로망스, 그리고 피카레스크 양식 등의 기존의 서사 형식들을 계승하여, 데포우(Defoe)의 자전적인 서술, 리차드슨(Richardson)의 서간체, 필딩(Fielding)의 악한소설 양식, 스턴(Sterne)의 파격적인 기법 실험 등의 이질적인 여러 가지 스타일의 작품들로 나타났다는데, 이러한 다양함은 소설이라는 장르의 위대한 포용성을 예견케 하는 것이었다. 간단히 요약하면 영국 소설은 데포우와 리차드슨, 필딩, 스턴 등 초창기 대가들의 손에서 다양한 모습들을 보여주면서 서서히 내용과 형식이 갖춰지기 시작했고, 다음 세대인 제인 오스틴(Jane Austen)에 이르러 최초의 완성된 짜임새를 얻게 된다.

이안 와트(Ian Watt)는 이러한 새로운 양식에 대하여 'Realism'이야말로 소설의 특징이라고 말하며, 소설을 보통 사람들의 일상적인 삶을 사실적인 재현을 통해 전달하는 양식이라고 설명하였다. 그에 따르면 소설의 특징은 동시대성, 개연성, 일상적 언어와 서술방식, 보통 사람들(상대적 개념), 사실적이고 충실한 묘사 등이며, 소설은 이러한 특징들을 통하여 인간 경험을 표현하고 전달하는 효과적이고 주도적인 형식이라고 할 수 있다.

이러한 소설의 등장은 무엇보다도 독서 대중의 확대와 밀접한 관계가 있다. 18세기는 역사상 유례없이 독서인구가 증가했던 시대였다. 영국은 일찌기 청교도혁명과 명예혁명을 통해 중세 봉건왕조와 장원제도가 붕괴되었고 산업혁명을 통해 경제적·시간적 여유가 있는 중산층 시민들이 늘어났다. 또한 기존의 가정 내에서 만들어야 했던 물품들이 공장에서 생산되어 판매되는 사회로 바뀌자 가사노동으로부터 어느 정도 자유로워진 많은 여성들이 남는 시간 여유를 적극적인 독서 활동에 활용하게 되었다. 한편으로 연극의 침체도 소설의 등장에 도움이 되었다. 청교도혁명 기간과 왕정복고 기간에 많은 극장들이 도덕적인 이유로 강제로 문을 닫게 되자, 재밌는 읽을거리를 제공한 소설이 일반 대중의 문화생활 중심에 자리 잡게 되었다. 또한 18세기 중엽 이후에 보급되기 시작한 순회도서관(circulating library)도 큰 역할을 했다. 적은 비용으로 책을 빌릴 수 있는 대출제도는 중간계층의 사람들이 지속적으로 새로운 책을 접할 수 있는 길을 열어주었고 소설이야말로 그 혜택을 가장 크게 누린 장르였다.

출판업의 발전 또한 큰 역할을 했다. 과거의 예술창작은 귀족 후원자들(patrons)의 경제적인 후원을 받으며 그들의 취향에 맞추어 이루어졌다. 그러나 18세기 초에는 이러한 후원제도가 쇠퇴하기 시작했고, 대신에 상업적인 출판업자들이 인세를 주고 작가들의 작품을 출판하여 판매했다. 그러자 작가들은 점차 귀족들의 고급 취향에서 벗어나 대중적인 기호에 맞추어 쉽고 재미있는 글을 쓰게 되었다. 점차 문학의 중심이 운문에서 산문으로 이동하였고, 글의 소재도 궁정이나 귀족 계급의 이야기에서 우리 주변의 사람과 사건을 다룬 진솔한 이야기로 변화했다. 영국은 이 모든 변화가 가장 빠르게 일어난 나라였다.

8.3.1. 다니엘 데포우

영국 최초의 소설인 데포우의 『로빈슨 크루소(*Robinson Crusoe*)』(1719)도 결국은 한 중산층 출신 인물의 성공담이라고 할 수 있다. 실제의 자서전인 것처럼 일인칭으로 서술된 이 소설에서 주인공은 중간계급의 행복을 역설하는 아버지의 간곡한 충고를 저버리고 집을 떠나 선원이 된다. 그러나 다양한 모험을 겪는 과정에서 크루소는 모험가의 모습이 아니라 상인으로서의 사업에 임하는 진지하고 사려 깊은 상인의 신중함을 보여준다. 여기서 크루소가 보여주는 자주정신, 근면, 자본 축적 등으로 요약

되는 생활 모습은 당시 청교도들의 의식구조며 가치관을 보여준다. 또한 글을 쓰는데 있어서 데포우는 서문에서 어느 실존 인물이 건네준 자서전을 기반으로 자신이 약간의 가필을 했다는 식으로 쓰고 있어 독자들에게 실제의 이야기라는 느낌을 주려고 노력한다는 점에 있어서 이전의 로망스와는 다른 리얼리즘을 획득한다. 또한 데포우는 크루소가 무인도에서 살아가는 동안의 일들을 독자가 그것을 실제 이야기로 착각하도록 미세한 부분까지 숫자를 동원해 사실적으로 묘사한다. 즉 데포우는 무인도의 모험 속에서 중산 시민의 모습을 리얼리즘으로 그려냈다.

8.3.2. 사무엘 리차드슨

사무엘 리차드슨(Samuel Richardson, 1689-1761)이 데포우 대신 영국 소설사의 첫 자리를 차지해야 한다고 믿는 사람도 많다. 이런 사람들은 데포우의 주인공들이 심리적으로 사회적으로 단순한 생명력이 없는 모습이라고 비판한다. 반면에 리차드슨의 주인공들은 개인적인 도덕감과 공적 성격을 띤 사회적인 힘 사이의 긴장을 보여준다. 또한 형식적인 면에서 리차드슨의 『파멜라(*Pamela*)』는 사랑과 결혼이라는 하나의 주제를 중심으로 끝까지 플롯을 이끌어 나가는 모습을 보여주는데, 이 점이 소설의 이전 형태인 피카레스크 양식과 근대 소설을 구별하는 중요한 특징이며, 리차드슨의 소설사적 의의도 여기에 있다고 말한다. 젊어서부터 동네 여성들의 연애편지를 대필해주던 인쇄업자였던 그는 첫 소설 『파멜라』를 서간체의 형식으로 출간하면서 엄청난 인기를 누렸다. 한 귀족 부인의 몸종으로 일하던 15세 소녀 파멜라가 자신을 농락하려는 부인의 아들의 사악한 의도에 맞서 끝까지 부정한 관계를 거부하고 정조를 지키다 결국 그의 마음을 돌려 정식 결혼에 이르게 되는 과정을 그린 이 작품을 보고 수많은 중산층 독자들이 주인공 파멜라의 '도덕성'과 '정숙'을 칭찬하면서, 이를 뒷받침하는 사실적인 묘사에 매료되었다. 그의 다음 작품인 『클라리사(*Clarissa or, the History of a Young Lady*)』(1747~

1748)는 『파멜라』와 달리 비극적 여주인공을 다룬 소설로, 클라리사가 부모의 명을 거역하고 러브레이스에 속아 파멸하는 과정을 주인공 클라리사와 러브레이스의 편지로 구성한 서간체 소설이다.

서간체 양식은 서술자의 내면 심리를 소상히 보여준다는 장점을 가진다. 편지야말로 개인의 내면을 상대방에게 가장 솔직하게 전하는 수단이기 때문이다. 나아가 서간체 양식은 편지의 교환을 통해 서술자를 바꿔서 다양한 시점(point of view), 다양한 문체(style)로 이야기를 전개할 수 있다는 이점도 있다. 서간체라는 양식적 특성 덕분에 리차드슨의 소설은 인물의 내면 심리묘사에 탁월한 성과를 거두었고, 이에 따라 영국소설은 19세기의 조지 엘리옷(George Eliot), 헨리 제임스(Henry James), 20세기의 버지니아 울프(Virginia Woolf) 등으로 이어지는 '심리소설'이라는 하나의 문학적 전통을 형성했다.

8.3.3. 헨리 필딩

또 한 명의 대가인 헨리 필딩(Henry Fielding, 1707-1754)은 리차드슨과 대조되는 작가이다. 다양한 차이점들 중에서 이 두 작가를 가장 첨예하게 대립시키는 요소는 그들의 인간에 대한 시각이다. 필딩의 눈으로 보면 리차드슨은 편협한 도덕가일 뿐으로 그가 역설하는 덕목도 상당히 공허하고 비인간적인 것이었다.

그래서 그는 리차드슨이 창조해낸 파멜라라는 캐릭터를 정숙과 순결의 표본이 아니라 지위 향상을 꾀하는 타산적인 인물로 판단했다. 그의 대표작 『조셉 앤드류스(*Joseph Andrews*)』(1742)는 『파멜라』에 대한 이런 자신의 신념을 밝히기 위해 펴낸 작품이었다. 주인공 조셉은 파멜라의 남동생으로 귀부인의 시종인데 미망인이 된 귀부인으로부터 적극적인 유혹을 받고 그 유혹을 뿌리치고자 애를 쓴다. 이는 파멜라의 상황을 역으로 설정한 것으로 파멜라를 풍자하기 위한 것이었지만, 필딩은 호방한 그의 성격에 걸맞게 집필의 동기는 곧 잊어버리고 조셉과 목사

아담스가 겪는 모험에 빠져든다.

필딩의 또 다른 대표작 『톰 존스(*Tom Jones*)』(1749)의 주인공은 업둥이로 향사인 얼워시는 그를 친조카인 블리필과 차별하지 않고 똑같이 기른다. 톰과 블리필은 자라면서 인근의 지주 웨스턴 씨의 딸 소피아(Sophia)를 두고 삼각관계를 벌이는데, 천성은 착하지만 충동적인 성격인 탐이 사고를 치자, 블리필이 그를 모함하여 톰은 집에서 쫓겨나고 만다. 톰은 선원이 되려고 런던으로 향하는데 그 길에서 다양한 모험을 하게 된다. 런던에서 그는 복잡한 일들을 겪게 되지만 결국은 모든 음모가 밝혀지고 톰은 다시 얼워시의 사랑을 받게 되고 또 톰이 얼워시의 누이 동생인 브리지트의 사생아라는 사실이 밝혀짐으로써 상속자가 되어 소피아와의 사랑에 성공한다.

리차드슨을 지나치게 엄격한 도덕가라고 비판했던 필딩은 이 소설에서도 자신의 관용적인 도덕관에 대한 믿음을 보여준다. 고정된 덕목을 기계적으로 지키는 것보다는 가끔 실수를 하더라도 근본적으로 심성이 착한 것이 더 중요하다는 것이다. 예컨대 톰은 소피아를 진심으로 사랑하면서도 여러 번 도덕적인 실수를 범하는데, 율법과 도덕에 어긋난 행위보다 더 중요한 것은 근본적인 심성이기 때문에, 그런 실수에도 불구하고 착한 성품이 바뀌지 않은 톰이 보상받아 마땅하다는 것이다.

기법 면에서 이 작품의 소설사적 의의는 무엇보다도 이야기 전개가 원인과 결과로 정확하게 들어맞도록 짜여 있다는 점이다. 어떤 이는 이 소설을 통해 영국 소설에 플롯이라는 개념이 처음 도입되었다고 평하기도 했다. 이 작품의 또 한 가지 의의는 다양한 인물의 창조이다. 이전의 작가들의 등장 인물들이 하나의 유형(type)에 가까웠다면, 필딩은 장점과 약점이 섞인 좀 더 인간다운, 그럼으로써 좀 더 사실적인 살아있는 인물을 그렸다.

8.3.4. 로렌스 스턴

로렌스 스턴(Laurence Sterne, 1713-1768)은 국교회 성직자였지만 다양한 방면에 관심이 많았고 생활도 성직자답지 않게 세속적인 인물이었다. 무명의 목사였던 그는 1759년에서 1767년까지 9권으로 된 『트리스트람 샌디(*The Life and Opinions of Tristram Shandy, Gent.*)』를 발표함으로써 소설의 형태에 대한 개념에 일대 혁신을 가져왔다.

『트리스트람 샌디』는 전통적인 플롯 개념으로는 이해하기 힘든 작품이다. 서술자는 한 가지 이야기를 하다가 문득 생각나는 것이 있으면 중간에 곁가지를 쳐서 옆으로 뻗어나가고 또 거기에서 곁가지를 수없이 쳐서 결국 처음의 주제와는 전혀 관계없는 방향으로 이야기를 발전시켜 가기 때문에 독자는 도대체 시작이 무엇이었는지조차 잊어버릴 정도가 된다. 예를 들자면 화자인 주인공 트리스트람은 1인칭 시점으로 이야기를 이끌어 나가는데 실제로 태어난 것은 3권 마지막 부분이다. 거기에 다양한 등장인물들이 펼치는 기이한 행동과 만화경적 전개, 또 그들의 해학, 골계, 외설적인 재담 등은 어느 곳에나 풍성한 웃음을 마련해 놓고 있어 독자는 어디서부터 책을 읽어도 즐거울 수 있다. 스턴이 소설 속에서 사용하는 다양한 기법들은 아마도 20세기의 소설의 새로운 기법들의 선구라 할 것이다. 예를 들어 '의식의 흐름(stream of consciousness)' 기법을 비롯한 20세기 소설의 실험은 그 발상이 바로 스턴에게서 시작되었다고 해도 과언이 아니다.

이들 네 명의 대가들에 의해 18세기에 소설이라는 장르가 태동된 이후에 18세기 말 19세기 초에 낭만주의의 도래와 더불어 독특한 영국 소설사의 흐름이 등장했다. 이들을 보통 '고딕소설(The Gothic Novel)'이라 부른다. 이는 공포소설과 로망스가 합쳐진 형태로 중세의 고성(古城)과 황량한 들판, 캄캄한 숲속, 지하 토굴, 비밀 통로, 무덤, 미로 등을 배경으로, 그 속에 유령과 마녀, 고아, 폭군 같은 후견인 등이 등장하는 미스터리, 공포 등을 주요 소재로 삼는 이야기들이다. 이들은 18세기의 이

성 중심주의에 대한 반발이라는 점에서 낭만주의와 그 궤를 같이하고 고딕소설의 공포 심리, 신비감, 초자연에 대한 호소는 소설 장르 등장의 근간이 된 사실주의적 묘사와 서술에 대한 반발의 성격을 가진다.

영국 고딕소설의 대표작으로는 호레이스 월폴(Horace Walpole, 1717-1797)의 『오트란토 성(*The Castle of Otranto*)』(1764)과 '고딕소설의 여왕'으로 불리는 앤 래드클리프(Ann Radcliffe, 1764-1823)의 『우돌포의 신비(*The Mysteries of Udolpho*)』(1794) 등이 있다. 비록 주류 소설로부터는 벗어나 있지만 매리 셸리(Mary Shelley, 1797-1851)의 『프랑켄스타인(*Frankenstein*)』(1818), 에밀리 브론테(Emily Brontë)의 『폭풍의 언덕(*Wuthering Heights*)』(1847), 스티븐슨(R. L. Stevenson)의 『지킬박사와 하이드(*Dr . Jekyll and Mr. Hyde*)』(1886) 등의 작품에서 지속적으로 그 영향력을 보여준다.

8.4. 리얼리즘과 19세기 소설

19세기에 들어서자 영국 리얼리즘 소설이 드디어 최고의 전성기를 맞아 그 꽃을 피우는데, 그 흐름과는 별도로 독자적인 소설로 기억해야 할 중요한 작가가 이른바 '스코틀랜드 문학의 대부'로 불리는 소설가 월터 스콧경(Sir. Walter Scott, 1771-1832)이다. 스콧경은 변호사이면서, 소설가, 극작가, 시인이었다. 그는 1814년 『웨이벌리(*Waverley*)』를 비롯해서 중세에서부터 근세에 이르는 시대를 배경으로 무려 30여 편에 이르는 장편 역사소설을 발표하는데, 당대에 상당한 대중적 인기를 누렸고 작품만으로 생활이 가능한 최초의 작가였다고도 이야기된다. 리얼리즘 위주의 소설 분위기에서 최고 수준의 예술성을 보여주지 못한 통속작가라는 평가도 받으며 그의 작중인물들은 "평면적인 인물(flat characters)"로 비판받기도 하였지만 그가 스코트랜드 문학에서 차지하는 위치와 더불어 문학사상 역사소설의 대표작가라는 점은 누구도 부인할 수 없다.

8.4.1. 제인 오스틴

제인 오스틴(Jane Austen, 1775-1817)이야말로 실질적으로 18~19세기의 전환기를 대표하는 작가라 할 수 있다. 그녀의 소설의 성향이 양 시대의 특징을 모두 보여주고 있기 때문이다. 예컨대 『오만과 편견(*Pride and Prejudice*)』(1813)은 분명 18세기적 가치관에 기반을 둔 영국 시골을 배경으로 하고 있지만, 주인공 엘리자베스(Elizabeth)는 19세기적 가치관인 낭만주의적이고 개인주의적인 감수성을 보여준다. 재미있는 사실은 그녀의 소설들이 대개 18세기 말에 쓰였고 19세기 초에 개작되었다는 사실이다.

무엇보다 오스틴의 소설은 18세기의 작가들에 비해 형식적 완결성에서 뛰어나다. 생생하게 창조된 인물들의 대화가 정교한 플롯 속에서 각자의 성격을 선명하게 보여준다. 다만 그녀의 소설은 소재가 협소하다는 비판을 받는다. 오스틴은 모두 여섯 편의 장편소설을 남겼는데 모두 재능있는 젊은 여성의 결혼에 관한 이야기이다. 이 주인공들은 중소지주인 젠트리 계급의 인물이고, 그래서 그녀의 소설은 흔히 '젠트리 계급 집안들 결혼 이야기'로 요약된다. 프랑스 대혁명과 나폴레옹 전쟁으로 전 유럽이 뒤집히고, 안으로는 급격한 산업화가 진행되었으며, 정신적으로는 종교 부흥운동이 일어났고, 문학사적으로도 낭만주의가 태동하던 격변의 시기였던 당대의 세계가 그녀의 소설에는 거의 반영되지 않았다는 비판이 있을 수 있다. 그러나 오스틴의 결혼이야기는 개인적인 사랑의 이야기이면서 계급 간의 갈등을 노출시키는 사회적인 측면도 보여준다는 점도 언급할 수 있다.

8.4.2. 브론테 자매

영국소설은 19세기 초반에 스콧과 오스틴에 의해 확대되고 심화되면서, 빅토리아 시대에 이르자 브론테(Brontë) 자매와 찰스 디킨즈(Charles Dickens), 조지 엘리옷(George Eliot), 토마스 하디(Thomas Hardy) 등의 대가들이 활동하는 전성기를 맞이한다. 이는 앞서 말한 작가들의 노력과 역량 덕분이기도 하고 독서 대중의 지속적 성장때문이기도 하다. 월간지 등의 정기간행물에 연재물로 출판되고 완결 후 다시 책으로 묶여 두 번 출판되는 이중의 생산구조는 작가에게는 보다 안정적인 수입구조를 확보해 주었고 독자들에게는 대중성과 문학성을 동시에 만족시킬 수 있는 이중의 경로를 제공해 주었다. 현재식으로 비유하자면 주말드라마로 제작되었던 작품이 나중에 영화 감독판으로 다시 만들어져 나오는 구조라고 이해할 수도 있다.

19세기에 완성된 영국 소설의 중심 개념은 역시 리얼리즘이다. 다만 여기서 리얼리즘이라 함은 단순히 현상적인 모습의 사실적인 모사만을 뜻하는 것이 아니다. 잘 구현된 리얼리즘은, 인물 묘사에서 겉모습뿐만 아니라 마음 깊은 곳의 심리도 묘사하며, 사회의 모습도 단면적인 모습이 아니라 사회의 총체적 조망이 가능하도록 하며, 그 속에서 개인과 사회가 맺는 유기적인 연관에 대한 통찰, 즉 삶의 사회적·역사적 복합성에 대한 작가의 진지한 인식을 반영한다.

19세기 영국의 리얼리즘이 단순한 핍진성(verisimilitude)과 다르다는 것을 보여주는 작품이 바로 에밀리 브론테의 『폭풍의 언덕』이다. 이 작품은 소설 장르의 특징인 리얼리즘과 그와 반대되는 설화적 로맨스 세계를 함께 포용하는 것이 가능하다는 사실을 보여준다. 이 소설은 캐서린(Catherine Earnshaw)과 히스클리프(Heathcliff)와의 불멸의 사랑을 우울하면서도 아름답게 묘사하며 등장인물들의 심리묘사가 뛰어난 게 장점이다. 에밀리 브론테는 작품의 배경이기도 한 잉글랜드 동북부 요크셔에서 태어나 『폭풍의 언덕』한 편만을 남긴 채 서른의 나이에 폐병으로 요절했다. 그러나 그녀의 내향성과 고립된 강렬한 삶은 이 뛰어난 소설 한 편으로 영국 소설사에 뚜렷한 족적을 남겼다.

에밀리 브론테의 두 살 위 언니인 샬로트 브론테(Charlotte Brontë, 1816-1855)는 『제인 에어(*Jane Eyre*)』(1847)의 작가이다. 고아 소녀 제인은 외숙모 댁에 얹혀살다가 기숙사 학교에 가서 공부도 하고 교사로도 일하게 된다. 가정교사로 일하게 된 집에서 로체스터(Rochester)와 운명적인 사랑을 하게 되지만 그에게는 다락방의 광인인 숨겨진 아내가 있었고, 이로 인해 두 사람의 결혼은 이루어지지 못한다. 로체스터와의 오랜 헤어짐 뒤에 그녀는 환청처럼 들려오는 로체스터의 목소리를 듣고 그에게로 달려가고, 미친 아내의 방화로 눈을 잃고 장님이 된 로체스터와의 사랑을 확인하고 그와 결혼하게 된다.

로맨틱한 해피 엔딩이지만 여기에는 가정의 경제적 어려움 때문에 박봉과 격무를 무릅쓰고 교사로 일해야 했던 작가 자신의 이력이 고스란히 반영되어 있다는 점에서 이 소설은 리얼리즘 소설로 상당한 의의를 지니고 있으며, 사랑을 하면서도 보다 더 상류층인 로체스터와의 결혼이 불가능하다가 나중에 그가 장님이 되어 그를 돌보아야 하는 대가를 통해서만 결혼이 성사된다는 점은 시대적인 신분적 제한과 여성의 입장을 보여주는 사회적 상황을 드러내는 더 확장된 의미에서의 리얼리즘을 구현한다.

또한 이러한 설정은 여성으로서의 제인의 독립심을 보여주는 장치로도 작용한다. 로체스터의 청혼과 후에 사촌 존의 청혼에 쉽게 응낙하지 않는 제인의 자세는 남녀 간의 사랑에서도 수동적 역할에 머물지 않겠다는 독립심의 표현이다. 그녀는 로체스터를 진심으로 사랑하면서도 그가 사랑의 이름으로 여성을 소유물로 인식하고 있기에 그와의 결혼을 거부한다. 그녀는 그에게 소속되는 것이 아니라 그에게 필요한 존재가 되었을 때에야 비로소 결혼에 동의하는 것이다.

8.4.3. 찰스 디킨스
사회적 갈등에 대한 인식에 있어서 가장 두드러져 보이는 소설가는 찰스

영어와 세계

디킨스(Charles Dickens, 1812-1870)라 할 수 있다. 상대적으로 어려운 환경에서 태어난 디킨즈는 산업혁명과 식민지 지배의 와중에 발생한 빈민층, 곧 사회적 약자들에게 인도주의적 관심을 기울였고, 이들을 자기 작품의 주요 인물로 등장시켰다. 그의 소설은 당대에 느낄 수 있는 모든 부조리들, 하층민들의 비참한 생활상, 법과 행정을 비롯한 각종 권력의 남용과 왜곡, 조직화가 가져오는 비인간화, 산업도시의 엄청난 위생 문제 등을 다루고 있다. 다만 그의 인식은 인도주의적인 감상성의 한계를 지니고 있는 것이어서 '체제의 변혁'보다는 '양심과 도덕의 각성'을 강조하였고 이는 중산층 출신의 작가의 한계지점이기도 했다. 사회적 갈등과 투쟁이 요구되는 문제를 개인의 도덕적 선의의 문제로 환원하고 있는 것이다.

그러므로 디킨즈는 중산층을 대변하는 작가로 보는 것이 옳을 것이다. 영국에서 중산층은 산업혁명의 시작과 함께 부상하기 시작한 새로운 사회계층으로, 숙련노동자들과 장인, 가게 주인, 상인, 전문직업인, 소자본가 등 다양한 직업군이 여기에 포함되는데, 실질적으로 이들은 디킨즈 소설의 중심인물들이며, 그의 소설을 읽는 주요 독자층 또한 이들이었다. 이들은 상업적 부의 축적을 통해 사회적 신분상승을 이룩했고, 그런 점에서 역사적으로 여러 번의 시민 혁명을 통해 변화와 개혁을 추구해 온 계층이라고 할 수 있다. 하지만 19세기 중반에 들면서 이들은 이미 당대 사회의 주류로 부상했으며 역으로 비판과 풍자의 대상이 되기도 한다. 디킨즈는 이와 같은 중산층의 역사적 의의를 파악하고 있었으며, 그의 소설은 중산층의 부상과 변모 과정에서 벌어지는 다양한 인물들의 탐욕과 위선, 부정과 배신, 허위의식 등을 통해 당대 영국사회를 생생하게 재현해 낸다.

그의 작품 중에서 대표적인 것들을 들어보면, 『올리버 트위스트(*Oliver Twist*)』(1837-39), 『니콜라스 니클비(*Nicholas Nickleby*)』(1838-39), 『크리스마스 캐럴(*A Christmas Carol*)』(1843), 『데이

비드 코퍼필드(*David Copperfield*)』(1849-50), 『위대한 유산(*Great Expectation*)』(1860-61) 등이 있다. 여기서 『데이비드 코퍼필드』는 논쟁의 여지는 있지만, 그의 대표적인 소설이며 자서전적인 이야기를 담고 있다.

8.4.4. 조지 엘리엇

디킨즈가 도시의 중산층을 중심으로 소설을 썼다면 당대의 농촌을 배경으로 소설을 쓴 소설가는 조지 엘리엇(George Eliot, 1819-1880)이라 하겠다. 그러나 그녀의 소설의 특징이 단순히 농촌을 배경으로 한다는 것은 아니다. 그녀는 성장하면서 당대의 진보적인 기독교 사상을 접하는데, 당대의 선구적 지성인들과 교류하면서 1852년에는 대표적 진보 잡지인 웨스트민스터리뷰(Westminster Review)의 부편집인 자리에 올라 당대 지성계의 핵심 인물로 활동하게 된다. 그녀는 당시 '리더(The Leader)'지의 편집인으로 활발한 집필활동을 펼치던 조지 헨리 루이스(George Henry Lewes)와 동거를 시작하여 런던 사회에 물의를 일으키게 되는데, 이는 루이스가 자유연애주의자였던 아내와 법적으로 혼인 상태를 유지하고 있어서 그녀와 합법적인 결혼이 성립되지 않았기 때문이다. 이 일로 그녀는 사회적으로 거의 추방되다시피 비난을 받게 되었고, 이로 인한 고립과 소외는 역설적으로 그녀에게 고전 공부와 작품 창작에 몰두할 수 있는 기회를 제공했다. 초기작 『아담 비드(*Adam Bede*)』(1859)를 발표하면서 쓰기 시작한 '조지 엘리엇(George Eliot)'이라는 남성 이름 필명도 여성작가에 대한 당대인들의 편견 때문이었으리라고 추정된다.

엘리엇은 이러한 개인 생활 문제와 작품에 담긴 깊은 사색 때문에 대중적인 인기를 누리지는 못했지만, 비평가들과 진보적 식자층 사이에서는 당대 세계 최고 수준의 문학적 리얼리즘을 보여 준 작가로 인정받았다. 리얼리즘이라는 이름으로 포장되지만 이전의 작가들이 독자들을 즐겁게 하는 것을 목표로 삼았다면 엘리옷은 개인의 구체적 존재를 통해서 사회 전체적인 삶의 양식과 실체 및 가치를 포착하여 문제의식을 제기하려고 애쓴 작가였다. 그녀는 대부분의 개인적인 문제가 근본적으로 사회구조와 연결되어 있으며, 따라서 인간은 상호 간의 관계를 떠날 수 없는 사회적인 존재일 수밖에 없다고 생각했다. 그녀는 개인의 삶이 얼마나 사회현실과 밀착되어 있으며 개인이 겪는 슬픔과 고통, 성공과 실패가 사회 전체의 변화와 어떻게 긴밀히 연결되어 있는지를 날카롭게 인식하고 있었다. 말하자면 그녀는 사회학적인 상상력을 갖춘 예술가였다. 이를테면 소설 장르에서 고유하게 모색되는 개인과 사회의 문제가 엘리옷에서부터 영국소설의 본격적인 주제로 등장하게 되었다고 할 수 있다.

엘리옷의 문학적 생애는 크게 세 시기로 나누어지는데, 『아담 비드 (*Adam Bede*)』, 『플로스강의 방앗간(*The Mill on the Floss*)』, 『실라스 마너(*Silas Marner*)』 등의 초기작에서는 주로 19세기 초기의 영국 농촌사회가 생생하고 감명 깊게 재현되고 있다. 중기에는 실험적인 역사·정치 소설을 시도하고 있으며, 후기에는 『미들마치(*Middlemarch*)』라는 개인과 사회의 문제를 원숙한 관점에서 균형 있게 묘사하는 데 성공한 최고의 걸작을 발표한다.

8.4.5. 토마스 하디

토마스 하디(Thomas Hardy, 1840-1928)는 19세기 영국 리얼리즘 소설의 대미를 장식한다. 작가적인 능력에 있어서 비록 최고의 평가를 받는다고 말하기는 어렵지만 그가 소설 속에서 그려내는 세계는 진실성을 보여준다. 무엇보다도 하디의 소설은 영국 농촌 소설의 한 정점을 이룬다. 당시의 농촌은 도시로의 인구 유출과 함께 전통적 농촌의 몰락과 붕괴를 겪고 있는 중이었다. 그는 농촌공동체의 엄청난 변화의 과정을 자신의 소설 속에 생생하게 그려내고자 했다. 엘리옷의 소설도 농촌을 배경으로 하고 있지만, 사회적 관점에서 진정한 의미의 농촌소설은 하디의 소설에

와서야 만날 수 있다. 테스(Tess)와 쥬드(Jude)를 비롯한 하층의 인물이 당당한 주인공으로 등장하는 것은 영국 소설사에서 대단히 의미심장한 변화라고 할 수 있다.

요컨대 하디(Hardy) 소설의 주인공들은 웨섹스라는 19세기 농촌사회라는 구체적인 현실 속에서 전통적인 관습과 새로운 변화의 물결이 충돌하면서 나오는 가치관의 갈등을 겪으며 고민하는 모습을 보여준다. 우린 하디의 소설 속에서 이런 변화의 소용돌이에 휩쓸린 인간들의 힘겨운 도전과 얄궂은 운명을 생생하게 목격할 수 있다. 알렉(Alec)과의 어두운 경험에서 벗어나 주체적 자아로 성숙해 가는 테스의 역정이나, 목사를 향한 쥬드(Jude)의 거의 병적인 집념은 변화의 소용돌이 속에서 참다운 인간적 실현을 이룩하기가 얼마나 힘겨운지를 보여준다. 하디 주인공들의 비극적 결말은 그의 염세주의(pessimism)를 보여주며 우주적 질서의 부조리성에 대한 작가의 비극적 인식을 보여준다. 그러나 이들의 좌절과 실패, 그리고 죽음은 그것으로 종결되는 것이 아니라, 패배에도 불구하고 안타깝게 또는 눈부시게 드러나는 인간적 의지와 열정을 통해, 죽음을 뚫고 되살아나는 인간적 승리가 감동을 주기도 한다.

이와 같은 주인공들의 도전과 실패를 통해 드러나는 하디 소설의 또 한 가지 중요한 특성은 당대 사회의 도덕과 질서에 대한 비판적 인식이다. 그의 주인공들은 때로는 박애주의적 이상을 지니기도 하고, 때로는 강렬한 세속적 성공의 열망을 소유하기도 하지만 대부분 현실의 벽에 부딪혀 인간적 성취를 이루지 못하는 것으로 나타난다. 그리고 좌절과 실패의 과정에서 평등하지 못한 교육제도, 편협한 기독교 교리와 신앙 행태, 인간다운 삶의 실현을 방해하는 이혼법 등, 폐쇄적이고 억압적인 사회제도 전반에 대한 사회비판이 이루어진다. 소설 장르의 중요한 역할 중의 하나였던 사회비판의 기능이 하디의 소설에서도 잘 나타나고 있는 것이다.

영어와 세계

8.5. 모더니즘과 20세기 영국 소설

19세기 말에서 20세기 초까지 사회는 다시 대변동을 겪고 있었다. 중산층 시민들은 이제 더 이상 개혁 세력이 아닌 사회의 중심 기성세력이었다. 산업화된 사회는 흉년이 아닌 불황이라는 이름의 새로운 고난을 겪어야 했다. 대불황을 겪으며 영국의 중산층은 더 이상 체제의 번영과 안정성에 대한 자신감을 가질 수 없게 되었다. 산업과 무역에서 독일, 미국 등 신흥국가들과의 경쟁을 의식해야 했으며, 사회주의 운동과 여성해방 운동 등의 영향을 통해 보다 평등주의적이면서도 개인적인 자유를 인정해야 하게 되었다. 이와 맞물려 계급 상승의 가능성에서 배제되었던 하층계급이 교육을 받고 공적인 공간에 목소리를 지닌 주체로 모습을 드러내게 되었다. 또한 이성과 절대적 진리에 대한 믿음을 뒤흔들었던 니체의 철학과 프로이트의 심리학, 아인스타인의 상대성 이론, 하이젠베르그의 불확정성의 원리 등 거대한 정신사적 사건들도 기존의 가치 체계를 무너뜨리는 데 기여했다. 여기에 더해 전대미문의 사건이었던 제1차 세계대전은 19세기적 질서를 송두리째 뿌리 뽑아 놓았다. 이 대전쟁은 이전 시대 영국의 중요한 가치로 여겨졌던 사회적 이성이 실제로는 중간계급 지배하의 국가와 제국주의적 질서를 지탱하는 가림막이었을 뿐임을 폭로하는 전환기적 사건이었다.

이러한 사건들과 변화의 물결 가운데 성장한 새로운 세대의 창작자들은 전위적인 실험을 통해 변화하는 시대의 감수성을 표현하고자 했다. 그들은 문학이 더 이상 사회가 공유하는 가치관을 담아내는 수단이 아니라 다양한 개인의 정신의 반영이어야 한다고 여겼고, 이를 위한 모색은 이제까지의 리얼리즘 소설과는 완전히 다른 모더니즘 소설을 만들어 냈다.

모더니즘 소설이 19세기의 리얼리즘 소설과 다른 것은 다음과 같다. 첫째, 리얼리즘 소설은 "사람이나 사물을 거울에 비친 것처럼 있는 그대로 묘사"하는 반면, 모더니즘 소설은 삶의 실재란 외형에 있는 것이 아니라 시시각각 달라지는 인상일 뿐이므로 고정적 가치를 지니지 못한다고 생각한다. 둘째, 리얼리즘 소설에서는 대체로 작가가 주인공 혹은 화자와 동일한 존재로 여겨지는 경향이 있는 반면, 모더니즘 소설에서는 이 관계가 분리된 경우가 많다. 절대적인 진리가 사라진 세계를 묘사하고 있는 모더니즘 소설에서는 전지적 시점이 사라지고 화자가 한계를 뚜렷이 하고 있어서 독자가 그의 말을 그대로 수용하기보다는 그 의미를 해석해야 한다. 셋째, 리얼리즘 소설이 소설의 교화적 역할, 즉 사회적 기능을 강조했다면, 모더니즘 소설은 소설의 형식적 완결성, 소위 예술성에 집중한다. 넷째, 리얼리즘 소설이 개인보다는 사회와 공동체의 가치를 우선에 두는 반면, 모더니즘 소설은 인간의 소외와 고립을 인정하면서도 이러한 개인의 자유의지를 중시한다.

모더니즘 소설의 지양하는 점이 이렇게 다르다면 이를 위해 새롭게 고안된 형식적 기법들은 다음과 같이 요약해 볼 수 있다. 첫째, 단일한 전지적 시점보다는 제한적 시점이나 복합 시점을 활용한다. 객관적인 진리가 붕괴된 세계에서 작가는 더 이상 작품의 주인이 될 수 없다. 이에 따라 작품 속에는 작가 혹은 작가의 대변자 대신에 제한된 시각을 지닌 화자가 하나 혹은 다수 등장하게 되고 이러한 작품을 이해하기 위해서는 보다 능동적인 독자의 해석 행위가 필요해진다. 둘째, 플롯 구성에서 시간의 순서를 따르기보다는 비연대기적 혹은 전도된 시간을 따른다. 시간의 흐름보다는 심리적으로 의미를 지니는 사건을 위주로 하여 시간적으로는 전도된 이야기 전개가 많다. 셋째, '의식의 흐름' 혹은 내면 독백의 서술방식을 활용한다. 인간의 삶에 의미 있는 부분은 외부 세계가 아니라 내면의 정신적 · 정서적 흐름과 이들의 복합적인 관계라는 인식 때문에 의식 세계를 긴밀히 묘사하려는 시도가 생긴 것이다. 넷째, 신화적인 모티프를 즐겨 사용한다. 기성의 질서가 무너진 현실에서 인간이 기댈 수 있는 질서는 인간의 보편성을 담아낸 원시의 신화적 세계라는 발

영어와 세계

상에서 신화적 인물에 대한 암시나 신화의 서술구조를 작품 전개에 활용한다.

8.5.1. 조셉 콘라드

내용과 기법 면에서 영국소설에 현대성을 부여한 작가는 폴란드에서 영국으로 귀화한 조셉 콘라드(Joseph Conrad, 1857-1924)이다. 그는 당시의 러시아 땅에서 폴란드의 독립투사이자 문필가(시인·극작가·번역가)인 아버지에게서 태어났다. 그러나 열두살에 고아가 되는 등 불우한 어린 시절을 보낸 그는 열여섯 살에 학업을 중단하고 선원이 되기 위해 프랑스 마르세유로 갔다. 그 후 영국으로 건너가 1886년 8월에 영국으로 귀화하고, 그해 11월에 일반선장 자격시험에 합격했다. 하지만 그는 1894년 1월에 선원으로서의 삶을 마감하고 서른일곱이라는 늦은 나이에 작가로서의 제2의 인생을 시작했다.

조셉 콘래드라는 영어식 이름으로 개명하고, 1895년 4월에 그의 첫번째 소설 『올메이어의 어리석은 행동(*Almayer's Folly*)』(1895)이 언원 출판사에서 출간되었다. 그는 자신의 선원 경험을 살려 해상 생활을 소재로 삼거나 동양과 아프리카의 오지 또는 혁명의 와중에 있는 러시아나 남미를 무대로 하는 다양한 배경의 소설을 썼다. 그는 선상이라는 제한된 상황에서의 경험을 하나의 인간사회의 축도로 형상화하고, 그 속에서 인간적인 유대감과 집단적 연대(solidarity)를 추구했다. 그러나 이러한 추구에도 불구하고 콘라드의 작품의 분위기는 매우 어둡다. 그는 언제나 표면적인 사실보다는 인간 마음속의 신비, 특히 우리 마음에 도사리고 있는 어두운 악의 실체를 파고들고자 했다.

예를 들어 『어둠의 핵심(*Heart of Darkness*)』이라는 소설은 구체적인 언급이 거의 없고, 비유와 상징을 대단히 많이 사용한 소설이다. 콘래드는 '직접적인 언급은 환상과 암시를 제거하므로 문학에서 치명적이다.'라고 생각했는데 이것이 작품에 극도로 반영된 것이다. 그는 상징이나 이미지 같은 암시적 방법을 통해 인간 내면에 숨어있는 사악하고 어두운 측면, 이른바 타락의 가능성에 대해서 집요하게 추적한다.

또한, 이 소설은 액자식 구성을 따른다. 서술자와 동료들이 배 시간을 기다리면서 말로우의 이야기를 듣는 현재 시점의 이야기가 있고 그 안에서 말로우는 자신의 이야기를 풀어 나아간다. 이것은 말로우가 나오는 콘라드의 다른 소설들에서도 공통으로 나타나는 구성이다.

8.5.2. 제임스 조이스

제임스 조이스(James Joyce, 1882-1941)는 20세기 모더니즘 소설을 대표한다고 말할 수 있다. 오늘날 소설에 사용되고 있는 새로운 기법은 거의 전부가 그에게서 비롯되었다고 해도 과언이 아니다. 다만 그는 모더니즘이 받는 비판 그대로 예술을 대중으로부터 멀어지게 하고 비인간화시킨 작가로 지목되기도 한다. 그러나 조이스가 전통적인 리얼리즘으로부터 완전히 벗어난 것은 아니다. 『젊은 예술가의 초상(*A Portrait of the Artist as a Young Man*)』(1916)에 형상화된 가족, 종교, 국가의 문제들은 그가 삶의 문제를 현실적으로 어떻게 인식하고 있는가를 보여주며 또한 그가 리얼리즘의 전통을 계승하고 있음을 보여준다. 그의 모더니즘적인 기법상의 실험은 이러한 토대 위에서 이루어졌기에 더 뛰어난 것으로 간주된다.

그의 기법상의 실험으로 대표적인 것은 개인의 복잡한 '의식의 흐름'을 포착하는 '내적 독백(interior monologue)'을 들 수 있다. '의식의 흐름' 기법은 울프나 포크너 등도 사용했으나 조이스는 이와 더불어 다양한 개인의 의식을 포괄하는 다층적인 시점을 사용했고, 그리스 신화와 아일랜드 토착 신화 등을 작품의 구조로 활용함으로써 이를 세계 구성의 차원으로 확대한다.

초기작인 『더블린 사람들(*Dubliners*)』(1914)에서 조이스는 더블린 사람들의 무기력과 도덕적 타락, 그들의 미신과 감상주의 등을 생생하게

영어와 세계

표현하는데 여기서 조이스는 '현현(epiphany)'이라는 독특한 방법을 사용한다. 이는 사람이나 어떤 상황 혹은 대상의 근본적인 성격이 갑자기 나타나는 현상을 말하는 것으로, 바꾸어 말하면 독자나 작중인물이 그 같은 내용을 순간적인 통찰로 파악하는 것을 뜻한다. 여기에 실려 있는 15편의 단편들은 유년기, 청소년기, 장년기, 대중 생활로 분류되어 더블린 사람들의 총체적인 모습을 보여주며, 각각의 단편들이 모두 '현현'을 내포하면서 전체적으로는 정신적 '마비'라는 주제를 조명한다.

『젊은 예술가의 초상』은 한 소년이 성장하면서 가족과 국가와 종교의 속박을 벗어나 예술가로서의 소명을 인식하게 되는 과정을 서술한다. 기법상으로는 '현현'뿐만 아니라 '의식의 흐름'도 다소 사용된다. 제목은 마치 조이스 자신의 자화상처럼 보이지만 이 소설에 나타난 예술가의 상이 곧 조이스 자신의 예술가상이라고 단정할 수는 없다. 다만 세밀하고도 정확한 소년의 심리묘사는 유례를 찾기 힘든 서술상의 성취라 할 수 있다.

조이스가 독창적인 표현 기법들을 본격적으로 사용한 작품은 『율리시즈(Ulysses)』이다. 율리시즈는 20세기 세계문학을 대표하는 소설로 거론되는 작품으로 호머의 오딧세이를 큰 틀로 하고 있으며, 스테판 다달루스(Stephen Daedalus)와 평범한 광고업자 레오폴드 블룸(Leopold Bloom), 그리고 그의 아내 몰리(Molly)가 더블린 시내에서 보낸 하루의 일정과 그들의 의식을 내용으로 한다. 18개 장으로 구성되어 있는 이 소설은 크게 3부로 나눌 수 있다. 제1부는 처음 세 장으로 『젊은 예술가의 초상』의 주인공 스테판이 자기 숙소에서 나와 학교에 가서 아이들을 가르친 뒤 해변에서 아침나절을 보내는 이야기이고, 제2부는 그다음 열두 장으로, 여기서는 이 소설의 주인공이라고 할 수 있는 블룸의 하루 일과가 간간이 스테판의 이야기와 섞이면서 묘사된다. 제3부는 마지막 세 장인데, 그 내용은 블룸이 사창가에서 스테판을 보호하여 집으로 데려오나 그는 곧 다시 떠나고, 블룸이 잠자리에 든 후 그의 아내 몰리가 과거를 회상하는 긴 내적 독백을 하는 것으로 되어있다. 조이스는 이 소설에서 장마다 상징과 대표 색깔과 문체를 바꾸기도 하고, 작중인물의 심적 변화를 객관적으로 기록하기 위해 '의식의 흐름' 기법을 쓰면서 무의식의 세계를 천착하는 등 다양한 방법을 동원한다.

『율리시즈』가 순전히 기법 면의 혁신을 이룩했기 때문에 현대를 대표할 만한 작품인 것은 아니다. 블룸이나 스테판은 모두 소외되고 뿌리 뽑힌 인물들로, 타인뿐만 아니라 가족과도 의미 있는 관계를 맺지 못하는 현대인의 표본이라고 할 수 있으며, 이런 면에서 이 소설은 현대인이 처한 불안한 상황을 효과적으로 표출하고 있다. 반면에 블룸의 방황이 스테판과 일종의 부자 관계를 수립함으로써 끝나고 그것이 다시 그와 몰리와의 관계 개선으로 이어지는 것은, 현재의 위기를 극복할 수 있는 길이 의미 있는 인간관계의 회복이라는 것을 암시한다. 이처럼 이 소설은 현대인이 처한 상황을 효과적으로 표출하고 있을 뿐만 아니라 그것을 극복할 수 있는 길을 모색하고 있다는 점에서도 주목할 만한 작품이다.

『피네간의 경야(*Finnegans Wake*)』(1939)는 언어유희가 두드러지고 문학적·신학적·종교적·신화적·음악적·역사적·전설적·정치적 차원의 다양한 인유(引喩)를 싣고 있다. 더욱이 무려 60여 개의 각기 다른 언어를 응축한 형태의 말로 씌어 있고 당혹스러운 조어와 얽힌 구조 때문에 거의 '읽을 수 없는(unreadable)' 작품으로 간주된다. 그 내용은 HCE(Humphrey Chimpden Earwicker)라는 주인공이 어느 토요일 하룻밤에 다채롭게 꾼 꿈 이야기이다. HCE가 꿈꾸는 밤의 무의식 속에는 자신이 저지른 죄를 비롯하여 아내와의 사랑과 성, 쌍둥이 아들간의 대결과 그들에 대한 부정(父情), 그리고 딸에 대한 근친상간적 애정이 뒤섞여 있다.

8.5.3. 버지니아 울프

버지니아 울프(Virginia Woolf, 1882-1941) 또한 기법 혁신에 관심이 많았다. 그녀는 등장인물의 파편적이고 무질서하며 잡다한 의식 세계를 자유로운 연상작용을 통해 가감없이 그려내는 '의식의 흐름' 기법의 탁월한 해석자이며 실천자이다. 그녀는 외적 사건보다 인간의 내적 실존에 관심을 가지고, 연대기적 시간을 벗어난 한순간의 의식에 집중한다. 그녀는 과거를 회상하는 방식의 내적 독백을 이용함으로써 실제적으로는 하루밖에 안 되는 짧은 시간 속에 10년이 넘는 사건들을 다룬다. 이를 위해 울프는 현재의 사건과 과거의 사건을 병치시킨다든지, 어느 한 사건을 중심으로 여러 곳의 여러 사람의 반응을 모아 놓는 등 소위 몽타주 기법 같은 것도 사용하고 있다.

그녀의 대표작 『등대로(*To the Lighthouse*)』는 한 집안 식구가 여름 별장에서 좀 떨어진 등대를 방문하려다 처음에는 실행하지 못하고 10년 후에야 방문하게 된다는 것이 사실적인 차원의 줄거리이다. 제1부 「창문」에서는 사랑과 이해와 생명의 화신 같은 램제이(Ramsay) 부인이 주인공의 역할을 한다. 그녀는 변하지 않는 실재를 추구하며 완전한 인간 관계를 동경하는 모습을 보이면서도 가장 가까운 남편과 아들 사이의 갈등도 해소시키지 못하는 낭패감을 맛본다. 한편 손님으로 와 있는 릴리 브리스코(Lily Briscoe)도 화폭에 실재의 모습을 담으려고 붓을 잡고 서 있으나 결국 실패하고 만다. 이 같은 실패는 등대행의 실패로 상징된다. 제2부 「시간의 경과」는 그 후 10년간의 이야기로, 램제이 부인을 위시해서 가족 중 몇 명의 죽음과 별장의 변화를 스케치하듯이 간략히 기술한다. 제3부 「등대」에서는 등대 방문이 결국 실행된다. 그와 더불어 부자간의 갈등도 해소되고 릴리 브리스코의 그림도 완성된다. 이처럼 등대는 불변의 실재와 완전한 인간관계 등 여러 가지 의미와 연관된 상징으로 전편에 통일성을 부여하고 있으며, 울프는 특유의 시적인 산문으로 상징적 차원과 현실적 차원을 조화롭게 엮어낸다.

8.5.4. 데이비드 로렌스

로렌스(D. H. Lawrence, 1885-1930)는 기법 면에서는 새롭지 않지만, 내용 면에서는 혁신적인 것을 시도했다. 탄광촌 출신이던 그는 1912년에 모교 노팅햄 대학 불문과 교수의 부인과 사랑에 빠졌고, 만난 지 6주 만인 그해 5월 독일로 애정의 도피를 감행했다. 2년 뒤 그녀의 남편의 이혼 승낙을 얻어 정식으로 결혼한 그들은 제1차 세계대전 동안 영국에 있으면서 다양한 작가, 지식인과 교유했다. 1919년 전쟁이 끝나면서 로렌스 부부는 조국 영국에 대한 실망으로 이탈리아로 도피했다. 전쟁 동안 아내가 독일계라는 이유로 간첩 누명을 쓰기도 했고, 그의 소설들이 음란, 외설, 반전사상 고취 등의 이유로 판금되고 압수당하는 수난을 겪었던 것이다. 이들은 세계를 돌아다니며 유랑생활을 했고, 『차탈레이 부인의 사랑(*Lady Chatterley's Lover*)』(1928)를 이탈리아에서 비공개로 출판한 것을 마지막으로 1930년 프랑스에서 45세의 짧은 일생을 마감했다.

방랑의 생애에서 암시되듯이 로렌스의 작품은 빅토리아조 영국사회의 사회질서와 양식에 대한 저항을 담고 있다. 로렌스는 당대의 영국사회는 생명력이 결여되어 있었고, 진정한 인간적 욕구가 제대로 발현되지 못하고 있다고 판단했다. 빅토리아조 후반에 더욱 첨예화된 계급 간의 갈등은 여전히 개인 간의 진정한, 살아있는 관계 형성을 훼방했고, 산업화·기계화의 거대한 변화의 물결은 개인의 삶을 더욱 획일화시켜 가고 있었다. 그리고 사회를 지탱하던 기독교 역시 인간의 삶을 풍요롭게 완성시키기보다는 갖가지 금제와 죄의식으로 인간을 억압하는 차가운 격식의 종교로 전락해 있었다. 로렌스에게 당대 사회는 개인의 자연스럽고 소박한 인간적 감정이나 열망의 발현을 억압하는 경직된 체제에 불과했다.

로렌스는 개인적이고 주관적인 내면의 삶과 경험을 그리는 경향을 보여주었는데 이는 그가 당대의 모더니스트들과 달리 특유의 '작가의 소멸' 현상이 드러나지 않는다는 것을 의미한다. 오히려 그의 작품에서는 작가의 독특한 개성이 더욱 뚜렷하게 부각되고 강조된다. 그는 뚜렷한 주제의식을 가지고 글을 썼는데 대개의 경우 이는 올바른 인간관계, 특히 남녀관계의 새로운 정립이라고 할 수 있다. 성적인 묘사나 육체적인 관계에 대한 로렌스의 관심은 새로운 인간관계, 특히 남녀관계의 바람직한 재정립을 모색함으로써 현대 기계문명 사회의 모순을 해결할 수 있는 궁극적인 지향점을 찾으려는 작가의식의 발현이었다.

1920년대를 모더니즘 영국소설의 정점이라고 하면 그즈음에서 장르로서의 소설은 이미 완성된 모습을 가지게 되었다고 할 수 있다. 모더니즘의 형식적 실험은 더 이상의 새로운 것은 없다는 평까지 들을 정도였다. 그러므로 전통적인 리얼리즘을 기반으로 하고 새로운 형식적 기법들을 실험했던 20세기의 모더니즘은 소설이라는 장르를 완전히 정립했다고 말할 수 있을 것이다. 이후로도 영어사용권에서는 수많은 작가들이 있고 결정적으로 미국의 소설작가들에 대해 전혀 언급을 하지 못했지만, 영미소설의 역사를 설명하기 위한 것이 아니라 영어권에서 소설이라는 쟝르가 어떤 것인지를 이해하는데 여기까지의 설명으로도 충분하다고 할 것이다.

제9장	뮤지컬의 탄생

9.1. 오페라의 탄생

뮤지컬에 대한 많은 오해 중의 하나가 연극에 노래를 덧붙인 것이라는 생각이다. 물론 우리나라에서는 이러한 생각이 일정 부분 맞는 부분도 있다. 우리나라에 뮤지컬이 소개된 것은 지나치게 진지하게 예술성을 추구했던 연극 극단들이 멀어진 대중의 관심을 되돌리기 위하여 도입했다는 측면이 있기 때문이다. 그러나 뮤지컬의 역사 전체로 보면 연극에서 왔다기보다는 오페라에서 오페레타로 이어지는 전통에서 파생되었다거나 혹은 독자적으로 탄생하였지만 오페레타와 비슷하게 혹은 다르게 발전하였다고 보는 것이 옳을 것이다. 하여간 중요한 점은 뮤지컬과 가장 닮은꼴은 오페레타이며 오페레타의 조상은 오페라라는 점이다.

오페라는 음악, 문학, 연기, 의상, 조명, 미술 등이 결합된 종합적인 무대 예술작품으로 그 생성 배경에 대해서는 비교적 정확하게 알려져 있다. 르네상스 말기에 피렌체의 백작 조반니 데 바르디(Giovanni de' Bardi)의 살롱에서 학자 시인 음악가들이 "카메라타(Camerata)"라는 모임을 만들어 고전 그리스의 비극을 재현하기 위한 연구를 하는데, 그 와중에 그리스 비극의 음악적 요소를 되살리기 위한 연구의 과정에서 오페라라는 새로운 음악 장르가 탄생된다. 이때 'opera'라는 말은 원래 '일',

'작품'이라는 뜻을 가진 라틴어의 'opus'의 복수형이며, 처음에는 "opera in music"으로 불렸다가 뒤에 생략되어 'opera'가 되었다고 한다. 첫 작품은 이 모임의 일원이었던 야코포 페리(Jacopo Peri, 1561-1633)에 의해 1597년에 만들어진 『다프네』라는 작품으로 그 이듬해에 공연되었다고 하지만 지금은 전해지지 않고 있다. 1600년에는 역시 야코포 페리의 『에우리디체(Euridice)』가 메데치 가의 마리아와 프랑스왕 앙리 4세의 결혼식에 초연되었고 이것이 현존하는 최초의 오페라라고 할 수 있다. 초기 오페라는 궁정 축제 때 등장하는 각종 발레, 가면극, 호화로운 행렬 등의 요소가 많고 허무맹랑하며 비현실적인 이야기를 많이 담고 있었다. 뮤지컬과 관련해서 생각해 보면 오페라는 최초로 대사가 아닌 음악으로 스토리를 진행한 공연 장르라는 점에서 중요하다. 즉 각종 음악극들은 모두 오페라를 아버지로 두고 있다고 볼 수 있다. 오페라는 가면극 등의 다른 공연에 밀려 초기에는 인기를 끌지 못하고 궁중 행사의 일부로만 존재했다. 그러다 17세기 중반에 이르러 이탈리아 베네치아에 처음으로 공식 오페라 하우스가 생기면서 대중들에게 인기를 얻기 시작했다.

클라우디오 몬테베르디(Claudio Monteverdi)는 알렉산드로 스트린죠(Allessandro Stringgio)가 쓴 대본(詩로 되어 있음)에 곡을 붙여서 1607년 2월 24일, 만토바 궁정에서 『오르페오(Orfeo)』라는 작품을 공연했다. 이 작품은 제대로 된 대본을 가진, 그러니까 드라마적인 요소를 갖춘 완벽한 오페라의 효시이며 바로크 오페라의 화려한 시작을 알리는 작품이다. 지옥의 뱃사공 카론 앞에서 오르페오는 목숨을 걸고 "그녀를 찾기 위해 암흑의 길을 걸어왔소. 그곳이 지옥이든 그보다 더한 곳이든, 아름다운 에우디리체가 있는 곳이 내겐 바로 천국이라오."라고 부르는 『전능한 영과 공포의 신이여』라는 아리아가 유명하다.

몬테베르디 이후로 150년 정도 바로크 오페라의 전성기가 이어진다. 그러나 오페라가 이태리를 중심으로 발전하면서 점차 극의 내용과 관계없이 지나친 장식과 기교를 사용한 노래만 유행하게 되자 독일 작곡가 글룩(Christoph Willibald Gluck, 1714-1787)이 드라마에 무게 중심을 둔 오페라로 개혁하고자 내놓은 작품이 유명한 1762년의 『오르페오와 에우리디체(*Orfeo ed Euridice*)』이다. 이 작품의 대본은 라니에리 데 칼자비지가 작성하였다. 이후 18세기 후반 고전주의 오페라의 전성기가 바로 이 작품으로부터 시작되었다. 전체적인 스토리는 원래의 오르페우스 신화를 따르지만 마지막에 사랑의 신이 에우리디체를 다시 살려내는 해피엔딩으로 바뀐다. 이 오페라에 나오는 유명한 아리아 "에우디리체 없이 어떻게 살아가나?(Che farò senza Euridice?)"를 들어보면 이전의 장식적인 바로크 아리아가 아닌 소박하면서도 서정적인 아리아의 맛을 느낄 수 있다.

9.2. 오페레타의 탄생

19세기 중반에 이르자 다시 새로운 변화가 일어난다. 이 시기는 산업혁명으로 인해 모든 예술 분야에 혁신적인 변화가 있었던 시기이며 그 변화의 원인에는 새롭게 대두된 시민계급이 있었다. 오페라의 경우도 다르지 않아서 19세기 중엽까지 상류층만의 오락이었던 오페라로 부터, 좀 더 서민적으로 만들려는 노력의 일환으로, 작은 오페라라는 뜻의 오페레타(opereta)가 만들어진다. 오페레타는 노래로만 이루어져 있던 오페라에 대사를 집어넣어 만들어졌다. 이 오페레타의 주역 중의 한 명이 프랑스 오페레타의 창시자라고 불렸던, 독일 태생의 프랑스 작곡가이자 첼리스트, 쟈크 오펜바흐(Jacques Offenbach, 1819-1880)이다. 그는 전통적인 오페라를 그다지 즐기지 않던 관객들에게 파리의 부르주아 계층에 관한 가벼운 이야기를 다룬 작품으로 유럽 전역에서 인기를 누렸다. 오펜바흐(Offenbach)는 기존의 오르페우스 신화를 완전히 패러디한 『지옥의 오르페(*Orpheus in the Underworld*)』(1858)라는 오페레타를 만든다. 종

영어와 세계

종 『천국과 지옥』이라는 이름으로도 알려져 있는 이 극은 그 내용부터 진지함을 벗고 유쾌한 음악과 대중적인 내용을 담고 있다. 모두 4막으로 이루어져 있는 작품으로 오페라의 소재로 흔히 사용되는 오르페우스 이야기를 풍자적으로 다룬 작품이다. 오르페오(오르페우스)와 그의 처 에우리디케는 서로 권태를 느낀다. 이때 지옥의 대왕 프류톤(플루토)이 나타나 에우리디케를 유괴한다. 오르페오는 좋아하지만 여론(輿論)에 설득되어, 뒤를 돌아보면 다시 이별한다는 약속으로 지옥에서 에우리디케를 데려나오려고 한다. 그러나 본심으로는 에우리디케가 돌아오지 않기를 바라던 오르페오는 일부러 뒤를 돌아보아 그녀를 지옥에 돌려보내고 만다는 줄거리로 구성되어 있다. 이 중에서 특히 무용수들이 캉캉을 추는 장면에서 쓰인 무곡인 "지옥의 갤럽"이 유명하며, 한국에서는 캉캉이라고만 써도 대부분 "지옥의 갤럽"을 연상할 정도로 대표적인 음악이 되었다.

다만 이러한 오페레타는 현재는 만들어지지도 공연되지도 않는다. 그리고 비록 예전의 작품들이 공연된다고 하여도 대개 오페라 극장에서 상연되고 있다. 즉 오페레타는 현재 오페라의 아류처럼 오페라에 흡수되었다고 할 수 있다. 그러나 오페레타는 귀족 취향이던 오페라를 보다 서민적이고 대중적인 음악극으로 변형시켰다는 점에서 의미가 있으며, 무엇보다도 구어체 대사와 화려한 춤을 강조하여 19세기 후반 영국과 미국에서의 뮤지컬의 탄생으로 이어지는 역할을 하게 된다.

9.3. 영국의 뮤지컬 코미디

실제로 영국에서 뮤지컬을 연상케 하는 첫 번째 공연은 프랑스의 오페레타보다 오히려 더 빨랐다고도 볼 수 있다. 1728년 존 게이(John Gay)는 친구였던 조너선 스위프트에게서 뉴게이트 형무소의 죄수들의 도덕성이 상류층의 그것과 다를 바 없으며 죄수들만으로도 좋은 연극이나 오페라를 만들 수 있다는 말을 듣고 런던에서 활동 중이던 독일인 작곡가 요한 크리스토프 페푸슈(Johann Christoph Pepusch, 1667-1752)와 협력해 '발라드 오페라'라는 형식의 『거지 오페라(*The Beggar's Opera*)』를 발표했다. 공연은 1728년 런던에서 발표되었고 대중들에게 선풍적인 인기를 끌었다. 18세기 런던의 거지와 창녀들의 삶을 익살스레 묘사한 이 작품은 영어로 되어있고 잉글랜드, 아일랜드, 스코틀랜드, 프랑스의 전통 선율을 가져다 썼기 때문에 대중들이 쉽게 즐길 수 있었다. 실제 이 작품은 초연된 1728년뿐 아니라, 18세기를 통틀어 가장 많이 공연된 기록을 남기고 있다.

게이는 이 작품을 통해 당시 상류층이 열광하던 이탈리아 오페라를 통렬하게 풍자했다. 발라드 오페라는 기본적으로 연극에 노래를 가미한 것이다. 존 게이는 대본을 썼고 작곡을 페푸슈가 했지만 우리가 주로 게이의 작품이라고 기억하는 것은 이것을 연극의 일종이라고 보기 때문이다. 여기서 부가되는 노래는 발라드 즉 누구나 잘 아는 대중가요 또는 전통적인 민속 노래였다. 오페라 쪽 전통에 속하는 오페레타나 뮤지컬 등은 모두 작곡가를 그 작가로 부르는 관습이 있다.

그로부터 한 세기 후, 프랑스 오페레타의 영향을 받은 '길버트와 설리반(Gilbert and Sullivan) 오페라'라고 불리는 '뮤지컬 코미디' 작품들이 1890년대부터 1910년대 말까지 영국에서 인기를 끌었다. 그들의 작품들은 프랑스식 오페레타에 비해 단순한 가사, 런던의 노동자 계급이 즐길 수 있는 현실적인 대사와 캐릭터, 이해하기 쉬운 음악, 빠른 템포의 리듬과 선율, 재치 있는 대사를 사용함으로써 대중적인 취향에 부합했다. 그들의 인기는 대단해서 영국에서는 G&S라는 단어가 바로 영국식 오페레타, 즉 뮤지컬을 의미하는 단어이기도 하다.

1892년에는 조지 에드워드(George Edward)가 당시의 새로운 대안적 코믹 오페라를 갈망하는 관객들의 요구에 따라 댄서들의 군무와 유

영어와 세계

쾌한 여인들의 노래로 구성된 공연을 기획하였다. 학자에 따라서는 이때 공연된 『거리에서(*In Town*)』(1892)를 첫 근대적 뮤지컬로 보기도 한다.

　　결론적으로 뮤지컬은 오페레타로 대표되는 가벼운 오페라 스타일의 장르들인 오페레타와 오페라 코미디 등에 뿌리를 두고 있다고 볼 수 있다. 왜냐하면 대사로 극이 진행되는 연극과 달리 뮤지컬도 오페라와 오페레타처럼 노래(음악)로 스토리를 풀어가기 때문이다. 물론 노래 스타일로 볼 때 오페레타는 일상용어로 말하고 노래하는 뮤지컬과는 달리 오페라 특유의 벨칸토 창법에 가까웠다는 차이를 보인다. 그러나 노래와 음악을 이용해서 극의 스토리를 끌고 간다는 것은 모두 동일하기 때문에 우리는 오페라에서 오페레타로 오페레타에서 뮤지컬로 이어지는 역사적인 흐름을 읽을 수 있다. 오페레타가 곧바로 뮤지컬로 거듭난 것은 아니지만 오페레타가 뮤지컬이 형성되는 데 많은 영향을 끼쳤다고 볼 수 있다.

9.4. 뮤지컬 이전의 미국의 쇼들

앞서의 많은 전통에도 불구하고 많은 사람들이 뮤지컬을 미국에서 시작되었다고 말한다. 뮤지컬에는 유럽과는 다른 많은 미국적인 요소들이 부가되었기 때문이다. 대개 뮤지컬이 발생하기 전에 미국에서는 민스트럴 쇼(Minstrel show)와 보드빌(Vaudeville)과 같은 다양한 쇼가 존재했으며 이들은 미국식 뮤지컬의 형성에 결정적인 영향을 미쳤다.

　　'민스트럴 쇼(Minstrel show)'는 노래 · 춤 · 스케치 등으로 엮은 미국의 독특한 공연양식으로 19세기 초부터 19세기 말 즈음까지 미국에서 활발히 상연되었다. 남북전쟁 전후 유행했던 것으로 당시에는 백인 가수가 얼굴을 검게 칠하고 흑인의 민요나 흑인풍의 가곡을 노래했다. 특히 1820년대 민스트럴 쇼의 아버지로 일컫는 백인가수 토머스 D. 라이스는 자신의 역할에 '짐 크로(Jim Crow)'라는 이름을 붙였으며, 이 말은 민스트럴 쇼에 등장하는 중요 인물의 명칭으로 굳어져서 흑인 일반을 지칭하는 차별적 언어로 정착되기도 하였다. 그후 민스트럴 쇼는 점차 사라져갔고 20세기 들어 아마추어들의 작품으로 명맥을 유지하였으나 1960년대 흑인 인권운동의 결과 흑인차별을 이유로 금지되었다.

벌레스크(Burlesque)는 원래 앞선 뛰어난 작품을 풍자하는 양식을 뜻하는 말이었으나 미국에서는 주 관객층인 중산층 남성들을 대상으로 20~30여 명의 여자 무용수들이 신체 라인이 최대한 드러나는 의상을 입고 화려한 조명 아래에서 신나는 음악에 맞춰 유혹적인 춤을 추는 것을 기본으로 하고, 중간 중간 불쇼, 아크로바틱(신체기예), 마임, 슬랩스틱 코미디를 덧붙인 공연이었다. 오로지 성인 남자들이 편하게 술과 담배를 즐길 수 있는 분위기를 제공하는 것을 목적으로 했기 때문에 특별한 주제나 일관된 이야기는 필요 없었고 그저 공연들을 연결시키기 위한 최소한의 줄거리만 가지고 있었다. 이 벌레스크가 미국 뮤지컬 역사에서 중요한 이유는 무엇보다 무대 위에서 성적인 볼거리가 상업적으로 아주 잘 팔린다는 사실을 확인했기 때문이다. 미국 초기 뮤지컬에 나타나는, 유럽의 오페레타에서는 찾아볼 수 없었던, 여성의 성적인 아름다움의 강조나 다양하고 화려한 볼거리같은 요소들은 벌레스크의 영향이라고 할 수 있다.

벌레스크와 유사한 레뷔(revue)는 간단한 토막극들에 각종 노래와 화려한 춤을 나열하는 형태의 쇼로 미국에서 제1차 세계대전부터 대공황까지 절정의 인기를 누렸고, 이후 라디오, 텔레비전, 영화 등 값싼 대중오락이 나타나면서 1940년대에 막을 내린다. 당시 유행하던 다른 공연 장르에 비해 티켓 가격이 아주 비쌌지만 레뷔는 기존의 다른 공연과 비교해 여성의 몸을 보다 더 노골적으로 보여주는 방법으로 관객들을 끌어들였다.

이러한 선정적인 공연들에 비해 콘서트 식당이나 싸구려 선술집 등

영어와 세계

에서 공연되었던 보드빌(Vaudeville)은 '클린(clean) 보드빌'을 표방한 공연 기업가 토니 패스터에 의해 온 가족이 함께 즐길 수 있는 성격으로 바뀌면서 미국 중산층에게 가장 인기 있는 공연 장르로 자리 잡게 되었다. 보드빌은 춤, 노래, 연극, 묘기, 마술, 서커스 등 여러 종류의 볼거리가 뒤섞여 있는 버라이어티 쇼라고 할 수 있는데 실제로 영국에서는 이를 버라이어티(variety)라고 불렀다. 점차로 음악의 비중이 커지면서 가수의 중요도가 높아졌고 노래와 춤을 이용해 공연의 질을 높여갔지만. 1920년 중반 무성영화의 등장과 함께 그로 인해 완성도 있는 스토리를 요구하기 시작한 관객층의 입맛 변화로 서서히 쇠퇴했다.

9.5. 뮤지컬의 탄생과 발전

9.5.1. 탄생

제1차 세계대전 후 대공황을 겪으면서, 대중들은 낙천적이고 유쾌하고 오락적인 문화를 갈망했는데, 바로 그런 대중의 정서에 맞는 낙천적이고 오락적인 뮤지컬이 대중예술로 뿌리를 내릴 수 있었다. 뮤지컬은 기존의 쇼 형식의 구성으로부터 벗어나 연극적 플롯과 등장인물의 성격을 강조하면서 발전하는데 1928년에 드디어 제롬 컨(Jerome Kern, 1885-1945)이 만든 『쇼 보트(*Show Boat*)』(1928)를 시작으로 음악과 노래와 춤이 전체적인 구성과 등장인물의 성격에 더욱 세심하게 통합되면서 성공적인 상업적 연극으로 자리잡게 되었다. 제롬 컨이 작곡하고 오스카 해머스타인(Oscar Hammerstein II, 1895-1960)이 작사한 이 작품은 19세기말 미시시피강을 따라 흘러가다가 강 유역의 여러 도시에 정박해 환상의 무대를 선보이는 유랑 연예선을 배경으로 한 사랑 이야기로, 이 배를 무대로 혼혈 스타 줄리와 백인 스티브의 사랑이야기와 앤디 선장의 딸 매그놀리아와 떠돌이 노름꾼 레버널의 사랑이야기가 교차한다. 당시

미시시피 강 유역에서 일하는 흑인 노동자들과 혼혈인들의 가혹한 삶을 소재로 당시로서는 파격적이라고 할 만큼 진지한 주제인 인종차별과 인생의 애환을 그렸다. 많은 대사와 탄탄한 스토리를 갖추었고 음악적으로는 미국의 민요와 흑인음악의 멜로디, 그리고 그 리듬을 적극 수용했다.

이렇게 『쇼보트』를 뮤지컬의 시작점으로 보면 이후로 뮤지컬의 발전을 크게 네 단계로 구분해 볼 수 있다. 첫 번째는 뮤지컬이 독자적인 공연예술로 자리 잡은 1930~40년대의 '뮤지컬 황금기'이고, 다음은 2차 세계대전이 끝나고 평화로운 시대를 되찾는 50년대부터 60년대까지의 '뮤지컬 발전기'이다. 『사운드 오브 뮤직(Sound of Music)』(1959)을 대표작으로 꼽을 수 있다. 이 시기의 뮤지컬들은 세계대전의 상처와 같은 부정적 현실을 낙천적 세계와 긍정적인 미래의 꿈으로 바꾸고자 했으며, 예술성 높은 작품을 만들기 위해 작가와 작곡가, 안무가들의 공동작업에 치중했다. 세 번째는 1960년대부터 70년대까지 이어지는 '뮤지컬의 전환기'이다. 60년대 말 유럽에서는 학생운동이 미국에서는 흑인 인권운동이 사회적인 이슈가 되었고 이러한 사회적 분위기 속에서 사회적 의식을 지닌 현실적 내용의 진지한 뮤지컬들이 주로 창작되었다. 또한 비틀즈나 앨비스 프레슬리 풍의 전자 사운드 음악이 주를 이루었고 락 오페라 등이 인기를 끌었다. 대표작으로는 『지붕 위의 바이올린(Fiddler on the Roof)』(1964), 『헤어(Hair)』(1968), 『코러스 라인(Chorus Line)』(1975) 등을 들 수 있다. 그 뒤로 80년대에서 현재까지를 '메가 뮤지컬'의 시대라고 할 수 있다. 1980년대 점차 쇠퇴하고 있는 브로드웨이의 극장들에 런던의 웨스트엔드에서 온 대형 뮤지컬들이 생기를 불어넣었다. 이들은 문학작품과 같은 대서사와 웅장한 음악, 스펙타클한 무대로 대중들의 폭발적인 인기를 끌었다.

9.5.2. 황금기

1930년대는 거슈인이라는 걸출한 작곡가로 상징된다. 1931년에 거슈원은 G. S. 카프만과 리스킨드의 대본으로 문학적 가치가 높은 뮤지컬인 『나는 너에 대해 노래한다(*Of Thee I Sing*)』(1931)로 퓰리처상을 받았다. 거슈인은 또한 1935년에 유명한 『포기와 베스(*Porgy and Bess*)』(1935)를 작곡하였다. 『포기와 베스』는 조지 거슈윈이 작곡하고, 듀보즈 헤이워드가 대본을 쓰고, 가사는 아이라 거슈윈과 헤이워드가 작성한 3막의 뮤지컬이다. 미국 사우스캐롤라이나주의 어촌 캣피시 로를 배경으로 흑인들의 고된 삶과 슬픈 사랑을 그렸다. 클래식과 재즈와 블루스 그리고 영가 등의 다양한 음악이 혼합된 이 작품에 대해서 거슈인은 '포크 오페라'라고 불렀다. 이 작품에 나오는 넘버인 '서머타임(summertime)'은 지금까지도 다시 불리고 있는 명곡이다.

1930년대는 사실 대공황의 여파로 많은 분야가 위축되어있던 것에 반하여 40년대야말로 진정한 황금기라 할 수 있는데 이식의 대표적인 작품은 『오클라호마!(*Oklahoma!*)』라고 할 수 있다. 1943년에 공연되어 스토리와 안무와 음악이 개연성을 두고 조화를 이루는 작품으로 평가받았던 『오클라호마!』는 두 번째로 퓰리처상을 받음과 동시에 2000회가 넘는 장기공연에 성공함으로써 뮤지컬이 국민적 장르로 자리매김하는 계기가 되었다. 미국 중서부 오클라호마의 시골을 무대로 카우보이와 농부의 딸과의 사랑을 밝고 명랑하게 그린 작품이다. 1955년에 20세기 폭스에 의해 동명의 이름으로 영화화되었다.

9.5.3. 발전기

2차 세계대전이 끝나고 50년대부터 60년대 전반까지가 제2기인 '뮤지컬 발전기'이다. 이 시기 뮤지컬의 특징은 낙천적 세계와 긍정적인 미래의 꿈을 그린다는 점이며 예술성 높은 작품을 만들기 위해 작가와 작곡가, 안무가들의 공동작업이 더욱 활성화되었다. 『아가씨와 건달들(*Guys and Dolls*)』(1950), 『왕과 나(*The King and I*)』(1951), 『마이 페어 레이디(*My Fair Lady*)』(1956), 『웨스트사이드 스토리(*West Side Story*)』

(1957), 『남태평양(*South Pacific*)』(1958), 『사운드 오브 뮤직(*Sound of Music*)』(1959) 등의 걸출한 작품들이 이어졌다.

『아가씨와 건달들』은 1950년 제작된 브로드웨이 뮤지컬로 데이먼 러니언(Damon Runyon)의 단편소설 『사라 브라운 이야기(*Miss Sarah Brown's Story*)』를 기초로 음악은 프랭크 로세르, 대본은 에이브 버로우즈와 조 스윌링이 맡았다. 전형적인 로맨틱 코미디 장르의 작품으로 어울릴 것 같지 않은 선교사와 도박꾼의 사랑, 의리를 저버리지 않은 진짜 남자들의 우정을 그려내고 있다. 잘 짜인 탄탄한 각본으로 누구나 공감할 수 있는 스토리와 정통 브로드웨이의 화려한 쇼가 결합된 안정감있는 음악으로, 보는 내내 즐겁고 기분이 좋아지는 뮤지컬이다. 한국에서는 1983년 극단 민중에서 초연되어 오랫동안 사랑받아온 작품으로 지금까지 여러 번 리바이벌 버전으로 공연됐다.

『사운드 오브 뮤직』은 1959년 발표되어 당시에 세상에서 가장 많은 관객을 동원한 뮤지컬로 43개월간 1,143회의 공연기록을 세웠다. 마리아의 회고록이 1956년 독일 영화 『트랩 가족(*Die Trapp Famillie*)』으로 영화화되면서 트랩 일가의 이야기가 알려지고, 이 영화를 보고 감명받은 뮤지컬 스타 메리 마틴과 남편이자 프로듀서인 리처드 할리데이가 라차드 로저스와 해머스타인에게 의뢰하여 탄생하였다고 한다.

9.5.4. 전환기

제3기는 '뮤지컬의 전환기'로서, 1960년대부터 70년대까지이다. 영화, TV, 라디오 보급으로 관객 수준 요구 수준이 높아졌고 전통적인 오케스트라가 사라진 대신, 문학성 혹은 예술성 높은 작품이 선호되고 춤이 더욱 강화되어 뮤지컬의 중심이 되었으며, 사회적 주제와 사실적 내용의 진지한 뮤지컬들이 주로 창작되었다. 대표작으로는 『지붕 위의 바이올린』, 『헤어』, 『코러스 라인』, 『에비타(*Evita*)』(1978) 등을 들 수 있다.

『지붕 위의 바이올린』은 1964년 미국 브로드웨이에서 초연되어 그해 토니상 10개 부분에 노미네이트 되어 9개 부문에서 수상하였다. 이 뮤지컬은 『웨스트사이드 스토리』에서 특유의 인상적인 안무를 고안해 세계를 놀라게 했던 제롬 로빈스가 연출과 안무를 맡고 제로모스텔·라이자 미렐리 등 굵직한 브로드웨이 스타들이 대거 참여해 화제를 모았다.

『헤어』는 소위 록 뮤지컬의 고전으로 『지저스 크라이스트 슈퍼스타(*Jesus Christ Superstar*)』(1971), 『토미(*The Who's Tommy*)』(1992)와 함께 3대 록 뮤지컬로 불리며, 당시 히피들이 거리에서 행하던 문화를 음악화·무대화시키는 데 초점을 맞춘 실험적인 작품이었다. 1960년대 뉴욕 젊은이들의 사랑과 반전의식을 다룬 이 뮤지컬은 내용과 형식 모두에서 기존의 틀을 깨고 있다. 특히 다른 뮤지컬에 비해 거의 두배나 가까운 노래가 삽입되어 있다는 점에서 록 매니어들에게 많은 사랑을 받았다. 수록곡인 '아쿠아리스(Aquarius)'는 널리 알려진 친숙한 곡이며 많은 곡들이 월남전에 대한 반전 노래로 사용되었다.

9.5.5. 80년대 이후

1980년대 이후의 뮤지컬들은 몇 가지 특징들을 보인다. 첫째는 미국의 브로드웨이 뮤지컬에 비해 상대적으로 약세였던 영국의 웨스트엔드 뮤지컬(West End Musical)이 약진하여 미국 시장으로 들어왔다는 점이다. 즉 『레미제라블(*Les Misérables*)』(1980), 『캣츠(*Cats*)』(1981), 『오페라의 유령(*The Phantom of the Opera*)』(1986), 『미스 사이공(*Miss Saigon*)』(1989) 등이 런던에서 초연된 후, 이어서 뉴욕에서 동시에 공연되면서 인기를 끌었다. 브로드웨이 뮤지컬에 비해 영국의 웨스트엔드 뮤지컬은 복고적인 주제와 오페라 가수를 능가하는 뮤지컬 전문 연기자의 가창력과 연기, 컴퓨터를 이용한 스펙타클한 무대미술과 현장감 넘치는 음악으로 제작되었다.

이러한 영국 뮤지컬을 대표하는 사람은 앤드류 로이드 웨버(Andrew Lloyd Webber)이다. 런던에서 태어나 8세 때부터 무대 모형을 만들고 작곡에 관심을 보이던 웨버는 영국 왕립음악원에서 작곡을 가르치던 아버지의 지원하에 대위법·화성·이론·관현악 편곡 등을 공부했다. 작사가 지망생인 팀 라이스와 같이 본격적으로 뮤지컬 계에 뛰어들은 그는 1972년에 공연된 『지저스 크라이스트 슈퍼스타』를 첫 작품으로 내놓았다. 예수 생애 마지막 7일간의 행적을 연극적으로 재구성한 이 작품은 기존 세대에 대한 부정과 자유와 평화의 갈구라는 락 음악 정신을 극명하게 보여 주었다. 이 뮤지컬은 음반으로 제작되어 세계적인 히트를 기록했으며, 수많은 미국의 뮤지컬 애호가들이 이 뮤지컬을 관람하기 위해 영국으로 모여들었다.

웨버는 1978년에 '아르헨티나여, 날 위해 울지 말아요'라는 주제곡으로 음악팬들을 사로잡은 또 하나의 걸작 『에비타』를 발표한다. 아르헨티나의 대통령 부인이었던 에바 페론을 주인공으로 한 이 작품은 브레히트적인 접근 방법을 택한 새로운 스타일의 뮤지컬로, 1976년에 음반으로 먼저 발매되어 대단한 센세이션을 불러일으켰으며, 1987년까지 8년간 롱런을 기록했다.

80년대에 들어서자 웨버는 매킨토시와 손잡고 최고의 히트작을 만든다. '지금 그리고 영원히'라는 캐치프레이즈로 유명한 『캐츠』(1981)가 바로 그것이다. 이때부터 영국 뮤지컬은 미국 뮤지컬을 압도하기 시작했다. T. S. 엘리어트의 '지혜로운 고양이가 되기 위한 9가지 지침서'에 기초를 둔 이 작품은 미국 뮤지컬에 비해 부족했던 춤의 능력을 유감없이 보여주고 있다. 특히 비참한 현실 속에서도 행복하고 아름다웠던 시절의 기억을 되새기며 내일에 대한 희망을 잃지 않는다는 『캐츠』의 대표곡 '메모리'는 전 세계의 영원한 테마로 자리 잡았다.

『캐츠』에 이어 터뜨린 히트작이 『오페라의 유령』이다. 1986년 런던 초연 이래 브로드웨이와 웨스트엔드에서 아직도 흥행에 성공하고 있는 이 작품은 오페라 극장에 유령이 나온다는 소문이 알고 보니 미모의 여가수를 짝사랑하는 사내가 저지른 일임이 밝혀진다는 드라마틱한 줄거

영어와 세계

리를 갖고 있다. 이 작품은 그동안 어떤 뮤지컬에서도 시도된 바 없는 소프라노의 최고 음역이 선 보인다.

프랑스 출신의 미셸 쇤베르크 역시 뮤지컬 흥행의 귀재 매킨토시와 손잡고 1980년에 하나의 대작을 내놓는다. 빅토르 위고의 소설을 뮤지컬로 만든 『레미제라블』이 그것이다. 이 작품은 웨스트엔드에서 유명해졌고 1989년 토니상을 받았다. 『레미제라블』에 이어서 그는 『미스 사이공』을 발표했다. '나비부인'의 월남판이라고 할 수 있는 이 작품은 런던 공연에 이어 1988년 미국으로 진출해 브로드웨이 사상 최고의 예매기록을 세웠다.

『오페라의 유령』이나 『레 미제라블』에 버금가는 브로드웨이 뮤지컬의 또 다른 걸작이 존 칸더(John Kander)의 『거미 여인의 키스(Kiss of the Spider Woman)』(1992)이다. 『시카고(Chicago)』와 『캬바레(Cabaret)』의 작가이기도 존 칸더는 정치색이 짙은 작품들로 널리 알려진 작곡가이다. 그의 대표작인 『거미 여인의 키스』는 3층 높이의 감옥 철창을 배경으로, 2인 감방에 동성 연애자 몰리나와 정치범 발렌틴이 함께 수감되어서 벌어지는 갈등과 사랑을 그리고 있다. 라틴계 리듬과 발라드로 조화를 이루는 음악, 무대 전체를 뒤덮는 거미줄의 시각적 창출, 뮤지컬이 갖고 있는 극적 상황과 시공간의 변화 등은 전통적인 브로드웨이 뮤지컬의 진수라고 말할 수 있다.

21세기에 들어 뮤지컬은 영어문화권이 가지고 있는 가장 강력한 문화 상품이라고까지 이야기된다. 런던을 방문하는 관광객은 웨스트엔드의 뮤지컬공연을 관람하고 뉴욕을 방문하는 이들은 브로드웨이의 뮤지컬을 꼭 관람하고는 한다. 우리나라에서도 뮤지컬은 독립적인 장르로 자리 잡아 가고 있으며 뮤지컬 전문배우도 다수 등장하여 활발한 공연 활동을 펼치고 있다. 요즈음에는 TV에 뮤지컬 가수라고 분리하여 소개하고 있는 것을 볼 수 있으며 『오페라의 유령』의 유명한 아리아를 뮤지컬 가수임을 증명하는 수단처럼 쉽게 부르곤 한다. 그러나 우리나라의 뮤지컬은 여전히 영국 미국의 작품들을 공연하는 것이 주가 되고 있으며 독자적인 창작 작품들은 많이 시도되지 못하고 있다. 그러나 이는 우리나라만의 문제가 아니며 전 세계적인 문제이다. 뮤지컬은 현재도 영국과 미국이 압도적으로 주도하고 있는 것이다.

영어와 세계

제10장　　영어 속담과 격언을 통한 영미 문화의 이해

구어로서의 언어의 효용성은 물론 현재를 살고 있는 사람들과의 의사소통에 있을 것이다. 그렇지만 과거를 살았던 선조들의 철학, 사상, 역사 및 문화 등은 문어를 통해서 접할 수 있다. 어떤 나라이든지 글이나 말로 지금까지 민간에 전해져 내려오는 교훈적인 이야기가 있는데 그것이 바로 속담이나 격언이다. 속담이나 격언은 생로병사를 경험하며 인생을 살아갈 수밖에 없는 모든 사람들에게 전해져 내려오는 선조들의 삶의 지혜라고 할 수 있다.

　　이 장에서는 영어의 다양한 속담과 격언을 통해 영어의 역사와 함께한 사람들의 인생에 대한 지혜를 살펴보고자 한다. 속담에 대해 연구하다 보면 먼저 속담이 지니는 다양한 언어적인 장치에 주목하지 않을 수 없다. 속담에서는 전달하고자 하는 내용을 분명하게 하기 위하여 비교적 간결한 표현을 사용한다. 간결한 문장 속에서도 비유, 비교, 대조, 과장, 의인화, 생략, 어순 도치, 반어나 모순 등과 같은 형태, 통사, 의미적인 장치나 운율 맞추기 등과 같은 운율미를 고려한 음성적인 장치를 활용하는 등 다양한 언어적인 장치를 사용하고 있다.

　　이 장에서는 변재옥(1999)의 『동서속담사전』에 수록된 영어속담들을 중심으로 위에서 언급한 것들과 같은 다양한 언어학적인 장치들에 대해 알아보고자 한다.

10.1. 속담의 형태적, 통사적, 의미적 특성에 따른 분류

10.1.1. 간결성

의미의 전달력을 극대화시키기 위해 단 두 단어, 세 단어 혹은 네 단어 정도의 단어들을 이용해 핵심이 되는 내용만을 전달함으로써 의미 전달의 효과를 높이고자 한 것이다.

두 단어로 이루어진 속담

Beware beginnings.

시작을 조심하라.

Extremes meet.

극단은 만난다.

Money talks.

돈이 말한다.

Tastes differ.

취향은 사람마다 다르다.

세 단어로 이루어진 속담

Might is right.

힘이 정의다.

Now or never.

지금 아니면 영원히 아니다.

Older and wiser.

나이가 들수록 더 현명해진다.

Pitchers have ears.

물 주전자에 귀가 있다.

Plenty makes poor.

풍요가 빈곤을 만든다.

Practice makes perfect.

배우기보다 익혀라.

Seeing is believing.

보는 것이 믿는 것이다.

네 단어로 이루어진 속담

Grasp all, lose all.

모두 다 쥐면 모두 다 잃는다.

Let bygones be bygones.

지난 일은 지난 일로 하자.

No cross, no crown.

고난의 십자가 없이는 영광도 없다.

No smoke without fire.

불 없이 연기 없다.

Nothing venture, nothing have.

모험하지 않으면 아무것도 가질 수 없다.

Serve me, serve you.

나에게 봉사하면 너에게 봉사하마.

10.1.2. 구체성

속담은 사람들이 인생을 살아가는 동안 조심하고 경계해야 할 사항들을 담고 있는 것들이 대부분인데 이런 메시지를 분명히 전달하기 위한 방법은 애매하거나 모호하거나 추상적인 표현을 피하고 구체적인 표현을 사용하는 것일 것이다. 숫자 사용의 경우를 살펴보면 '많은', '적은', '어느 정도', '다소', '조금' 등과 같은 막연한 표현보다는 '하나', '둘', '넷', '백'

등과 같은 분명한 구체적인 숫자를 사용하는 것을 볼 수 있다.

A bird in the hand is worth two in the bush.

손 안에 있는 한 마리의 새가 덤불 속에 있는 두 마리의 새보다 낫다.

A wonder lasts but nine days in town.

도시에서 놀라운 것도 구일간만 지속된다.

An inch an hour, a foot a day.

한 시간에 한 치, 하루에 한 자.

Four eyes see more than two.

네 개의 눈은 두 개의 눈보다 더 잘 본다.

Kill two birds with one stone.

일석이조

One hour today is worth two tomorrow.

오늘의 한 시간이 내일의 두 시간 가치가 있다.

One rotten apple spoils a hundred.

썩은 사과 한 개가 백 개의 사과를 썩게 만든다.

Second thoughts are best.

두 번째 생각이 제일 낫다.

10.1.3. 과장

속담에는 전달하고자 하는 내용을 확실하게 하기 위하여 'all', 'every', 'ever', 'no', 'never', 'nothing', 'best', 'only' 와 같은 극단적인 어휘의 사용을 통해 과장하는 경우를 종종 볼 수 있다.

A fool is ever laughing.

바보는 항상 웃고 있다.

After wits are best.

뒤에 오는 지혜가 제일 낫다.

All have, all lose.

모두를 가지면 모두를 잃는다.

Every beginning is difficult.

모든 시작은 어렵다.

Every cloud has a silver lining.

모든 구름에는 은빛의 테두리가 존재한다.

No man is born wise.

현명하게 태어난 사람은 아무도 없다.

Security is the greatest enemy.

방심은 가장 큰 적이다.

The finest lawn will be the soonest stained.

가장 좋은 잔디가 가장 먼저 더러워진다.

The first step is the only difficulty.

첫걸음이 어려울 뿐이다.

10.1.4. 생략

많은 속담에서 전달하려는 메시지를 강하고도 간결하게 전달하기 위해 문장에서 가주어나 'be' 동사, 조동사, 전치사, 접속사뿐만 아니라 앞에서 한 번 언급된 내용 등을 다양한 방법으로 과감하게 생략하는 것을 볼 수 있다.

Children when (they are) little make parents fool, when (they are) great, (they make them) mad.

자식은 어려서는 어버이를 바보로 만들고 자라서는 어버이를 미치게 만든다.

He is not poor that has little but he (is poor) that desires much.

가진 것이 없는 사람은 가난하지 않으나 많이 바라는 사람은 가난하다.

Many words (will be needed) to a fool, (but) half word (will be enough) to the wise.

어리석은 사람에게는 많은 말, 현명한 사람에게는 반 마디.

(There is) No smoke without fire.

불 없이 연기 없다.

Nothing (is) so bold as a blind man.

장님보다 대담한 사람은 없다.

Of evil grain no good seed (can come).

좋지 않은 씨에서 나쁜 곡물이 나온다.

Running water is better than standing (water).

흐르는 물은 고인 물보다 낫다.

(If you) Serve me, (I will) serve you.

나에게 봉사하면 너에게 봉사하마.

When the game is at the best, (it is) best (to) leave.

놀이가 제일 한창일 때 그만두는 것이 제일이다.

10.1.5. 비교

간결함을 유지하는 가운데 어떤 한 의미를 두드러지게 나타내기 위하여 속담에서 주로 사용되는 방법 중의 하나는 두 사물이나 행위를 'A가 B보다 낫다/좋다.' 혹은 'A가 B보다 못하다/나쁘다.' 등과 같이 비교급을 사용하여 직접 비교하는 것인데 실제 속담에서는 이와 같은 비교를 통해 메시지를 전하는 예를 많이 찾아볼 수 있다.

A near friend is better than a far-dwelling kinsman.

가까운 친구가 멀리 사는 친척보다 낫다.

Better go to bed supperless than to rise in debt.

빚지고 일어나는 것보다 저녁을 굶고 자는 것이 낫다.

Better have meat than fine clothes.

좋은 옷보다 고기를 가지는 것이 더 낫다.

Better late than never.

늦더라도 하지 않는 것보다는 낫다.

Blood is thicker than water.

피는 물보다 진하다.

Nothing is better than a contented mind.

만족한 마음보다 나은 것은 없다.

Overdone is worse than undone.

지나치게 하는 것은 하지 않는 것보다 못하다.

Prevention is better than cure.

예방이 치료보다 낫다.

Years know more than books.

세월은 책보다 더 많이 안다.

10.1.6. 대조

많은 영어속담에서 비교와는 달리 의미적으로 반대가 되는 둘 또는 그 이상의 단어나 구를 대조시킴으로써 의미를 명확히 전달하기도 한다. 대조가 되는 대상은 명사(구), 형용사(구), 동사(구), 또는 전치사(구) 등 다양하다.

Art is long, life is short.

예술은 길고 인생은 짧다.

From hearing comes wisdom, from speaking repentance.

듣는 데서 지혜가 오고 말하는 데서 후회가 온다.

Give and take.

주고받기

Good comes out of evil.

선은 악에서 나온다.

If you want peace, prepare for war.

평화를 원하거든 전쟁을 준비해라.

Keep your mouth shut and eyes open.

당신의 입은 닫고 눈은 떠라.

Learn wisdom by the follies of others.

다른 사람들의 어리석음에서 지혜를 배워라.

Old and tough, young and tender.

노인은 강하고 청년은 유하다.

Out of the frying pan into the fire.

프라이팬에서 나와 불속으로 들어가다.

Penny wise and pound foolish.

페니에는 현명하고 파운드에는 어리석다.

Pride goes before destruction and shame comes after.

자만은 파멸 앞에 오고 수치가 뒤따른다.

The things which are impossible with men are possible with God.

사람에게 불가능한 것이 신에게는 가능하다.

What is done by night appears by day.

밤에 행해진 것은 낮이면 드러난다.

When poverty comes in at doors, love leaps out at windows.

가난이 문으로 들어오면 사랑은 창문으로 뛰어나간다.

Wine in, truth out.

술이 들어가면 진실이 나온다.

영어와 세계

10.1.7. 비교와 대조

조금 더 재미있는 구조를 지닌 속담으로는 비교하는 형식을 가지고 있으며 비교되는 대상은 의미적으로 대조를 이루는 표현들을 가지는 속담들이다.

Better be the head of an ass than the tail of a horse.
말 꼬리보다 당나귀 머리가 되는 것이 더 낫다.
Better late ripe and bear than early blossom and blast.
일찍 펴서 지는 것 보다는 늦게 익어서 결실하는 것이 더 낫다.
Forgiveness is better than revenge.
용서가 복수보다 더 낫다.
It is better to have an open foe than a dissembling friend.
속이는 친구보다 공개적인 적을 가지는 것이 더 낫다.
One bad general is better than two good generals.
한 명의 나쁜 장군이 두 명의 좋은 장군보다 낫다.
Running water is better than standing.
흐르는 물은 고인 물보다 낫다.

10.1.8. 최상급의 사용

최상급의 표현을 통해 과장을 하더라도 의미를 보다 더 인상적으로 전달하려는 속담들이 많이 존재한다.

Do the likeliest and hope the best.
최선을 다하고 최상을 희망하라.
Security is the greatest enemy.
방심은 가장 큰 적이다.

Temperate men are the wisest.

온건한 사람이 가장 현명한 사람이다.

The best cart may overthrow.

제일 좋은 마차도 전복될 수 있다.

The fairest silk is soonest soiled.

가장 좋은 비단이 가장 먼저 더러워진다.

The finest lawn will be the soonest stained.

가장 좋은 잔디가 가장 먼저 더러워진다.

The greatest fish swim deep.

제일 큰 고기는 깊은 곳에서 헤엄친다.

The highest branch is not the safest roost.

가장 높은 가지가 가장 안전한 보금자리는 아니다.

The highest trees abide the sharpest storms.

가장 높은 나무에 가장 센 폭풍이 있다.

The longest night will have an end.

가장 긴 밤도 끝이 있을 것이다.

The wisest man may be overseen.

가장 현명한 사람도 실수를 한다.

10.1.9. 비유

많은 속담에서 비유적인 표현들을 찾아볼 수 있다. 직유나, 은유, 풍유 등과 같은 비유 기법을 찾는 것은 어렵지 않다. 대부분의 비유는 그 뜻을 찾기가 어렵지 않지만 경우에 따라서는 비유의 속성상 숨은 뜻을 파악하기가 쉽지 않은 속담들도 있다.

A scalded cat fears cold water.

더운 물에 덴 고양이는 찬 물을 두려워한다.

영어와 세계

If you lie upon roses when young, you'll lie upon thorns when old.

젊어서 장미위에 누워 있으면 나이 들어서는 가시 위에 눕게 된다.

Money is a good servant, but bad master.

돈은 좋은 하인이기도 하고 나쁜 주인이기도 하다.

Money is the best lawyer.

돈은 최고의 변호사이다.

Wine is the mirror of the mind.

술은 마음의 거울이다.

10.1.10. 의인화

많은 속담에서 메시지를 보다 쉽고 친근하게 전달하기 위하여 동물이나
사물뿐만이 아니라 추상명사까지도 의인화하여 표현하는 것을 찾아볼
수 있다.

A sow to teach Minerva.

지혜의 여신인 미네르바를 가르치는 돼지

(부처님에게 설법)

Gifts enter without knocking.

선물은 노크 없이 들어간다.

Hunger belly has no ears.

굶주린 배는 귀를 가지고 있지 않다.

Justice has long arms.

정의는 긴 팔을 가지고 있다.

Kettle calls the pot black ass.

솥이 주전자에게 검둥이라고 한다.

Like begets like.

동류가 동류를 낳는다.

Looks breed love.

보는 것이 사랑을 낳는다.

Money talks.

돈이 말한다.

Walls have ears.

벽에 귀가 있다.

10.1.11. 어순 도치

속담 중의 어느 특정한 부분의 내용을 강조하기 위하여 단어들의 어순을
바꾸어서 표현하는 경우도 많다.

After black cloud comes clear weather.

먹구름 뒤에 맑은 날씨가 온다.

Blessed are the merciful, for they shall obtain mercy.

자비로운 사람은 복을 받는다. 그들은 자비를 얻게 될 것이기 때문이다.

From hearing comes wisdom, from speaking repentance.

듣는 데에서 지혜가 오고 말하는 데에서 후회가 온다.

Never had an ill workman good tools.

서투른 일꾼은 좋은 도구를 가져본 적이 없다.

Nothing venture, nothing have.

모험하지 않으면 아무 것도 가질 수 없다.

Of a thorn springs not a rose.

가시에서 장미는 나지 않는다.

Out of the mouth comes evil.

화는 입에서 나온다.

The greedy man God hates.

신은 욕심이 많은 사람을 미워한다.

Too late does the rat repent in the cat's paws.

쥐는 고양이의 앞발에서 너무 늦게 후회한다.

When the wine enters, out goes the truth.

술이 들어가면 진실이 나온다.

10.1.12. 반어나 모순

전달하고자 하는 내용을 극대화하기 위하여 반어적이거나 모순된 표현들을 사용하여 내용을 강조하는 속담들도 많이 존재한다.

All have, all lose.

모두를 가지면 모두를 잃는다.

East and west become the same.

동과 서는 같아진다.

Extreme right is extreme wrong.

극단의 정의는 극단의 부정이다.

Good comes out of evil.

선은 악에서 나온다.

Make hasty slowly.

천천히 서둘러라.

No news is good news.

무소식이 희소식이다.

Plenty makes poor.

풍부는 빈곤을 만든다.

Soft words are hard arguments.

부드러운 말이 강한 주장이다.

Sometimes the best gain is to lose.

때로는 최상의 이익이 손해를 보는 것이다.

The more haste, the less speed.

서두를수록 늦어진다.

10.1.13. 동어 반복

속담의 내용을 쉽고 재미있게 전달하기 위하여 같은 단어나 구를 반복하는 속담들도 많다.

Contraries cure contraries.

반대로 반대를 고친다.

Diamonds cut diamonds.

다이아몬드로 다이아몬드를 깎는다.

Finger in dish, finger in pouch.

접시에 손가락을 넣으면, 지갑에 손가락을 넣는다.

Fools will still be fools.

바보는 언제나 바보이다.

Hawks will not peck out hawk's eyes.

매는 다른 매의 눈을 쪼지 않는다.

(같은 혈연이 있는 사람들끼리는 싸우지 않는다는 뜻)

Like cures like.

같은 것으로 같은 종류를 치료하다.

Money begets money.

돈이 돈을 낳는다.

Nothing comes of nothing.

무에서는 아무것도 안 나온다.

Nothing stake, nothing draw.

내기에 아무것도 걸지 않으면 아무것도 끌어올 수 없다.

영어와 세계

What is lost is lost.

잃어버린 것은 잃어버린 것이다.

10.1.14. 동어 반복과 대조

경우에 따라서는 동어를 반복하면서 대조를 보이는 단어를 사용하여 그 내용을 돋보이게 하는 장치를 가진 속담들도 많이 찾아볼 수 있다.

A sound mind in a sound body.

건강한 몸에 건전한 정신

Easy come, easy go.

쉽게 온 것은 쉽게 나간다.

Far from eyes, far from heart.

눈에서 멀어지면 마음에서도 멀어진다.

Feed me this year, feed you next year.

금년에 나를 먹여주면 내년에는 너를 먹여주마.

First come, first served.

먼저 온 자가 먼저 접대 받는다.

If you lie upon roses when young, you'll lie upon thorns when old.

젊어서 장미 위에 누워 있으면 나이 들어서는 가시 위에 눕게 된다.

Ill got, ill spent.

나쁘게 얻은 것은 나쁘게 소비한다.

Like father, like son.

그 아비에 그 아들

No news is good news.

무소식이 희소식이다.

Nothing down, nothing up.

내기에 아무 것도 걸지 않으면 아무것도 얻을 것이 없다.

Out of sight, out of mind.

눈에서 사라지면 마음에서도 사라진다.

Scratch me and I will scratch you.

나를 긁어 주면 너를 긁어 주마.

Soon gotten, soon spend.

빨리 온 것은 빨리 나간다.

Soon hot, soon cold.

빨리 뜨거워진 것은 빨리 차갑게 된다.

Such a life, such a death.

그런 인생에 그런 죽음

10.2. 속담의 운율적 특성에 따른 분류

영어에는 운율을 지니고 있는 속담이 많이 있는데 이와 같이 운율적인 표현을 가진 속담들이 많은 이유는 영어는 강세를 지니는 언어로서 강세를 정하는 데 있어 음절의 개방성과 폐쇄성 등과 같은 음절의 구조가 중요한 역할을 해왔다. 따라서 영어 화자들은 자연히 음절의 구조에 민감하게 되었는데 음절은 'onset(음절 두음)', 'nucleus(음절 핵)', 'coda(음절 말음)' 등의 내적인 요소들로 구성되어 있는데 운율을 맞출 때에는 이들 각각의 요소뿐만이 아니라 'onset and nucleus(음절 두음과 음절 핵)' 또는 'nucleus and coda(음절 핵과 음절 말음)'을 포함하는 'rhyme(라임)'은 물론이고 'syllable(음절)' 전체 등과 같은 음절의 모든 구조를 이용해 운율을 맞추는 형식이 관찰된다. 앞에서 언급한 다양한 속담에서의 형식과 운율적인 요소가 결합하면 전달하고자 하는 내용이 더욱 인상적으로 표현된다. 여기에서는 먼저 음성적인 요소인 운율성을 속담에서 찾아보고 다음에는 이와 같은 운율이 위의 요소들과 어떻게 결합하여 사용되는

영어와 세계

지를 유형별로 나누어 살펴보고자 한다.

10.2.1. 음절 두음(Onset) 맞추기

A **m**an's **m**ind is a **m**irk **m**irror.

사람의 마음은 흐린 거울이다.

Many a pickle **m**akes a **m**ickle.

많은 소량이 대량을 만든다.

Money **m**akes **m**aster.

돈이 주인을 만든다.

No **cr**oss, no **cr**own.

십자가의 고난 없이 영광의 관도 없다.

Providing is **pr**eventing.

준비가 예방이다.

Spare the rod, **sp**oil the child.

매를 아끼면 아이 버릇이 나빠진다.

Straws show **w**hich **w**ay the **w**ind blows.

짚이 바람이 부는 방향을 알려준다.

The bavin burns **br**ight but it is but a **bl**aze.

섶 나뭇단은 눈부시게 타지만 그것은 확 타오르는 불꽃에 불과하다.

What **br**ead men **br**eaks is **br**oken to them again.

사람이 잘라서 남에게 준 빵은 잘려서 다시 그에게 돌아온다.

10.2.2. 음절 핵(Nucleus) 맞추기

A little l**ea**k will sink a ship.

작은 새는 구멍이 배를 가라앉게 한다.

Straws sh**o**w which way the wind bl**o**ws.

짚이 바람이 부는 방향을 알려준다.

The cover is worthy such a cup.

그 뚜껑은 그와 같은 컵에 가치가 있다.

10.2.3. 음절 두음과 음절 핵(Onset and Nucleus) 맞추기

A little leak will sink a ship.

작은 새는 구멍이 배를 가라앉게 한다.

So many countries so many customs.

나라마다 관습도 다르다.

Like cup, like cover.

같은 잔에 같은 뚜껑

Such man such master.

그런 부하에 그런 주인

10.2.4. 음절 말음(Coda) 맞추기

Harm watch, harm catch.

재난을 보면 재난이 온다.

One of these days is none of these days.

근일 중에 된다는 것은 근일 중에 안 된다는 것이다.

Seldom seen, soon forgotten.

자주 보이지 않으면 곧 잊힌다.

What bread men breaks is broken to them again.

사람이 잘라서 남에게 준 빵은 잘려서 다시 그에게 돌아온다.

10.2.5. 음절 핵과 음절 말음: 라임(Nucleus and Coda: Rhyme) 맞추기

Every bird likes his own nest best.

모든 새에게는 자신의 둥지가 제일 좋다.

영어와 세계

Fore**war**ned is fore**armed**.

사전경고는 미리 무장하는 것이다.

Many a **pickle** makes a **mickle**.

많은 소량이 대량을 만든다.

Might is **right**.

힘이 정의다.

Provid**ing** is prevent**ing**.

준비가 예방이다.

Store is no **sore**.

비축은 나쁜 게 아니다.

The first br**eath** is the beginning of d**eath**.

첫 호흡은 죽음의 시작이다.

10.2.6. 음절(Syllable) 맞추기

A hasty mee**ting**, a hasty par**ting**.

급하게 만나면 급하게 헤어진다.

Divine vengeance comes slow**ly** but sure**ly**.

하늘의 보복은 느리지만 확실히 온다.

Measure is trea**sure**.

절도는 보물이다.

Money bor**rowed** is soon sor**rowed**.

빌린 돈은 곧 슬픔을 준다.

Such **pot**, such **pot**lit.

그런 단지에 그런 단지뚜껑

The more no**ble** the more hum**ble**.

고귀할수록 더 겸손하다.

10.2.7. 비교와 운율

Better **sp**ent than **sp**ared.

아끼기보다는 쓰는 게 더 낫다.

Over**done** is worse than un**done**.

지나치게 행하는 것은 행하지 않는 것보다 더 못하다.

The devil is nev**er** near**er** than **wh**en **we** are talking of him.

우리가 악마 이야기를 하고 있을 때보다 우리에게 더 가까이 있을 때는 없다.

10.2.8. 대조와 운율

A fall**ing** m**aster** makes a stand**ing** servant.

주인이 넘어지면 종이 일어선다.

(주인이 망하면 못된 종이 딛고 일어선다.)

A **gr**unting horse and a **gr**oan wife nev**er** fail th**eir** m**aster**.

끙끙거리는 말과 신음하는 처는 결코 그들의 주인을 실망시키지 않는다.

Every **dr**am of **d**elight has a **p**ound of **p**ain.

한 드램의 쾌락마다 한 파운드의 고통이 있다.

Great b**oast** and small r**oast**.

자랑은 크고 불고기는 적다.

Long m**int**, little d**int**.

위협은 길었지만 폭력은 적었다.

Man pro**pose** and God dis**pose**.

인간은 시도하고 신은 처리한다.

Man's extremi**ty** is God's opportuni**ty**.

인간의 궁경은 신에게는 기회다.

No **weal** without **woe**.

화 없는 복 없다.

The friend that **faints** is a **foe**.

약해지는 친구는 적이다.

(내가 어려운 상황에 처했을 때 도와주기를 꺼리는 친구는 적과 같
다는 표현)

There is no **pleasure** without **pain**.

고생 없이는 낙도 없다.

Wide will **wear** but narrow will **tear**.

넓은 것은 입을 수 있으나 좁은 것은 찢어진다.

10.2.9. 대조 표현을 지닌 비교와 운율

A **bad** **bush** is **better** than no **bush**.

나쁜 수풀이라도 없는 수풀보다는 낫다.

Better **short** and **sweet** than **long** and **lax**.

길고 늘어지는 것보다 짧고 달콤한 것이 더 좋다.

One eye**witness** is better than **ten** ear**witness**es.

한 사람의 목격자가 열사람의 전문자보다 더 낫다.

Over**done** is worse than un**done**.

지나치게 행하는 것은 행하지 않는 것보다 더 못하다.

10.2.10. 동어 반복과 운율

A **bad** Jack may have as **bad** a Jill.

나쁜 잭은 나쁜 질을 만나게 될 것이다.

A **good** candlehol**der** proves **a good** games**ter**.

촛불잡기를 잘하는 사람은 훌륭한 노름꾼이다.

Early wed, **early** dead.

일찍 결혼하면 일찍 죽는다.

Fair feathers make **fair** fowls.

아름다운 깃털은 아름다운 새를 만든다.

Find a woman **without** an excuse, **find a** hare **without** a muse.

핑계 없는 여자를 찾아내고 달아날 틈이 없는 토끼를 찾아라.

Friend in need is a **friend** indeed.

어려울 때의 친구가 진정한 친구다.

Good heed has **good** hap.

좋은 주의는 좋은 행운을 가지고 있다.

He speaks **in his dr**ink what **he** thought **in his dr**outh.

목이 말랐을 때의 생각을 취하면 한다.

He that **mischief** hatches **mischief** catches.

재난을 꾀하는 사람은 재난을 당한다.

Love is the loadstone of **love**.

사랑은 사랑의 자석이다.

Many men, **many m**inds.

사람이 많으면 의견도 많다.

No mill, no meal.

방아를 찧지 않으면 밥이 없다.

No pains, no gains.

고생 없이 얻을 수 있는 것은 아무것도 없다.

Such man, such master.

그런 부하에 그런 주인

The more danger, **the more** honour.

위험이 클수록 명예도 크다.

The more goods, the more greed.
재물이 많을수록 욕심도 많아진다.
Where there's a will, there's a way.
뜻이 있는 곳에 길이 있다.

10.2.11. 동어 반복과 대조와 운율

A hasty meeting, a hasty parting.
급한 만남은 급한 이별을 낳는다.
Full of courtesy, full of craft.
예의가 가득하면 교활도 가득하다.
Like beginning, like ending.
시작이 그러면 끝도 그렇다.
Nab me, I'll nab thee.
나를 깨물면 나도 너를 깨물겠다.
So gotten, so gone.
벌어들인 것처럼 나간다.
Soon ripe, soon rotten.
빨리 익는 것은 빨리 썩는다.
Well fed, well bred.
잘 먹여지면 잘 양육된다.

10.3. 속담과 시대적인 관점에 대한 문제

대부분의 속담은 시대와 관계없이 언제나 대중들에게 교훈을 줄 수 있고
또 대중들이 쉽게 공감할 수 있는 것들이지만 다음과 같은 속담들은 현
재의 시점에서 볼 때에 성차별적이거나 동물학대적인 요소가 있어 받아

들이거나 공감 받기에 곤란한 속담들도 있다.

A crooning cow, a crowning hen, and a whistling maid boded never luck to a house.

우는 암소, 우는 암탉, 그리고 휘파람 부는 하녀는 집에 행운을 가져올 징조가 결코 아니다.

A whistling woman and a crowing hen are neither liked by god nor men.

휘파람 부는 여자와 우는 암탉은 신도 남자도 좋아하지 않는다.

A woman, a spaniel and a walnut tree the more they're beaten, the better they be.

여자와 스패니얼 개와 호두나무는 때릴수록 좋아진다.

Find a woman without an excuse, find a hare without a muse.

핑계 없는 여자를 찾아내고 달아날 틈이 없는 토끼를 찾아라.

If you want a pretence to whip a dog, it is enough to say that he eat up the frying-pan.

개를 때릴 구실을 찾는다면 개가 프라이팬에 있는 것을 먹었다고 말하는 것으로도 충분하다.

It is an easy thing to find a staff to beat a dog.

개를 때릴 막대기를 찾기란 쉬운 일이다.

Silence is the best ornament of a woman.

침묵은 여자의 가장 좋은 장신구이다.

Spare the rod, spoil the child.

매를 아끼면 아이 버릇이 나빠진다.

참고문헌

고영희 역. 1997. 『학교와 직장에서 성공하려면 당신의 양쪽 뇌를 사용하라』. 양서원.

김순신 역. 1984. 『영어발달사』. 한신문화사.

김영석. 1987. 『영어음운론』. 한신문화사.

이홍배 역. 1984. 『Chomsky의 표준 확대 통사론』. 한신문화사.

전상범. 1985. 『생성음운론』. 탑출판사.

_____. 1985. 『영어음성학』. 을유문화사.

김원태. 1999. 「한국과 영·미 속담의 설득 커뮤니케이션 기능에 관한 비교 연구」. 『韓國커뮤니케이션學 제7집』. pp. 335-356.

박의제·성낙일 역. 1991. 『영어학개론』. 한신문화사.

변재옥 엮음. 2007. 『동서속담사전』. 영남대학교 출판부.

이동국·손창용. 2011. 『영어사』. 한국방송통신대학교출판부.

이세진 역. 2007. 『뇌 한복판으로 떠나는 여행』. 해나무.

이익환. 1985. 『의미론개론』. 한신문화사.

이익환·안승신. 2006. 『영어학개론』. 한국방송통신대학교출판부.

정동빈. 1990. 『영어학: 그 역사, 이론과 응용』. 한신문화사.

최은영. 2014. 「영어속담연구」. 『제34회 한중인문학회 국제학술대회』. pp. 262-269.

황선혜. 2004. 「계층별 언어 변이」. 『새국어생활』 제14권 제4호.

Bauer, L. 1983. *English Word-Formation*. London: Cambridge University Press.

Baugh, A. and T. Cable. 1978. *A History of the English Language* (5th ed.). reprinted 2002. London: Routledge.

Berko, G. 1958. "The Child's Learning of English Morphology". *Word* 14. pp. 150-177.

Bloomfield, L. 1933. *Language*. N.Y.: Holt, Rinehart and Winston, Inc.

Chomsky, N. 1957. *Syntactic Structures. Mouton*, The Hague.

Chomsky, N. and M. Halle. 1968. *The Sound Pattern of English*. N.Y.: Harper and Row.

Ervin, S. M. & Miller, W. 1963. "Language Development". In H.W. Stevenson (Ed.) *Yearbook of the National Society for the Study of Education: Child Psychology*. 62 (1). pp. 108-143. Chicago: University of Chicago Press.

Fromkin, V. & R. Rodman. 1998. *An Introduction to Language*. Harcourt Brace College Publishers.

Hymes, D. 1974. *Foundations in Sociolinguistics*. University of Pennsylvania Press.

Hook, J. N. 1981. *Two-word Verbs in English*. New York: Harcourt Brace Jovanovich.

Labov, W. 1966. *The Social Stratification of English in New York City*. Washington, DC: Center for Applied Linguistics.

Ladefoged P. 1982. *A Course in Phonetics*. New York: Harcourt Brace Jovanovich.

Moulton, W. 1961. "Linguistics and Language Teaching in the United States 1940-1960". in offprint *Trends in European and American Linguistics*. pp. 82-109.

Pavlov, I. P. 1927. *Conditioned Reflexes*, London: Oxford University.

Penfield W. & Roberts L. 1959. *Speech and Brain Mechanism*, Princeton: Princeton University Press.

Pyles, P. and J. Algeo. 1993. *The Origins and Development of the English Language* (4th ed.). New York: Harcourt Brace Jovanovich.

Radford, A. 1981. *Transformational Syntax*, Cambridge University Press.

Rivers W. M. 1981. *Teaching Foreign Language Skills* (2nd ed.). Chicago: University of Chicago Press.

http://www.sas.upenn.edu/~haroldfs/dravling/grice.html

http://www.statcan.gc.ca/eng/start

http://www.worldometers.info/world-population

http://worldpopulationreview.com